KB063700

영국의 위기 속에서 나온 민주주의

김 명 환

서울대학교 서양사학과를 졸업했으며 동대학원에서 석사 및 박사학위를 받았다. 2002~2003년
영국 케임브리지 대학 사학과에서 연구교수로 활동했으며, 신라대학교 인문과학연구소장직을 역임
했다. 현재 신라대학교 사학과 교수로 있다.

저서_『영국의 위기와 좌우파의 대안들』, 『영국 사회주의의 두 갈래 길』, 『서양의 지적 운동 Ⅱ』(공저),
『역사와 혁명』(공저), 『옥스퍼드 영국사』(공역), 『근대세계체제 Ⅱ』(공역)

논문_「페이비언 사회주의의 렌트개념」, 「제국주의에 대한 페이비언들의 태도」, 「노동불안기에 나타
난 노동자 연대의 모습」, 「"노동불안"과 영국사회의 위기」, 「신디칼리즘은 노동불안기의 노동운동을
주도했나?」

영국의 위기 속에서 나온 민주주의

길드 사회주의 : 노사민 합의의 민주주의(1900~1920년대)

김 명 환 지음

2009년 7월 10일 초판 1쇄 발행

펴낸이 · 오일주
펴낸곳 · 도서출판 혜안
등록번호 · 제22-471호
등록일자 · 1993년 7월 30일

⊕ 121-836 서울시 마포구 서교동 326-26번지 102호
전화 · 3141-3711~2 / 팩시밀리 · 3141-3710
E-Mail hyeanpub@hanmail.net

ISBN 978 - 89 - 8494 - 364 - 3 93920

값 24,000 원

영국의 위기 속에서 나온 민주주의

길드 사회주의 : 노사민 합의의 민주주의(1900~1920년대)

김 명 환 지음

혜안

왕실 빅토리아 여왕의 사진이다. 1837년부터 1901년까지 60년이 넘게 여왕의 자리를 유지하고 '빅토리아 시대'라는 명칭을 만들어낸 사람이다. 그녀가 왕위에 있는 동안 영국은 제국과 산업국가의 지위를 유지해 나갔지만 그 이면에는 여러 가지 사회문제가 출현하고 있었다.

정부 1차 노동당 내각의 모습이다. 노동당은 1924년 최초로 집권했다. 의석수는 191석으로 총의석의 1/3에 못 미쳤지만 자유당의 도움으로 집권이 가능했다. 최초의 노동당 수상은 램지 맥도널드였다. 그러나 1차 노동당 내각은 9개월의 집권에 만족해야 했다. 그 후 5년 뒤 다시 한 번 노동당은 집권하게 된다.

정당 1906년 노동당 회의 모습이다. 노동당의 창건에는 노동조합, 독립노동당, 페이비언사회주의, 사회민주동맹 등이 관여했다. 노동당은 1918년 사회주의 강령을 채택했고 1924년 처음으로 집권했다. 노동당의 초대 당수는 케어 하디(Keir Hardie)였다.

정치가들 재무장관 로이드 조지와 내무장관 처칠의 사진이다. 왼쪽에서 두 번째 사람이 로이드 조지다. 그는 1909년 인민예산, 1911년의 국민보험법 등 영국의 사회 입법을 추진한 정치가이다. 그의 왼편(사진에서는 오른편)에 윈스턴 처칠의 모습이 보인다. 1910년 런던 시드니 가에서 찍은 사진이다.

상류층 상류층 여성들의 모습을 찍은 사진이다. 이 사진은 영국에서 계층간 양극화가 심했음을 보여주고 있다. 여성들은 여러 겹으로 주름이 진 긴 치마를 입고서 꽃 장식이 달린 큰 모자를 쓰기 위해 일부러 인위적으로 꾸민 머리 모양을 하고 있다. 허리는 잘록한데 이런 옷을 입기 위해선 하녀가 반드시 필요했다. 애스콧(Ascot) 경마를 보기 위해 양산을 들고 서 있는 모습이다. 오른쪽의 남자는 탑햇(top hat)을 쓰고 있어서 상류층 인사임을 보여준다.

중간계급 1890년대 중간계급 가족의 모습이다. 경제적으로 부유했던 이들은 대개 집사와 하녀 및 정원사들을 두고 생활했다. 자녀들은 퍼블릭 스쿨(public school)이라고 불린 사립학교에 보냈다.

하부 중간계급 1898년 립튼 회사의 사무직 직원들의 모습. 19세기 후반에는 봉급을 받는 새로운 사무직 노동자들이 대거 출현했다. 이들은 비록 중간계급을 동경했지만 급여 수준은 낮아 페이비언들은 이들을 검은 코트를 입은 프롤레타리아라고 불렀다.

노동자들 1912년 런던 파업에서 타워 힐(Tower Hill)에 모인 부두노동자들의 모습이다. 아래쪽에 보이는 깃발에는 '런던 짐마차꾼들의 노동조합 베스널 그린(Bethnal Green) 지부'라는 글자가 선명하다. 깃발 아래에는 '모든 노동자들은 잘 살 권리가 있다'(All workers have a right to live well)는 문구를 적어넣었다. 자세히 보면 모자 중에 스트로 햇이 제법 보이는데 집회에 중간계급 일부가 동참했음을 알 수 있다.

런던의 빈민 런던의 빈민가 모습이다. 갈 곳 없는 아이들이 담벼락에 기대어 앉아 있고 빨랫줄에는 해진 옷과 양말이 걸려 있다. 아이들 앞으로 닭들이 지나다니는 모습이 흥미롭다. 찰스 부스(Charles Booth)의 조사에 따르면 1890년대 런던의 거주민 중 1/3이 빈곤 상태에 놓여 있었다. 시봄 라운트리 (Seebohm Rowntree)는 요크의 거주민도 비슷한 상황에 놓여 있다는 조사결과를 내어놓았다.

하층민 저임금 가족노동이 이루어지고 있는 곳을 찍은 사진이다. 아버지와 어머니 아들, 딸이 모두 탁자 위에 놓인 재료를 가지고 무언가를 만드는 데 열중하고 있다. 장난감을 만드는 것으로 보이는데 아버지의 초췌한 모습에 비교하면 사진기를 정면으로 바라보는 딸아이의 눈망울이 초롱초롱 하다.

요크셔의 빈민 요크셔 스테이쓰(York-
shire Staithes)의 뒷골목 사진. 주거환경
이 매우 열악했음을 보여준다. 산업국가의
화려한 간판 뒤에는 이런 빈민가가 각 도시
에 산재했다. 그래도 물통을 들고 서 있는
여성의 모습이 강건해 보인다.

자녀들의 키재기 몇 살 터울로 자녀를 계속 둔 가정의 모습이다. 유아사망률의 저하로 인구가 늘어나고 가족 구성원의
수가 늘어나면서 빈곤 등의 사회문제는 더욱 심각해졌다. 아이들의 신발은 동일한데 옷의 색깔은 검정과 흰색으로
대비되어 있어서 흥미롭다.

아일랜드 문제 독립하려는 사람들. 1916년 아일랜드 부활절 봉기 이후의 오코넬 다리. 거의 다 파괴된 건물의 모습이 을씨년스럽다.

아일랜드 문제 독립을 막으려는 사람들. 1912년 7월 블렌하임 궁전에 모인 통합당원(Unionist)들의 모습이다. 이 집회에는 1만 3천 명이 참석했는데 여기서 보수당 당수였던 보나어 로(Bonar Law)는 아일랜드 홈룰(Irish Home Rule)을 반대하는 사람들에게 전폭적인 지지를 표명했다. 여기에 호응해 얼스터 통합당 지도자 에드워드 카슨은 얼스터 민병대를 조직했다. 스트로 햇(straw hat)과 바울러 햇(bowler hat)을 쓴 사람들이 대부분인 것으로 미루어볼 때 이들이 중간계급과 상층계급 사람임을 짐작할 수 있다.

여성들의 반란 여성 참정권운동가들의 행진 모습을 찍은 사진이다. 이들은 더비 경마에서 달리는 말 속으로 뛰어들어 사망한 에밀리 데이비슨(Emily Davison)의 관을 따라 런던 한복판의 피카딜리 가를 지나가고 있다. 흰 옷의 긴 행렬이 인상적이다. 사진 아래쪽에 두 여성이 들고 있는 깃발에는 '자유 아니면 죽음을 달라'(Give me liberty or give me death)라는 구호가 씌어져 있다.

사회주의자 단체 사회주의자 연맹(Socialist League) 햄머스미스(Hammersmith) 지부의 사진이다. 중간 줄 오른쪽에서 다섯 번째 수염이 덥수룩한 사람이 윌리엄 모리스이다. 모리스는 사회주의에 관심을 가지면서 처음에 하인드만(Hyndman)이 주도한 사회민주동맹(Social Democratic Federation)에 참여하였으나 그의 권위주의적 태도에 불화를 빚으면서 사회민주동맹을 탈퇴한 뒤 사회주의자 연맹을 만들었다. 1880년대는 사회민주동맹, 사회주의자 연맹, 페이비언 협회 등 사회주의 조직들이 만들어진 사회주의의 부활기였다.

서 문

　내가 길드 사회주의에 대해 관심을 가지게 된 것은 페이비언 사회주의에 대한 공부를 하는 과정에서였다. 영국의 주류 사회주의라고 할 수 있었던 페이비언 사회주의 운동의 전개과정에서 길드 사회주의는 에피소드처럼 등장했기 때문에 나는 처음에 이 사상에 별 관심을 두지 않았다. 길드 사회주의라는 사상은 들어보지도 못한 생소한 사상이었고, 이름도 이상하기 그지없었다. 사회주의 앞에 참으로 다양한 수식어들이 따라다닌다는 점을 익히 알고 있었던지라, 사실 나는 여러 가지 종류의 사회주의 용어에 익숙해 있는 상태였다. 유토피안 사회주의, 과학적 사회주의, 혁명적 사회주의, 의회 사회주의, 점진적 사회주의, 강단 사회주의, 기능적 사회주의, 민주 사회주의 등등 많은 용어들이 나열될 수 있었다. 그런데 그 많은 수식어 중에 길드라는 수식어는 알지 못했던 것이다.

　이름이 이상하다는 점이 흥미를 끌었던 것은 아니다. 이름이야 누구든 지어낼 수 있는 것이니, 이름 자체가 연구의 대상이 될 중요한 이유는 아니다. 이 사상에 대해 흥미를 갖게 만든 것은 이 사상이 내가 먼저 연구를 시작한 페이비언 사회주의에 대해 심각한 도전을 제기했다는 점에 있었다. 그것도 일단의 페이비언들이 페이비언 협회 내부에서 페이비언 협회의 입장을 바꾸려는 노력을 시도했다는 사실이 흥미를 자아내었다. 외부의 세력이 이의를 제기했다면 처음부터 입장이 다른 세력들의 비판으로 이해하면 그만이었다. 그런데 처음에는 페이비언 사회주의에 동조한 사람들이 이의를 제기했다는 점이 내게 페이비언 사회주의와 길드 사회주의 모두에 대해 의문을 자아내게 만들었다. 페이비언 사회주의에 무슨 변화가 일어난 것일까? 길드 사회주의의 항의는 결국 주류 페이비언들과의 투쟁에서 실패로 끝나버렸지만 이러한 시도가 제기된 배경이 무엇인지 나는 매우 궁금했다.

페이비언 사회주의는 1880년대에 페이비언 협회가 만들어진 이후 영국 사회주의에서 주류 사회주의라고 할 수 있는 위치를 확보해 나가고 있었다. 그런데 1910년대 에드워드 시대에 페이비언 사회주의에 대한 도전이, 그것도 내부에서, 그것도 한두 사람의 개인적 도전이 아닌 일단의 세력에 의해 제기되었다는 점은 페이비언 사회주의에 무엇인가 문제가 있었다는 의문을 품게 했다. 게다가 도전을 제기한 세력의 중심에는 페이비언 협회에서 이론가로서 매우 중요한 자리를 차지하고 있었던 코울G. D. H. Cole이 자리하고 있었다. 이런 사실들은 길드 사회주의가 페이비언 사회주의에 대한 단순한 반감에서 떨어져 나온 별 내용 없는 아류 페이비언 사회주의가 아니라는 생각을 갖게 만들었다. 그렇다면 그 항의는 도대체 무엇일까? 이러한 의문이 내가 이 사상에 대해 연구를 시작하게 만든 동기로 작용했다.

연구를 해 나가면서 나는 길드 사회주의자들이 페이비언들과 중요

14

한 부분에서 심각한 의견차가 있다는 점을 발견하게 되었다. 사실 그것이 영국 사회주의의 방향을 가르는 중요한 사항이기도 했다. 그러니 코울을 포함하여 길드 사회주의자들은 당시의 사회에 대하여 페이비언들과는 무언가 크게 다른 주장을 했던 것이다.

그렇다면 길드 사회주의는 페이비언 사회주의의 기본적 원칙에 대해 이의를 제기한 것일까? 페이비언 사회주의의 기본적 원칙이라고 하면 민주주의를 떠올리게 된다. 페이비언 사회주의는 민주적인 사회주의를 주장했다. '민주'는 정치적 민주주의의 원칙을 의미했으므로, 민주적 사회주의는 보통선거를 통해 구성된 의회를 중시하는 의회 사회주의로 연결되었다. 의회 사회주의는 입법을 통해 사회 문제를 하나하나 해결해 나가는 방식을 택하게 될 것이므로 점진적 사회주의는 여기에서 필연적으로 파생되어 나오는 또 하나의 페이비언 사회주의 원칙이 될 수밖에 없었다. 시드니 웹Sidney Webb은 여기에 윤리적 사회주의라는 항목을 더해 페이비언 사회주의의 4가지 원칙으로 민주적, 의회적, 점진적, 윤리적인 원칙을 제시했다. 결국 페이비언들의 방법론은 19세기의 정치적 자유주의가 확립해 놓은 수단 위에 서 있었다. 보통선거를 바탕으로 한 정치적 민주주의를 기본적 토대로 하여 그 다음의 문제들을 해결해 나가려 한 것이다. 그렇다면 길드 사회주의가 페이비언 사회주의에 대해 이의를 제기한 부분은 바로 이런 부분들이었을까?

나는 길드 사회주의와 페이비언 사회주의가 갈라지는 부분이 페이비언 사회주의의 핵심 부분인 민주주의 원칙에 있을 것이라는 가정으로 연구를 시작해 나갔다. 하지만 그 가정은 잘못된 가정이었다. 왜냐

하면 길드 사회주의자들도 페이비언 사회주의자들처럼 민주주의를
자신들의 사상의 핵심적인 원칙으로 간주했기 때문이다. 아니 어쩌면
페이비언들보다 더욱 민주주의를 강조했다고 보아야 할지 모르겠다.
그렇다면 도대체 두 사상을 서로 대립하게 만든 의견 차이는 어디에
있었다는 말인가.

나는 연구를 해 나가는 과정에서 두 사상을 서로 대립하게 만든
부분은 민주주의 대 반反민주주의에 있었던 것이 아니라 정치적 민주
주의를 확대시켜 나가는 과정에 있었다는 점을 발견하게 되었다.
두 사상 모두 정치적 영역의 민주화를 넘어서서 경제적 영역으로
민주화를 확대시켜 나가야 한다는 생각을 가지고 있었으므로, 민주주
의라는 원칙에서 서로의 입장이 갈라졌던 것은 아니다. 문제는 두
사상 모두 민주주의를 추구했지만, 19세기에 강력한 기운으로 나타나
고, 또 차츰 성취되어 나가고 있었던 정치적 민주주의를 토대로 그
다음의 문제를 어떻게 해결해 나갈 것인가 하는 부분에서 서로 다른
생각을 표출한 것이다.

페이비언들은 정치적 민주주의와 경제적 민주주의는 사회주의라
는 동전의 양면이라고 주장했다. 페이비언들은 경제적 영역에서 일어
나는 여러 가지 모순들은 경제적 영역으로 민주주의를 확대해 나가는
과정에서 자연스럽게 해결될 것이라고 생각했다. 이 과정에서 빈부의
격차, 빈곤, 실업 등 경제적 영역의 중요한 문제들이 해결될 것이었다.

그런데 중요한 것은 이 부분에 있었다. 페이비언들의 '경제적 영역
으로 민주주의를 확대하자'는 주장이 의미한 것은 경제적 권력을 민주
적으로 통제하자는 것이었다. 정치적 영역의 민주화가 정치 권력의

민주적 통제를 의미한다면, 경제적 영역의 민주화는 경제 권력의 민주적 통제를 의미했다. 이 부분이 중요하다. 페이비언들은 경제 권력의 민주적 통제는 민주화된 정치권력으로 이루어낼 수 있다는 주장을 한 것이다. 정치 권력을 먼저 민주화한 다음, 민주화된 정치 권력을 이용하여 경제 권력을 통제하면 경제 권력도 민주화된다는 것이 페이비언들의 아이디어였던 것이다.

그러나 길드 사회주의자들은 페이비언들과 아이디어를 공유하면서도 중요한 부분에서 달랐다. 길드 사회주의자들도 경제 권력을 민주화하자는 주장에서는 페이비언들과 아무런 의견차이가 없었다. 문제는 경제 권력을 민주화하는 페이비언들의 방법이 잘못되었다는 것이다. 페이비언들은 민주화된 정치 권력으로 경제 권력을 통제해야 한다고 주장하지만 그렇게 해서는 민주주의가 실현되지 않는다는 것이다. 이런 방법은 결국 외부의 권력이 산업을 지배하는 결과를 낳게 된다는 것이 길드 사회주의자들의 주장이었다.

길드 사회주의자들의 이런 주장은 얼핏 생각하기에는 잘 이해가 되지 않았다. 민주적으로 구성되어 국민들에 의해 통제되는 국가 권력이 산업 부분에서 발생한 또 하나의 권력을 통제하면 경제적 영역도 민주화되는 것이라는 페이비언들의 생각에 별 문제가 없는 것으로 보였기 때문이다. 그런데 여기에는 곰곰이 생각해 보고, 따져 보기도 해야 할 부분이 있었던 것이다. 그것은 권력의 문제였다.

권력은 어디서 나오는가? 한 집단 속에서 일어나는 투쟁을 통해 강자가 출현하고, 그 강자에게서 권력이 나온다는 것이 사람들이 오랜 시간동안 받아들여온 생각이었다. 그래서 청교도 혁명 과정에서

크롬웰에게 체포된 영국 국왕 찰스 1세는 처형당하면서도 국민들 즉 피지배자들이 국가의 일에 관여하는 것은 잘못이라는 생각을 굽히지 않았다. 그러나 역사 속에서 수천 년 동안 유지되어온 이러한 생각은 민주주의 원리에 의해 결국 교정되었다. 사회 구성원을 지배하는 힘은 사회 구성원들의 동의에 의해 만들어지는 것이며, 동의를 얻는 과정에 사회 구성원들의 참여가 동반됨으로 인해 권력과 지배는 결국 자신 스스로에게서 나온다는 생각이 보편화된 것이다.

페이비언들은 경제 권력을 민주화해야 한다고 했을 때 경제 권력이 어디에서 어떻게 만들어진다고 생각한 것일까? 이 질문을 던졌을 때 나는 페이비언들의 논리에 약점이 있다는 생각을 하게 되었다. 페이비언들은 경제 권력이 형성되는 과정에 눈을 돌리지 않았다. 페이비언들은 단지 그것이 자의적 권력이라는 점에만 눈을 돌렸다. 그리고 그 권력을 민주화된 권력이 제대로 통제하기만 하면 된다는 아이디어를 가졌던 것이다.

그러나 길드 사회주의자들은 경제 권력이 만들어지는 과정에 눈을 돌렸다. 길드 사회주의자들이 보기에 경제 권력은 정치 권력이 만들어지는 동일한 공간, 동일한 집단에서 나오지 않았다. **경제 권력이 형성되는 공간은 시민사회가 아니라 산업 집단에서였던 것이다.** 이 공간을 구성하는 구성원들은 시민들이 아니라 생산자들이었다. 그러니 이 권력을 민주화한다는 의미는 이 권력이 이 집단의 구성원들로부터 만들어져야 한다는 의미가 되는 것이다. 그리고 그렇게 되어야 경제 권력은 민주적으로 통제된다고 할 수 있었던 것이다.

이런 주장은 사실 매우 미묘하다. 그러나 이치를 따져 보면 경제적 영역에서 민주화를 실현한다는 의미는 길드 사회주의자들의 생각이 원론적으로 타당한 것으로 보인다. 왜냐하면 경제 권력은 정치 권력과는 또 다른 권력이기 때문이다. 같은 공간에서 나오는 권력이 아닌 것이다. 게다가 민주화를 동의와 참여로 이해한다면 권력이 아래에서 만들어지는 방식을 택한 길드 사회주의자들의 제안이 근대 민주주의 사상가들의 원리를 받아들인 것이라고 볼 수 있었다.

경제 권력의 민주화에 대한 길드 사회주의자들의 생각은 우리들의 삶 속에서의 민주주의의 의미에 대해 곰곰이 따져 보게 만든다. 민주주의란 결국 권력과의 관계 속에서 발생하는 원리이다. 권력이 없다면 민주주의라는 원리도 필요가 없다. 권력이 있기 때문에 민주주의 원리를 이용하려는 것이고 민주적 권력을 만들어 내려 하는 것이다. 그런데 길드 사회주의자들은 국민들이 만들어 낸 국가 권력과는 별도의 또 하나의 민주화된 권력을 만들어 내야 한다는 생각을 하고 있는 것이다. 민주주의는 한 사회 안에서 여러 개의 권력을 만들어 낼 수 있는 것일까. 사람은 하나의 존재인데 과연 우리는 여러 개의 권력을 만들어 내야 하는 것일까?

이런 과정에서 나는 우리의 사고방식에 하나의 강한 편견이 있다는 점을 발견하게 되었다. 그것은 우리가 근대사회를 시민사회로 모두 덮어 버린다는 점이었다. 왕권과 독재 권력에 대항하고 그 권력을 깨뜨려 나간 모습을 그려내는 근대사는 우리에게 이런 편견을 부여할 만하다. 그러나 근대사회의 너무 강한 이 이미지가 근대사회의 다른 이미지를 종종 덮고 있다.

우리는 근대사가 시민사회와 함께 만들어 낸 산업사회의 특별한 모습을 포착하고 이해할 필요가 있다. 우리는 시민사회에서 살면서 동시에 산업사회 속에서 살아가는 것이다. 그러니 우리는 우리의 삶 속에서 두 개의 영역을 번갈아 오가면서 살아가고 있는 것이다. 집으로 오면 시민사회의 영역에서 생활하다가 직장으로 가면 산업사회의 영역으로 들어가게 되는 것이다. 물론 모두가 그렇지는 않겠지만 고용된 사람이라면 모두 이런 영역 이동을 매일같이 경험하면서 살아갈 것이다. 그렇다면 각 영역에 들어갔을 때 그 영역을 통제하는 권력은 달라야 한다는 생각이 가능해진다. 그러니 한편으로는 시민사회의 구성원으로서 권력을 만들어 내야 하고, 다른 한편으로는 산업사회의 구성원으로서 권력을 만들어 내야 하는 것이다. 인간은 두 개의 지위를 가지며, 두 영역에서 자율적인 존재가 되어야 하는 것이다.

사실 인간이 서로 다른 몇 개의 지위를 가진다는 아이디어를 페이비언들도 포착하기는 했다. 페이비언들도 인간은 시민으로서의 지위, 소비자로서의 지위, 생산자로서의 서로 다른 지위를 가지고 있으며, 사람들이 각각의 지위에 서게 될 때 다른 지위와는 이해관계가 달라지게 된다는 점을 지적했다. 즉 소비자로서는 싼값에 물건을 사려 하지만, 생산자로서는 비싼 값에 물건을 팔려 한다는 말이다. 이 두 개의 지위는 모두 존중되어야 하는 것일까. 그러나 페이비언들은 생산자보다는 소비자로서의 이해관계가 더욱 중요하다는 결론을 내렸다. 그리고 생산자의 지위는 소비자의 지위에 종속되어야 한다는 입장을 밝혔다. 아울러 소비자로서의 이해관계는 결국 시민으로서의 이해관계와 거의 일치한다고 생각했다. 그래서 페이비언들은 생산자들이 관료적 조직 속에서 지시를 받으며 노동하는 것을 당연한 것으로 받아 들였다.

여기서 관료적 조직이란 부장, 과장, 계장, 직원으로 이어지는 현재의 회사조직과 같은 것을 떠올리면 될 것이다. 노예처럼 노동해도 풍부한 소득을 가지게 되면 소비자로서 풍성한 자유를 누리게 될 것이라는 아이디어였다. 그것이 페이비언들로 하여금 자신들의 민주주의를 소비자 민주주의로 부르게 만든 요인이었다.

그러나 길드 사회주의자들은 생산자로서 민주주의를 누릴 권리를 포기하지 않은 것이다. 사람들은 인간의 두 개의 지위(시민 및 소비자의 지위와 생산자의 지위), 두 개의 영역(시민 및 소비자의 영역과 생산자의 영역)에서 모두 민주주의 원리 하에서 생활해야 했던 것이다. 그러나 문제가 그렇게 간단한 것은 아니다. 길드 사회주의자들의 주장은 곧 여러 가지 문제를 발생시키기 때문이다. 경제 권력이 분명 정치 권력과는 다른 공간에서 발생하는 권력이긴 하지만, 이 권력을 민주화시켜 구성원들의 참여에 의한 민주화된 권력을 만들어 낸다면 한 국가 안에 정치 권력과 함께 또 하나의 거대한 권력이 만들어지게 될 것이다. 그렇다면 시민들이 만들어 낸 정치 권력과 생산자들이 만들어 낸 경제 권력은 서로 어떤 관계를 유지해야 할 것인가? 국가가 우위에 서야 할 것인가? 아니면 동등한 관계를 유지해야 할 것인가? 만약 두 권력이 서로 의견 차이가 난다면 그 갈등은 어떻게 해결해야 할 것인가? 사람들이 두 개의 지위에서 서로 다른 이해를 갖고 있다면 사람들은 서로 다른 관점에서, 즉 하나는 소비자의 대표로서 다른 하나는 생산자의 대표로서 권력을 만들어 내게 될 텐데, 그렇다면 인간은 그 자체로 모순되는 결정을 내리는 결과를 낳게 되지 않을까? 등등 여러 가지 문제가 발생하게 되는 것이다.

길드 사회주의는 페이비언 사회주의에 도전했고 페이비언 협회에서 헤게모니를 장악하려 했지만 실패했다. 오히려 이들은 페이비언 협회에서 축출되었다. 이들은 독자적인 활동을 기획했지만 영국 사회주의의 주류로 성장해 나가지는 못했다. 페이비언 사회주의가 노동당의 이데올로기로 자리를 굳히고, 이후 영국이 복지국가로 나아간 과정에서 수행한 역할과 같은 점을 놓고 비교해 본다면 길드 사회주의 사상은 영국의 사회 발전에 페이비언 사회주의만큼 크게 기여하지는 못한 것으로 보인다. 그러나 이들의 이념은 언제나 생명력 있는 불씨로 살아남아 있다고 보아야 할 것이다. 왜냐하면 권력의 문제가 살아 있는 한 민주화의 주장은 결코 꺼지지 않을 것이기 때문이다.

이 책은 이런 길드 사회주의의 다양한 문제들에 대하여 내가 여러 학술지에 실은 글들을 수정하고 재구성한 후 새로운 글과 자료들을 보충하여 만들어 낸 것이다. 이 책을 통해 독자들이 민주주의와 길드 사회주의에 대하여 다소나마 이해의 폭이 넓어지기를 기대해 본다.

이쯤에서 몇 가지 사실을 정리해 두고 싶다. 그 중 첫 번째는 길드 사회주의가 1910년대에 출현하게 된 이유이다. 길드 사회주의는 1900년대도, 1920년대도 아닌 1910년대에 출현할 수밖에 없는 사상이었다. 즉 1910년대의 영국 사회가 길드 사회주의를 만들어 낸 것이다. 영국은 1910년부터 "노동불안기"Labour Unrest라고 불리는 심각한 사회적 갈등기로 접어들고 있었다. 이 시기에 런던, 리버풀, 헐, 토니팬디, 미들랜즈 등 영국의 동서남북과 중앙부에 이르기까지 심각한 노동쟁의가 영국을 위기로 몰아넣고 있었다. 파업을 일으킨 노동자들 쪽에서 나온 사상은 프랑스의 생디칼리즘과 미국의 산별노조에 영국의 노조지도자 톰 만의 사상과 기타 영국적 요소들이 혼합된 신디칼리즘이었다. 이 사상은 민주적인 국가 권력 대신에 민주적인 노동자들의 권력을 경제적 민주주의의 대안으로 추구했다. 이런 "노동불안기"의 노동자들의 목소리는 페이비언 협회 내의 지식인들에게 하나의 충격이었을 것이다. 페이비언들은 노동자들 즉 생산자들에게 공정한 몫이 돌아갈 것을 주장하였지만 노동자들은 자신들의 고유한 목소리를 내고 있었기 때문이다. 그 이유는 무엇이었을까? 일부 페이비언들은 그들이 작업장의 민주주의에 대해 눈을 돌리지 않았다는 점을 발견하기 시작했다. 결국 신디칼리즘 운동이 벌어지는 가운데서 산업의 권력에 대해서도 민주주의를 추구해야 한다는 생각이 영국의 지식인들 사이에서 나오게 된 것이다. 그렇지만 신디칼리즘에도 문제는 있었다. 신디칼리즘은 오로지 생산자들 즉 노동자들의 입장에만 서 있었다. 길드 사회주의는 그런 신디칼리즘을 중화시켜야 할 필요성을 발견했다. 왜냐하면 소비자의 입장도 중요했기 때문이다. 그래서 소비자를 대표하는 주체로서의 민주화된 국가 권력의 중요성을 버리지 않으면서, 생산자들의 민주주의가 실현될 수 있는 절충적 제안을 고안해내게 된 것이다. 즉 생산자와 소비자 양자가 합의할 수 있는 민주주의를 찾아내게 되었던 것이다.

다른 하나는 **왜 길드 사회주의라는 용어를 쓰게 되었느냐** 하는 점이다. 길드Guild는 중세의 동업조합을 의미한다. 그러니 길드 사회주의라는 용어를 이런 관점에서 받아들이면 이 사회주의는 중세적 질서를 지향한 고풍의 사상이라는 생각을 하게 만들지도 모른다. 그러나 길드 사회주의는 중세의 동업조합을 만들어 내자는 의미에서 길드라는 용어를 사회주의에 갖다 붙인 게 아니다. 길드 사회주의자들은 길드의 정신을 중요하게 생각한 것이다. 길드는 각종 생산자들이 모인 집단이었다. 술통을 만드는 생산자들도 있었고, 신발을 만들어 내는 생산자들도 있었다. 그러나 그 생산자들은 독립적인 생산자들이었으며, 그들 스스로가 길드의 권력을 만들어 내었다. 즉 자치적인 생산자들의 조직이었던 것이다. 길드 사회주의자들은 산업사회의 생산조직이 길드와 같은 성격으로 바뀌게 될 것을 지향한 것이다. 그들은 길드에서 생산자 민주주의의 원형을 발견한 것이다. 이 얼핏 듣기에는 이상한 '길드 사회주의'라는 용어가 왜 쓰이게 되었는지 이제 이해할 수 있을 것이다.

또 하나의 중요한 사실은 **영국에서 사회주의라는 사상은 민주주의라는 가치를 추구하고 있다는 점**이다. 여러 사회주의들이 지닌 민주주의의 내용이 조금 다르기는 하다. 그러나 정치적 민주주의를 공통의 기반으로 가지고 거기서 무언가를 더 추구하고 있다. 페이비언 사회주의의 민주주의는 국가의 모든 정책은 정치적 민주주의를 바탕으로 하여 진행되고 추진되어야 한다는 점을 강조한 것에서 두드러진다. 정치적 민주주의가 만들어 낸 힘이 다른 비민주적인 힘들을 제어해 나가야 한다는 생각이 페이비언 사회주의의 생각이었다. 그리고 길드 사회주의의 민주주의는 모든 산업 조직의 권력은 생산자들의 동의와 참여에 의해서 만들어져야 한다는 주장에서 더욱 강하게 살아 있다. 그리고 보면 '자본주의를 민주화시키려는 것'이야말로 이들 사회주의 사상들의 진정한 의도였다고 보아야 할 것이다.

마지막으로 지적하고 싶은 점은 사회주의라는 용어는 개인주의에 대립되는 용어라는 사실이다. 페이비언들의 사회주의는 '여러 사람들의 이익 혹은 공익을 추구하는 국가정책'을 의미한 것이다. 길드 사회주의자들의 사회주의는 '산업의 운영 과정에서 한 사람의 의견이 아니라 여러 사람의 의견을 반영하자'는 주장을 의미하는 것이다. 사실 공권력을 행사하는데 한 사람의 자의적인 의견이 아니라 여러 사람의 의견이 반영되어야 한다는 생각을 받아들인 의회 민주주의 자체가 개인주의에 대립되는 사상인 것이다.

위기는 여러 가지 문제를 제기한다. 특히 경제적 위기는 실업, 빈곤, 금융공황, 기업도산의 문제 같은 생존의 문제를 제기한다. 위기 상황에서 개별 주체들이 자기만의 이익을 추구한다면 처음에는 살아남는 소수와 몰락한 다수가 구별되겠지만 결국에는 모두가 함께 몰락의 길을 걷게 될 것이다. 위기 속에서 하나의 문명 혹은 집단이 살아남는 방법은 협동하는 것이다. 그러므로 위기는 협동에 대한 새로운 기회를 모색하게 만든다.

노동불안기Labour Unrest를 겪었던 영국에서 길드 사회주의 사상이 출현한 것은 결코 우연이 아니다. 소비자와 생산자가, 노동자와 고용주가 서로의 이해관계를 조정해 협동이 가능한 질서를 만들어 내어야 할 필요성이 길드 사회주의라는 '소비자와 생산자 그리고 시민을 함께 생각하는 사상'을 탄생시킨 것이다. 이익을 조정하기 위해서는 당사자들 사이의 합의가 필요하고, 합의를 도출해 내기 위해서는 서로에 대한 이해가 전제되어야 한다. 서로에 대한 이해를 증진시키기 위해서는 소통이 필수불가결하며, 이 과정 속에서 아래로부터의 권력이 필요해지고 가능해지는 것이다. 길드 사회주의는 이러한 과정을 포착한 것이다. 길드 사회주의자들은 사회 내의 다양한 조직들에 존재하는 권력들이 보다 민주적으로 바뀌는 과정 속에서 사회 전체의 협동의 실마리를 찾으려 했다. 길드 사회주의는 위기 속에서 민주주의에 대한 새로운 기회를 발견한 것이다.

위기는 위협적이라 자칫하면 파국을 몰고올 수 있지만, 그렇기 때문에 개혁의 실마리를 제공하는 기회일 수 있다. 설사 위기는 외부 요인에 의해 발생하게 된다 해도, 그것에 대처하는 과정에는 내적 변수가 작용할 수밖에 없다. 그 사회의 선택, 그 집단이 택한 의지가 위기를 파국으로도 기회로도 만드는 것이다. 1930년대 미국과 독일은 똑같이 공황을 맞았지만 루스벨트의 미국과 히틀러의 독일은 다른 길을 걸어갔다. 위기를 합의의 민주주의로 헤쳐 나갈 수 있기를 기대해 본다.

이 책이 나오기까지 많은 도움을 주신 부모님과 여러 선생님들, 동료 선후배 및 출판사 관계자 분들께 감사의 말씀을 드린다.

2009년 7월
연구실에서

목 차

몇 가지 용어와 약어에 대해 미리 설명을 해 둔다.

1. National Guild(내셔널 길드)는 **전국길드**로 표기했다. 네이션이란
   단어에 국민이란 뜻이 들어 있기는 하다. 프랑스 혁명기의 내셔널
   어셈블리도 국민의회로 번역하고 있으므로 여기서도 국민길드가 되
   어야 하지 않나 하는 생각이 들기도 했다. 그러나 길드 사회주의자들
   은 길드가 로컬local(지방), 리져널regional(광역), 내셔널national(전국)한
   수준에서 각기 조직되어야 한다는 제안을 하고 있고 그런 바탕 위에서
   이 조직의 이름이 만들어진 것이므로 네이션nation을 지방에 대응하는
   전국의 의미로 옮기는 것이 타당하다고 생각된다. 이러한 길드는
   산업별로 조직되어 복수로 존재한다. 전국길드는 종종 복수로 표기되
   고 있다.

2. Guildsman(길드맨)은 **길드인**으로 표기했다. 길드 사회주의운동에
   참여하거나 길드 조직에 참여하는 사람들을 길드맨이라고 지칭하고
   있는데, 거의 길드 사회주의자와 동일한 의미로 쓰이기는 하지만
   단어의 뜻을 그대로 살려 길드인이라고 표기했다. 길드 사회주의에

동의하는 사람이라는 의미로 받아들이면 될 것이다. 그러나 경우에 따라 길드 사회주의자로 표기하기도 하였다.

3. Encroaching Control(인크로우칭 컨트롤)은 **통제의 잠식**이라고 번역했다. 이 용어는 길드 사회주의자들의 방법론을 지칭하는 것인데 "현재의 각 산업들에서 산업통제권을 파고 들어가는 방법"을 의미하고 있다. 산업통제권을 야금야금 파먹어 들어간다는 뉘앙스를 가지고 있다. 페이비언들의 퍼미에이션permeation(침투)에 대응하는 길드 사회주의자들의 방법론이며 용어이다.

4. Syndicalism(신디칼리즘)은 **신디칼리즘**으로 표기했다. 이 용어는 대체로 프랑스어 발음을 따라 생디칼리즘으로 표기되지만 굳이 신디칼리즘으로 표기한 것은 영국의 신디칼리즘syndicalism을 대륙의 그것과 구분하기 위해서다. 영국의 신디칼리즘은 여러 면에서 영국적인 내용을 가지고 있고, 독자적으로 발전했으며, 여러 조류가 혼합된 특징을 가지므로 이 사상을 원래의 생디칼리즘과 구분하여 신디칼리즘으로 표기했다.

5. Rent(렌트)는 페이비언 사회주의와 관련하여 쓰였을 경우 그대로 음역하여 **렌트**로 표기했다. 페이비언들은 렌트 개념을 확대시켜 이것의 본래 의미인 '지대'와는 다른 의미로 사용하고 있기 때문이다. 렌트는 처음에 생산성의 차이에서 발생하는 수익을 의미했지만, 렌트 개념은 더욱 확대되어 페이비언 사회주의의 잉여가치이론을 구성하는 중요한 개념이 되었다.

6. Respectable Worker(리스펙터블 워커)는 **존중받을 만한 노동자**로 표기했다. 사실 이 용어는 한 단어로 딱 부러지는 적절한 번역용어를 찾기가 힘들었다. 이 용어는 노동자들 중에서 기술을 가져서 높은 임금을 받는 잘 사는 노동자들을 대체로 지칭한다. 예를 들자면 목수, 기계공처럼 특별한 기술을 가지고 있어서 아무나 할 수 없는 노동을 하는 노동자들이다. 그러니 노동시장에서 독점적인 지위를 가지고 있어서, 노동자들이지만 고용주들이 함부로 할 수 없는 노동자들이었다. 그런 노동자들에게 붙여진 용어라 '기술을 가진 잘 사는 노동자'라고 옮기는 것이 이해하기에는 편하지만 그렇게 하면 영어의 본래 뜻을 완전히 무시하는 꼴이 되는지라 형용사 '리스펙터블'respectable의 뜻을 살려 '존중받을 만한 노동자'로 표기하기로 했다. 하지만 어떤 노동자를 가리키는지 내용을 떠올리며 이해해 주면 좋겠다.

7. Middle Class(미들클래스)는 **중간계급**으로 표기했다. 영국에서는 귀족과 노동계급이 아닌 계층을 미들클래스로 표기하는 경우가 많아 중간계급이라는 용어가 다소 애매해진다는 생각이 들기는 했다. 왜냐하면 중간계급이란 용어가 너무 광범위한 계층을 의미해, 중간계급이라는 의미가 확정되기 어렵기 때문이다. 하지만 원래의 영어 표기 자체가 넓은 외연을 가지고 있으므로 직역을 하여 중간계급으로 표기하기로 했다. 그러나 중간계급의 사회경제적 의미는 문맥에 따라 그때그때마다 상인, 금융가, 전문직 종사자, 급여를 많이 받는 샐러리맨, 급여가 적은 사무직 종사자, 소시민 등으로 달라질 수 있다는 점을 유의해야 할 것이다.

8. Collectivism(컬렉티비즘)은 **집산주의** 혹은 **집단주의**로 표기했다. 이

용어는 집산주의의 의미를 지닐 경우가 많지만, 집산주의보다 더 큰 함의를 지닌 집단주의로 표기해야 할 경우도 있어서 경우에 따라 양쪽으로 표기했다. 이 용어가 경제적 함의를 지니게 될 때는 집산주의로 표기하는 것이 적당하다. 그러나 이 용어가 '국민적 단결'과 같은 사회적 함의를 담게 될 때는 경제적 차원에서 개인주의를 넘어서자는 의미가 아니라, 정치적, 사회적 측면에서 개인주의를 넘어서자는 의미를 담고 있다. 이 경우는 이 용어를 집산주의로 표기하는 것은 적당하지 않다. 여기서 컬렉티비즘Collectivism은 개인주의에 대비되는 용어가 되기 때문에 집단주의로 표기했다.

9. Utilitarianism(유틸리태어리어니즘)은 **효용주의**로 표기했다. 이 용어는 공리주의功利主義라는 말로 익숙해져 있기는 하나 굳이 효용주의로 표기한 것은 공리功利라는 단어가 더 이상 일상용어로 쓰이지 않기 때문이다. 지금 대부분의 사람들은 한글로 '공리'라는 용어를 공공복리公共福利로 이해한다. 공리라는 단어를 '공로功勞와 이익利益'의 의미로 받아들이는 사람은 거의 없는 것으로 보인다. 공리功利는 영어의 유틸리티utility를 우리말로 옮긴 것이다. 여기서 유틸리티utility는 '쓸모있음'을 의미하고 있다. 영어의 유틸리태어리어니즘Utilitarianism이란 유틸리티(쓸모있음)를 인간행위의 도덕적 판단기준으로 삼는 사회적 태도를 가리킨다. 유틸리티utility는 지금 대체로 효용效用으로 표기되고 있으므로 효용주의라는 용어를 선택했다.

10. Poor Law(푸어로)는 **빈민법**으로 표기했다. 구빈법이라고 표기하지 않고 빈민법으로 표기한 것은 이 법이 빈민들을 구제하는 법이라고만 볼 수는 없었기 때문이다. 튜더시대의 헨리 8세부터 엘리자베스에

이르기까지 만들어진 이 법의 목적은 빈민들을 구제하려는 것이라기보다는 빈민이 사회적 문제가 되지 않도록 하려는 것이었다. 그래서 이 법에는 빈민들을 구호하는 내용도 일부 들어 있지만 빈민들을 처리하는 내용이 더 큰 부분을 차지한다. 여기서 빈민은 주로 유랑자와 걸인들이었는데 이들을 처리하는 내용은 온정적이기보다는 매우 가혹했다. 빈민처리법이라고 표기하는 것이 이 법의 내용을 살리는 용어일 것 같다는 생각이 들기도 했지만, 빈민에 대한 법이라는 보다 넓은 의미에서 빈민법이라고 표기했다.

11. Labour(레이버)는 경우에 따라 **노동계급** 혹은 **노동** 혹은 **노동자**라고 표기했다.

12. 이 책에서 쓰인 '영국'은 대ᄎ브리튼–아일랜드 **연합왕국**을 의미하나, 1922년 아일랜드가 독립한 이후에는 대ᄎ브리튼–북아일랜드 **연합왕국**(이 용어는 공식적으로는 1927년 이후부터 사용되었다.)을 가리킨다. 대브리튼은 지리적으로 브리튼 섬을 지칭할 따름이지만, 여기서 이 용어는 이 섬에 존재하는 잉글랜드, 스코틀랜드, 웨일즈 세 나라를 의미하고 있다. 하지만 브리튼Britain, 브리티시British, 잉글랜드England, 잉글리시English도 '영국'으로 옮겼으므로 '영국'의 의미는 혼용되고 있음을 밝혀둔다.

1895년 시드니 웹 등의 페이비언들에 의해 런던경제대학London School of
Economics이 설립됨.

1898년 톰 만, 노동자연합the Workers' Union을 세움.

1900년 카키khaki 선거 치러져 보수당 승리함.(카키 선거는 전쟁의 영향
아래서 치러진 선거를 의미하는데 1900년의 선거는 보어전쟁의
영향 하에서 치러졌다. 카키는 군복의 색깔을 의미한다.) 노동대표
위원회Labour Representation Committee 조직됨. 케어 하디, 남웨일즈의 머서
티드필 및 아버대어Merthyr Tydfil and Aberdare 선거구에서 의원으로 당선
됨.

1901년 태프 베일 판결Taff Vale judgement이 내려짐. 이 판결로 인해 노동조합은
파업으로 회사가 입은 피해에 대해 배상 의무를 지게 됨. 이 판결
이후 많은 노동조합들이 노동대표위원회Labour Representation Committee에
가입하게 됨. 톰 만은 오스트레일리아로 건너감. 보어전쟁 중 남아프
리카에 강제수용소가 세워짐.

1902년 밸푸어Balfour의 교육법Education Act이 통과됨. 영일동맹 맺어짐. 웹
부부 코이피션츠 식사모임 클럽Coefficients dining club을 조직함.

1903년 체임벌린, 관세개혁운동 시작함. 에멀린 팡크허스트Emmeline Pankhurst
에 의해 여성사회정치연합Women's Social and Political Union 결성됨. 글래스
고우에서 사회주의노동당Socialist Labour Party 결성됨.

1904년 노동자교육협회Workers' Educational Association가 결성됨. 영프 협상entente cordiale이 체결됨.

1905년 존 번즈John Burns, 캄벨 배너만Campbell-Bannerman 내각에 각료로 입각함. 구빈법 왕립위원회(1905~1909)가 조직됨. 여기에 비에트리스 웹 이 참여해 활동한 후 소수보고서를 만들어 냄.

1906년 노사분규법Trade Disputes Act이 통과됨. 노동대표위원회Labour Representa-tion Committe가 노동당Labour Party으로 바뀜. 케어 하디Keir Hardie가 초대 의장으로 선출됨. 선거에서 노동당은 29석의 의석을 얻음. 윌 쏜Will Thorne, 1906년 총선에서 런던의 웨스트 햄West Ham에서 출마해 당선 됨.

1907년 빅터 그레이슨Victor Grayson이 콘 밸리Colne Valley에서 의원으로 당선됨. 오라지Orage, 1907년 주간지 『새로운 시대New Age』를 매입함. 이 저널 에 길드 사회주의에 대한 글이 실리기 시작함. 영러협상entente이 체결됨.

1909년 상원은 로이드 조지의 예산안을 거부함. 오스본 판결Osborne judgement 이 내려짐. 이 판결로 인해 노동조합은 노동당에 정치자금을 제공할 수 없게 됨. 러스킨 대학에서 이탈한 사람들, 중앙노동대학Central Labour College 결성함.

1910년 두 번의 총선이 치러짐. 카슨Carson이 얼스터 통합당의 지도자가 됨. 남웨일즈 광산분규 발생. 톰 만, 오스트레일리아에서 귀국함. 톰 만, 산업신디칼리스트교육연맹the Industrial Syndicalist Education League을 조직함. 벤 틸렛Ben Tillett, 25만 명이 가입하게 되는 전국운수노동자동 맹National Transport Workers' Federation을 조직함. 『산업신디칼리스트 Industrial Syndicalist』 출판되기 시작함. 조지 란스베리, 런던의 노동자지 구인 보우 및 브롬리Bow and Bromley 선거구에서 의원에 당선됨.

1911년 국민보험법National Insurance Act 통과됨. 의회법Parliament Act이 통과되어 하원이 실질적인 법률 제정권을 갖게 됨. 리버풀에서 파업 발생하여 72일간 지속됨. 런던부두파업 발생. 전국 철도파업 발생. 보수당 사회개혁위원회 조직됨. 다이하드die-hard(의회법에 반대한 강경한 상원의원들) 귀족들에 의해 할스베리클럽Halsbury club 조직됨. 보수당 당수 밸푸어Balfour 사임하고 보나어 로Bonar Law로 보수당 당수가 교체됨. 웰즈, 『새로운 마키아벨리The New Machiavelli』(1911)에서 웹부부The Webbs를 풍자함.

1912년 자유당 인사들이 마르코니 회사와 관련해 내부 정보를 이용해 부당 이득을 얻었다는 마르코니 사건이 발생함. 얼스터 민병대Ulster Volunteer Force가 형성됨. 전국 광부파업 발생. 런던부두파업 발생. 신디칼리스트 운동의 중요 문서인 『광부들의 다음 단계The Miners' Next Step』 작성됨. 란스베리 등에 의해 노동자 신문인 『일간소식Daily Herald』 발간됨.

1913년 블랙 컨트리Black Country 파업 발생, 더블린 총파업 발생. 페이비언들에 의해 주간지 『새로운 정치가New Statesman』 출간됨.

1914년 아일랜드 홈룰 법안이 통과됨. 아일랜드 주둔 영국군의 항명사건인 쿠라 사건Curragh mutiny이 발생함. 노동조합 회원수 4백만(1910년 250만에서)명으로 증가. 1차 세계대전 발생. 팡크허스트Pankhurst, 하인드만Hyndman, 블래치포드Blatchford, 벤 틸렛 등은 1차 세계대전을 찬성했으나, 케어 하디, 톰 만, 존 번즈는 반대함. 새무얼 조지 홉슨이 『전국길드: 임금제와 탈출구에 대한 연구National Guilds: an Inquiry into the Wage System and a Way Out』를 발간함.

1915년 전국길드연맹National Guilds League 결성됨. 길드 사회주의의 『스토링턴 보고서Storrington Document』 출간됨. 케어 하디 사망함.

1917년 코울G. D. H. Cole의 『산업의 자치운영Self-Government in Industry』 출판됨. 벤 틸렛, 현재 맨체스터 광역시에 속하는 북샐퍼드Salford North 선거구에서 노동당 의원으로 당선됨.

1918년 4차 선거법Representation of the People Act 개정이 이루어져 30세 이상의 여성들에게도 선거권이 부여됨. 쿠폰 선거가 치러져 보수당과 자유당 연립내각이 압승을 거둠.(보수당과 자유당 연립내각의 공식적 지지를 받은 입후보자들에게 증서를 발행했으므로 쿠폰선거라고 불린다.) 핸더슨이 노동당을 재조직함. 노동당은 강령으로 시드니 웹이 기초한 『노동과 새로운 사회질서Labour and the New Social Order』 채택. 버트란드 러슬, 1차 세계대전 중 『자유로의 길Roads to Freedom』(1918)을 집필하여 출판함. 여기서 그는 국가사회주의, 무정부주의,

생디칼리즘 등으로 사회주의를 분류하여 설명한 후 길드 사회주의를 이상적인 이념으로 평가하였음. 로열 에어 포스Royal Air Force가 창건됨.

1919년 아일랜드 공화군Irish Republican Army이 결성됨. 인도인들이 암리짜 Amritsar에서 대량 학살당함.

1920년 영국 공산당Communist Party of Great Britain: CPGB이 결성됨. 웨일즈에서 국교제가 폐지됨. 노동조합 회원수 825만 명으로 증가. 코울G. D. H. Cole의 『다시 쓰는 길드 사회주의Guild Socialism Restated』(1920) 출판됨.

1922년 운수 및 일반 노동자조합Transport and General Workers' Union: TGWU이 결성됨. 어니스트 베번Earnest Bevin이 총서기가 됨.

1923년 린톤 오만Lintorn-Orman, 영국 파시스트British Fascists 조직함.

1924년 노동당, 1월 선거에서 승리. 맥도널드가 1차 노동당 내각을 구성함. 노동당 10월 총선에서 패배함. 모슬리, 노동당에 입당. 모슬리는 이후 노동당에서 탈당, 영국 파시스트연합을 조직하게 됨.

1926년 총파업General Strike 발생하여 9일간 지속됨.

1927년 노사분규법Trade Disputes Act이 통과됨.

1928년 5차 선거법Representation of the People Act 개정으로 21세 이상의 여성들에게도 선거권이 주어짐. 버나드 쇼, 『지적인 여성을 위한 사회주의와 자본주의에 대한 안내서The Intelligent Woman's Guide to Socialism and Capitalism』(1928)를 출판함.

1929년 2차 노동당 내각 형성. 대공황 발생. 아놀드 리스Arnold Leese, 제국파시스트연맹Imperial Fascist League 조직함.

1930년 신문 『일간 노동자Daily Worker』 출간됨.

1931년 8월 맥도널드 내각 붕괴. 10월 선거에서 노동당은 크게 패배함.

1935년 클레먼트 애틀리Clement Attlee가 조지 란스베리George Lansbury를 이어 노동당 당수로 선출됨.

1936년 빅터 골란즈Victor Gollancz가 레프트 북 클럽Left Book Club을 시작함.

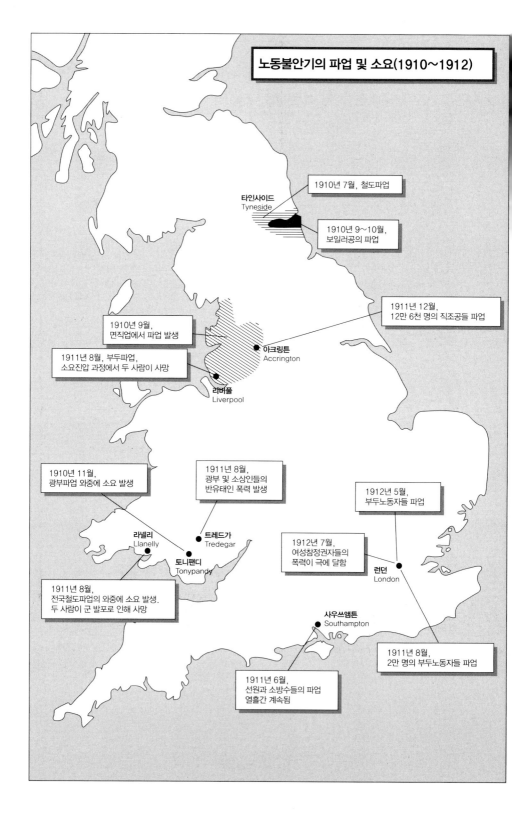

노동불안기의 파업 및 소요(1910~1912)

1910년 7월, 철도파업

타인사이드
Tyneside

1910년 9~10월,
보일러공의 파업

1911년 12월,
12만 6천 명의 직조공들 파업

1910년 9월,
면직업에서 파업 발생

아크링튼
Accrington

1911년 8월, 부두파업,
소요진압 과정에서 두 사람이 사망

리버풀
Liverpool

1910년 11월,
광부파업 와중에 소요 발생

1911년 8월,
광부 및 소상인들의
반유태인 폭력 발생

1912년 5월,
부두노동자들 파업

라넬리
Llanelly

트레드가
Tredegar

1912년 7월,
여성참정권자들의
폭력이 극에 달함

토니팬디
Tonypandy

런던
London

1911년 8월,
전국철도파업의 와중에 소요 발생.
두 사람이 군 발포로 인해 사망

사우쓰앰튼
Southampton

1911년 8월,
2만 명의 부두노동자들 파업

1911년 6월,
선원과 소방수들의 파업
열흘간 계속됨

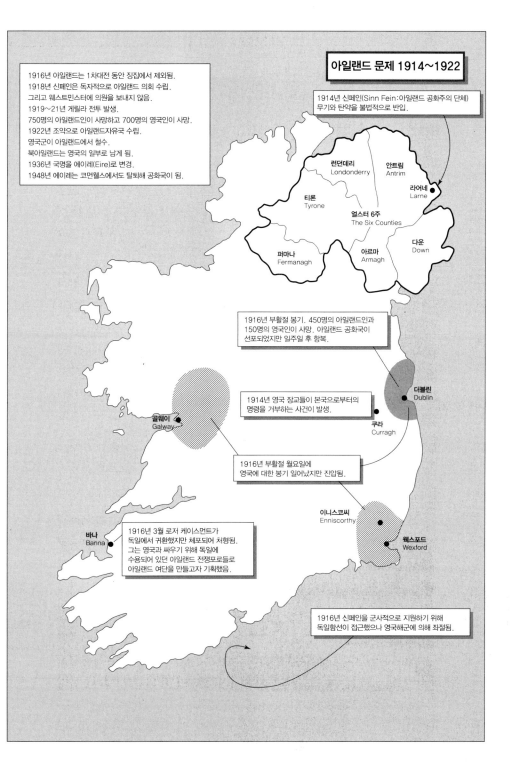

아일랜드 문제 1914~1922

1916년 아일랜드는 1차대전 동안 징집에서 제외됨.
1918년 신페인은 독자적으로 아일랜드 의회 수립.
그리고 웨스트민스터에 의원을 보내지 않음.
1919~21년 게릴라 전투 발생.
750명의 아일랜드인이 사망하고 700명의 영국인이 사망.
1922년 조약으로 아일랜드자유국 수립.
영국군이 아일랜드에서 철수.
북아일랜드는 영국의 일부로 남게 됨.
1936년 국명을 에이레(Eire)로 변경.
1948년 에이레는 코먼웰스에서도 탈퇴해 공화국이 됨.

1914년 신페인(Sinn Fein:아일랜드 공화주의 단체)
무기와 탄약을 불법적으로 반입.

런던데리
Londonderry

안트림
Antrim

라어네
Larne

티론
Tyrone

얼스터 6주
The Six Counties

퍼마나
Fermanagh

아르마
Armagh

다운
Down

1916년 부활절 봉기. 450명의 아일랜드인과
150명의 영국인이 사망. 아일랜드 공화국이
선포되었지만 일주일 후 항복.

1914년 영국 장교들이 본국으로부터의
명령을 거부하는 사건이 발생.

골웨이
Galway

더블린
Dublin

쿠라
Curragh

1916년 부활절 월요일에
영국에 대한 봉기 일어났지만 진압됨.

이니스코씨
Enniscorthy

바나
Banna

1916년 3월 로저 케이스먼트가
독일에서 귀환했지만 체포되어 처형됨.
그는 영국과 싸우기 위해 독일에
수용되어 있던 아일랜드 전쟁포로들로
아일랜드 여단을 만들고자 기획했음.

웨스포드
Wexford

1916년 신페인을 군사적으로 지원하기 위해
독일함선이 접근했으나 영국해군에 의해 좌절됨.

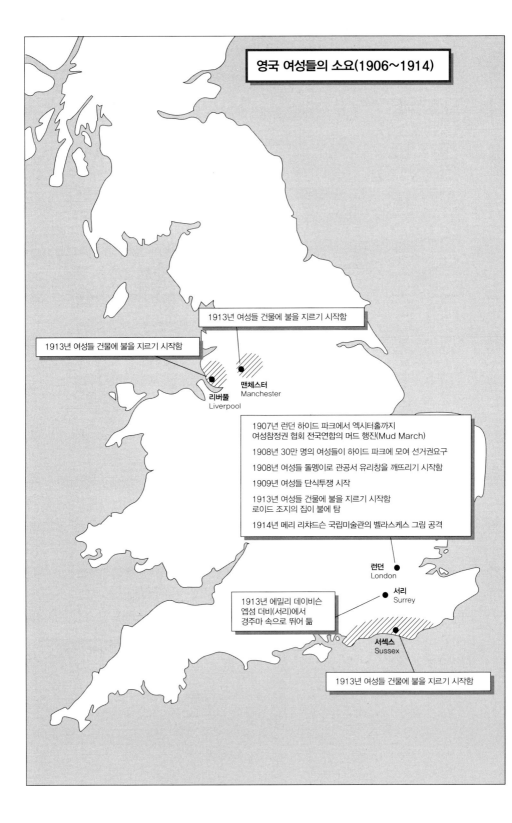

영국 여성들의 소요(1906~1914)

1913년 여성들 건물에 불을 지르기 시작함

1913년 여성들 건물에 불을 지르기 시작함

맨체스터
Manchester

리버풀
Liverpool

1907년 런던 하이드 파크에서 엑시터홀까지
여성참정권 협회 전국연합의 머드 행진(Mud March)

1908년 30만 명의 여성들이 하이드 파크에 모여 선거권요구

1908년 여성들 돌멩이로 관공서 유리창을 깨뜨리기 시작함

1909년 여성들 단식투쟁 시작

1913년 여성들 건물에 불을 지르기 시작함
로이드 조지의 집이 불에 탐

1914년 메리 리챠드슨 국립미술관의 벨라스케스 그림 공격

런던
London

서리
Surrey

1913년 에밀리 데이비슨
엡섬 더비(서리)에서
경주마 속으로 뛰어 듦

서섹스
Sussex

1913년 여성들 건물에 불을 지르기 시작함

영국의 사회주의와 민주주의에 대한 예비적 고찰

러슬 Bertrand Arthur William Russell (1872~1970)
웹과 코울의 중간 세대에 해당하는 인물로 한때 페이비언 협회에서 활동했
다. 그는 1918년 『자유로의 길』에서 길드사회주의를 적극적으로 평가했다.
그는 사회주의를 국가사회주의, 무정부주의, 생디칼리즘으로 분류하여 설명
하는 과정에서 각각의 이념이 지닌 약점을 지적하였는데 그런 약점들이 극복
된 절충적인 사상으로 길드 사회주의를 지목했다. 그는 1915년 전국길드연
맹이 조직되었을 때 여기에 참여한 사람이기도 하다.

길드 사회주의에 대한 글을 읽기 전에 영국의 사회주의와 민주주의에 대한 이해를 돕는 몇 가지 항목들에 대해 알아두는 것이 유용할 것이다. 여기서는 사회주의에 대한 간략한 설명에 이어 영국 사회주의, 페이비어니즘, 신디칼리즘을 차례로 설명하도록 한다.

1. 사회주의

사회주의라고 하면 많은 사람들은 북한체제 혹은 구소련체제를 떠올릴 것이다. 그러나 이런 식의 등가관계는 잘못된 것이다. 술이라고 할 때 많은 사람들은 가짜 양주를 떠올리지는 않기 때문이다. 술에는 맥주, 소주, 양주, 포도주, 인삼주까지 다양한 종류의 술이 있다. 가짜 양주도 술이기는 하지만 대표적인 술에 포함되지는 않는다. 사회주의라는 사상도 그러하다. 여기에는 다양한 내용을 가진 사회주의 사상들이 있고 그 중 북한체제나 구 소련체제는 일그러진 사회주의 중 하나일 따름이기 때문이다.

그래서 수많은 부분집합을 포용하는 큰 범주로서의 사회주의가 무엇인가를 먼저 알아 두어야 할 것이다. 그러기 위해서는 사회주의라는 사상이 처음에 어떻게 해서 나왔는가를 알아 볼 필요가 있다. 사회주의는 독자들의 일반적인 상상과는 달리 영국에서 먼저 출현했다.(독자들 중에도 이미 알고 있는 사람이 있을 것이다.) 왜 구소련이나 동독이나 중국이나 북한에서 사회주의가 먼저 출현하지 않았을까?

그것은 사회주의는 산업사회의 산물이기 때문이었다. 사회주의가 산업사회의 산물이라는 말은 사회주의는 산업사회가 만들어 낸 사상이라는 의미이다. 그런데 여기엔 의문이 들 법도 하다. 산업사회는 자본주의를 만들어 내었지 무슨 사회주의를 만들어 내었단 말인가?

일반적으로 산업사회는 18세기 후반에 영국에서 시작된 산업혁명과 함께 나타났다고 본다. 산업사회는 자본주의를 성숙시켰다. 상품거래는 활발해지고 상품은 대량으로 생산되기 시작했다. 대량생산을 위해 공장이라는 새로운 산업조직이 탄생했고, 공장노동자라는 새로운 형태의 노동력이 탄생했다. 여기까지는 좋았다. 그런데 생산과 소비가 늘고, 지금 용어로 한다면 소위 GDP가 늘며 경제성장이 이루어지는 가운데 자본주의의 어두운 면이 탄생했다. 그것은 한 가지 현상이 아니라 여러 가지 현상들이었다. 노동자들의 상태가 우선 부각되었다. 공장에서 일하는 노동자들은 밥 사먹고 나면 남는 게 없을 정도로 임금이 너무 적었다. 임금이 적어도 수요 공급의 법칙에 의해 고용주들은 얼마든지 고용시장에서 노동력을 구할 수 있었다. 아울러 노동시간은 너무 길었다. 하루 12시간, 14시간 심지어 그 이상 노동을 하는 경우도 비일비재했다. 작업환경은 너무 열악했다. 채광, 환기가 안 되는 좁은 공간에서 노동자들의 건강 같은 것은 전혀 고려되지 않은 채 생산이 이루어졌다. 노동자들의 이런 상황은 만성적 빈곤과 산업재해, 직업병을 초래했고, 아울러 사회계층의 양극화와 인간다운 삶의 문제로 연결되었다. 빈곤은 의료, 주택, 교육의 문제 등과 연결되면서 사회문제를 낳게 되었다. 즉 사회는 비인간적인 측면들을 안고 있다는 것이 확인된 것이다.

노동자들의 문제뿐만이 아니었다. 시간이 지나면서 산업화가 가져온 여러 가지 문제들이 발견되기 시작했다. 산업화는 물과 토양 등 환경을 오염시켰고, 자원의 고갈을 가져왔다. 한 발 더 나아가 내 돈만 벌면 그만이라는 생각에서 식품에 위해물질을 넣기까지 하는 정신적 타락 현상이 일반화되기 시작했다. 무한경쟁의 시대 속에서 발전은 일어났지만 거기에는 무한 부작용이 동반했던 것이다.

어떤 사회라도 통찰력이 있는 지식인들이 있는 법이다. 산업혁명이 시작된 후 한 50년쯤 지나게 되자 이 사회에 문제가 심각하고, 이런 현상을 그대로 내버려 두면 사회가 망해 버릴지도 모른다는 전망을 가진 사람들이 나타나기 시작했다. 이 사회가 가진 심각한 문제들은 어디에서 비롯된 것이며 어디를 고쳐야 하는 것일까? 이 사회는 어떤 사회로 나아가야 하며 그렇게 나아가기 위해서는 어떤 방법을 채택해야 하는 것일까? 이런 의문들을 가진 지식인들은 당시의 영국 사회를 분석한 후, 새로운 사회에 대한 전망을 제시하려 했다. 그것이 사회주의로 불리기 시작한 것이다.

그런데 왜 이런 사상이 사회주의라는 용어로 불렸을까? 이런 의문은 사회주의를 이해하는 데 매우 중요한 단서를 제공한다. '사회'라는 개념의 반대어를 찾아보자. '개인'이라는 개념이 금방 떠오른다. 사회주의는 말 그대로 '사회문제'를 발견하고 그것의 '사회적 해결'을 강조한 사상인 것이다. 그러므로 사회주의라는 용어가 쓰이기 시작했을 때 이 사상은 다름 아니라 개인주의에 대해 강력히 반발했음을 알 수 있다. 사회주의에 대립되는 사상은 자본주의가 아니냐 하는 의문을 제기할 수 있다. 여기에 대한 대답은 미묘하다. 물론 당시의 자본주

사회질서가 개인주의의 원리로 움직였으니 자본주의에 대한 대립이 었다고 하는 답변이 틀렸다고 할 수는 없을 것이다. 그러나 사회주의가 항의했던 원리는 자본주의 그 자체보다도 자본주의가 안고 있는 개인 주의였던 것이다. 협동, 조화, 상호 부조와 같은 가치들은 무시되고 경쟁, 투쟁, 자연 도태와 같은 가치들이 중시되는 사회적 분위기에 근본적 원인이 있다고 생각한 사람들은 산업사회의 문제들이 해결된 사회에 대한 전망을 하면서 개인주의에 반대되는 사회주의라는 용어 를 쓰기 시작했던 것이다. 그러나 사회주는 개인주의에 항의했지만 개인의 가치를 강조했다는 점에 유의해야 할 것이다.

그러니 사회주의는 문제를 갖게 된 산업사회가 그것을 해결해 나가 는 과정에서 나타나는 사상인 것이다. 영국에서 가장 먼저 사회주의 사상이 나타날 수밖에 없었던 것은 너무도 당연하다. 영국에 이어서 사회주의 사상이 나타난 나라는 추측하기가 어렵지 않다. 산업화의 지도를 따라 가면 그만이다. 당연히 프랑스가 될 수밖에 없었다. 프랑 스는 산업화를 겪기 전에 프랑스 혁명이라는 정치적인 사건을 겪었으 므로 새로운 사회에 대한 전망이 영국보다 매우 다양한 형태로 출현했 다. 즉 사회주의 사상을 제시한 지식인들이 다양한 형태로 존재했다는 말이다. 영국에서 오웬Owen, 곧원Godwin 등 몇 안 되는 사회주의 사상가 들을 발견하는 반면, 프랑스에서는 생시몽Saint-Simon, 푸리에Fourier, 프루동Proudhon, 루이 블랑Rouis Balnc 등 다양한 사회주의 사상가들을 발견하게 된다.

사회주의는 산업사회의 문제들을 어떻게 하면 고칠 수 있는가에 대한 대안이었을 따름이다. 여기에 혁명이라는 개념이 따라붙게 된 것은 맑스에 와서였다. 맑스는 영국과 프랑스 등에서 당시 이미 나타난 사회주의 사상들과 함께 영국의 자본주의 질서를 분석하면서 산업화로 인해 나타난 문제들을 그대로 내버려 두면 어떤 현상이 나타나게 될지를 설명해 나갔다. 그는 이 과정에서 자신의 연구와 이전의 모든 연구를 대비시키는 지적 오만을 과시했다. 자신의 연구는 과학적인 반면 이전의 연구들은 공상적이라고 주장했기 때문이다.

맑스의 진단은 매우 음울해서 사회문제는 점점 심각해져 결국 사회 안에서 두 개의 거대한 계층이 충돌하게 될 것이라는 것이었다. 맑스는 혁명이 일어나게 되면 두 계층 중 노동자계층이 승리하게 될 것이라고 예측하면서 노동자들의 편에 선 발언을 했기 때문에 그의 사상은 체제 전복 사상으로 간주되기 시작했다. 혁명을 막기 보다는 혁명을 일으키는 방법을 찾아보자는 방법론을 제시하는 사회주의를 혁명적 사회주의라고 할 수 있다. 맑스의 사상은 유럽 각 국가에서 동조자들을 찾을 수 있었다. 왕정과 독재에 저항하는 혁명가들이 난무했던 19세기 유럽대륙의 각 국가에서 사회주의가 혁명사상과 접합되지 않았다면 그것이 더 이상한 일이었을 것이다.

19세기 중엽 정도까지 와서 결국 사회주의는 두 개의 커다란 갈래를 가지게 되었다. 하나는 초기 사회주의의 맥을 잇는 사회주의였으며 다른 하나는 모든 초기 사회주의를 비판하고 자신의 사회주의를 새로운 사회주의라고 생각한 맑스의 사회주의였다. 두 개의 사회주의 중 어느 쪽이 더 강했는지를 가늠하기는 쉽지 않으나 흔히 생각하듯이 맑스주의가 주류였다고는 결코 말할 수 없다. 오히려 그 반대였을 가능성이 크다. 유럽 각 국가는 각기 산업화가 진행되면서 각기 사회문

제를 안게 되었고 각기 그들의 사회문제에 대한 발언을 하는 사회주의
자들이 나타났기 때문이다. 프랑스에서는 프루동과 조레스가 있었고,
독일에서는 라쌀과 베른슈타인이 있었다. 물론 영국도 있었다. 바로
페이비언 사회주의자들이었다.

그러면 어떻게 해서 우리는 사회주의 하면 북한이나 구소련을 연상
하는 것일까? 바로 19세기 후반 이후 사회주의의 전개과정에 그 비밀
이 숨어 있다.

사회주의는 맑스에 이르러 혁명 사상의 한 형태로 가지치기를 했다.
그런데 이렇게 혁명 사상의 형태를 띤 사회주의 사상은 혁명이 일어나
기 쉬운 나라 속에서 잘 퍼져 나갔다. 혁명이 일어나기 쉬운 나라가
어디였을까? 디즈레일리나 글래드스톤 같은 유연성을 가진 정치가를
지닌 영국, 권력 스스로가 사회문제에 대해 사회정책을 실시하는
기지를 발휘할 줄 알았던 비스마르크의 독일, 1789년부터 시작해
1830년, 1848년, 1871년 등 혁명을 겪을 만큼 겪으며 민주주의를
실현해 나간 프랑스 어느 곳도 아니었다. 민주주의에 대한 어떤 전망도
보여주지 않았던 억압적 권력이 존재했던 러시아에서 혁명적 사회주
의는 쉽게 포섭될 수 있었다. 사회주의라는 사상이 수용될 수 있는
환경이라기보다는, 혁명이 수용될 수 있는 환경이었기에 사회주의는
그냥 따라 들어간 것이다. 러시아는 그것이 자유주의든 사회주의든,
아니면 이념이고 뭐고 아무 것도 없는 그냥 폭동의 형태든 혁명이
일어날 수 있는 좋은 조건을 가지고 있었다. 그래서 혁명을 주장한
사회주의자들이 성공한 나라는 러시아였다. 아이러니컬하게도 산업
화가 별로 진척되지 않아 산업사회의 문제를 별로 안고 있지 않았던

러시아에서 사회주의자들은 혁명으로 권력을 잡은 것이다. 그러니 사회주의를 실현시켰다기보다는 그냥 혁명을 한 것이다.

그래서 러시아는 산업사회의 문제를 해결하는 사회주의를 실현한 것이 아니라, 시장을 계획경제로 대체하는 사회주의를 실시한 것이다. 레닌 집권 초기에 이 사회주의는 이미 실패한 것으로 드러났다. 여기에 놀라 레닌이 실시한 신경제정책NEP은 시장이 없는 가운데서 사회주의 정책이라는 것이 무의미하다는 점을 드러내었다. 그래도 스탈린의 산업화 이후 구소련은 20세기 수십 년간을 무의미한 사회주의로 버텨 내 보려 했지만 1980년대에 구소련 체제는 결국 무너지고 말았다.

그렇지만 1917년 러시아 혁명 후 사회주의 운동에는 중요한 변화가 일어났다. 소련이 국가로 확립된 후 소련은 사회주의를 표방하는 가장 강력한 조직이 되었다. 유럽의 어떤 사회주의 정당이나 조직도 국가조직에 비교될 수는 없었다. 소련은 국제사회주의 조직인 코민테른을 장악했고 이를 통해 세계 각지에서 사회주의 운동을 지원했다. 당연히 그 사회주의는 혁명적 사회주의였고, 산업사회 같은 것은 전제되지 않았다. 무조건 혁명을 일으키는 것이 중요한 것이고, 소련 정권에 동조하는 사람들이 권력을 잡는 것이 중요했다. 북한에도 그렇게 해서 사회주의를 표방하는 권력이 세워진 것이다.

원래의 사회주의 이념과는 별 관계가 없는 사회주의자들이 러시아에서 권력을 잡고 유럽과 아시아에서 세력을 확대시키려는 노력을 하는 동안, 산업화된 유럽 각 국가에서는 전혀 다른 노력이 나타났다. 사회주의자들은 산업화의 문제를 고쳐 보려는 노력들을 구체적으로 실현시켜 나가고 있었다. 정당의 형태로 의회에 진출한 사회주의자들은 사회문제들에 대해 여러 가지 입법의 형태로 접근했고 그 과정에서 영국, 프랑스, 독일 등은 복지국가의 형태를 띠어 나가기 시작했다.

사회주의는 사회주의가 의미 있는 환경에서 주장될 수 있는 사상이다. 산업사회 이전의 사회도 여러 가지 문제를 가질 수 있다. 그러나 그것을 치유하려는 노력을 하는 사상에 대해 사회주의라는 명칭을 부여하게 되면 의미의 혼란을 일으키게 된다. 그러니 사회주의는 역사 속에 등장하는 평등사상이나, 해방사상과 그대로 등치되는 것이 아니다. 사회주의라는 사상이 나타난 배경과 그것의 역사적 맥락을 염두에 둘 때, 이제는 사라진 소위 현실 사회주의는 애초에 의도된 사회주의와는 멀어도 한참 멀리 떨어져 있는 것이다.

역사 속에서 사회주의라는 명칭을 쓰며 시도된 사회주의를 굳이 구별해 보자면 다음과 같이 구별해 볼 수 있다. **제1사회주의**로 국가를 중시하는 사회주의이다. 이 사회주의는 **국가**가 경제에 개입해 토지와 산업, 상업의 영역까지 조정하려는 내용을 가진다. 역사 속에서 가장 많이 시도된 사회주의이며 대부분의 사회주의가 여기에 해당한다. **제2사회주의**는 **노동자조직**(혹은 **생산자조직**)을 중시하는 사회주의이다. 이 사회주의는 몇몇 나라에서 시도되었지만 실현된 케이스는 없다. 근대사회가 발명한 국가라는 조직이 워낙 강력해 이 조직(국가)의 권력을 없애기는 너무 어려웠기 때문이다.

제1사회주의는 다시 두 개의 범주로 나뉘어진다. 제1범주는 **민주적 사회주의**이다. 이 범주의 사회주의는 서유럽 대부분의 국가에서 실험되었고 대부분 사회주의 정당의 형태로 현재진행형으로 존재한다. 제2범주의 사회주의는 **비非민주적 사회주의**로 **구소련** 및 **구동독**을 비롯한 대부분의 구舊동유럽국가 그리고 중국과 북한 등을 망라한다. 흥미롭게도 제1범주는 산업화된 나라에서 나타났고 제2범주는 산업화되지 않은 봉건적 성격을 띤 나라들에서 나타났다. 제1범주에서 사회주의는 산업사회의 문제에 대한 처방전으로 제시되었지만, 제2범주에서 사회주의는 억압적 체제에서 벗어나는 해방사상으로 작용했다. 따라서 대부분 혁명을 통해 사회주의 권력이 탄생하는 것을 볼 수 있다. 혁명 이후에도 엘리트주의는 사라지지 않으며 대부분의 경우 산업화는 국가에 의해 강제된다. 사회주의 정권은 민주주의와 산업화를 함께 실현시켜야 했지만 대부분의 경우 이 두 가지 과제는 모두 실패하는 것을 볼 수 있다. 현실 사회주의가 바로 제2범주의 사회주의에 해당될 것이다. 제2범주의 사회주의가 살아남으려면 '민주주의'와 '모순을 극소화한 산업화'를 동시에 실현시켜 나가는 방법 밖에는 없다. 그러니 제2범주의의 사회주의는 시간이 지나면서 점점 무늬만 사회주의인 독재정권으로 전락할 수밖에 없는 것이다.

2. 영국 사회주의

길드 사회주의는 영국 사회주의의 한 종류이다. 그러니 영국의 사회주의는 어떤 성격을 가지고 있는가를 알아 두는 것이 도움이 될 것이다.

사회주의에 대한 일반적인 설명을 하면서 언급하였듯이 사회주의 사상은 각 나라마다 다른 형태로 나타나고 전개되었다. 유럽 주요 국가들인 영국, 프랑스, 독일, 러시아의 경우를 놓고 볼 때도 사회주의는 각기 다른 형태로 발전해 나갔다. 그 이유는 우선 각 나라마다 산업화의 시기가 달랐기 때문이다. 영국은 1760년대에 산업화가 시작되었지만 러시아는 1890년대에 가서야 산업화되기 시작했다. 그 중간인 19세기 중엽에 프랑스와 독일은 차례로 산업화를 받아들였다. 여기서 사회주의 사상은 시차를 두고 발생하기 시작했을 것이라는 점을 짐작할 수 있다. 아울러 영국, 프랑스, 독일, 러시아는 각기 정치형태가 달랐고 자유주의와 민주주의 운동의 전개 양상이 달랐다. 프랑스는 여러 번의 혁명을 경험하면서 혁명에 대해 학습효과를 가지게 되었으며, 독일은 통일운동 과정에서 민족주의의 강한 기류를 가지게 되었다. 그래서 프랑스에서는 노동자들의 독자적인 운동이 강하게 나타났고, 독일에서는 국가를 타도대상이 아니라 협력대상으로 간주하는 사회주의 사상이 나타났다. 프랑스에서는 생디칼리즘이, 독일에서는 라쌀주의가 강력하게 나타난 이유를 이해할 수 있을 것이다. 이에 반해 러시아는 산업화도 이루어지지 않은 상황에서 정치체제는 억압적인 제정 체제였으므로, 수입된 사회주의 그것도 레닌식으로 변형된 맑스주의는 혁명만이 강조되는 해방사상으로 작용했을 것이다.

그렇다면 영국은 어떠했을까? 사회주의와 관련해 알아두어야 할 영국 사회의 몇 가지 역사적 사항이 있다. 먼저 영국은 **가장 먼저 산업화를 시작한 나라**라는 점이다. 그러므로 영국은 산업혁명의 부작용들을 가장 먼저 경험하는 나라가 된다. 둘째, 영국은 일반적으로 인식되는 것과는 달리, 20세기에 들어와서야 보통선거가 실시되었을 정도로 사실상 민주주의가 별로 발전하지 않은 나라였다는 점이다.

19세기의 상황은 1832년에 가서야 1차 선거법 개정이 이루어지는데 겨우 유권자 수를 성인의 3%에서 7% 정도로 끌어올리는 정도였다. 하지만 1867년, 1884년에 걸쳐 차례로 선거법 개정이 이루어지고 있다. 셋째, 영국은 귀족들로 구성되는 상원과 평민의 대표들로 구성되는 하원을 가지고 있었으며, 국왕은 이들과 협의하여 통치하는 방식을 취했는데, 19세기로 접어들면서 **통치의 무게중심은 점점 더 의회 쪽으로** 이동하고 있었다. 넷째, 영국은 1653년 항해조례 이후 대서양 무역의 중심 국가로 부상하면서 경제적으로만이 아니라 정치적으로도 곳곳에 식민지를 만들어 나가면서 **제국의 위상을 형성해** 나가고 있었다. 다섯째, **노동조합은 1870년대에 들어서서야 합법화되**며 1890년대에 들어서서야 비숙련노동자들의 노동운동이 활성화되기 시작한다.

이런 역사적 상황들에 의해 영국의 사회주의는 조건지워졌다. 그러므로 영국 사회주의의 특징들을 추출해 볼 수 있다.

첫째, 영국에서 사회주의는 합당한 조건 속에서 **자연스럽게 출현한 사상**으로 이해할 수 있다. 영국에서 사회주의는 수입된 것도, 초역사적으로 형성된 것도 아닌 역사적 산물로서 존재한다.

둘째, 영국의 사회주의는 비인간적인 공장제의 문제를 해결하려는 **노력에서 가장 먼저 나타났다.** 오웬Owen이 뉴라낙New Lanark에서 실험한 새로운 공장제의 경험이 이를 증명한다.

셋째, 영국의 사회주의는 **영국의 민주주의와 함께 발전했다.** 영국은 1832년 제1차 선거법 개정으로 부유한 시민들을 유권자에 편입시켰고 이런 정치체제로 35년을 끌고 나갔다. 그러나 결국 1867년 보다 잘 사는 노동자들을 유권자에 편입시켰고(영국인들은 이들을 영어로 'respectable worker'(리스펙터블 워커)라고 표현한다. 우리말로는 존중할 만한 노동자이다. 노동자 중에서도 안정된 지위와 소득을 가져 독립성과 자긍심이 있는 노동자들을 가리키고 있다. 주로 장인층이 여기에 해당되었다), 이어서 1884년에는 광산노동자 같은 보다 사정이 열악한 노동자들도 유권자에 편입시키게 되었다. 통계를 보면 1867년 개정으로 유권자는 성인의 14%로 늘어났고, 1884년 개정으로 28%로 늘어났다. 이런 상황은 수치만으로 보면 영국의 민주주의는 아직 보통선거를 달성하지 못한 빈약한 민주주의로 보인다.

그러나 영국의 사회주의와 관련해 포착해야 할 중요한 두 가지 부분이 있다.

① 하나는 2차 선거법 개정부터 부유한 시민계층을 넘어 소위 우리들이 서민이라고 부르는 계층을 포함시키게 되면서 영국의 정치권은 이들의 표를 얻기 위한 노력을 하기 시작했다는 것이다. 그 과정에서 집권자들은 사회문제에 대한 관심을 표명하기 시작했다. 빈곤, 교육, 의료, 주택, 노동, 농업 등의 문제를 개인의 문제로 방치하지 않고 국가가 나서서 해결하거나 조정하려 하기 시작했다. 그 과정에서 각 집권정당은 집단주의적 정책을 도입하기 시작했다. 디즈레일리의 보수당과 글래드스톤의 자유당은 이념의 차이가 있었지만 유권자의 표를 얻기 위해 제각기 서민들을 위한 정책을 펴기 시작한 것이다. 이런 정책은 결국 개인주의에 반대되는 집단주의적 성격을 띠게 될 수밖에 없었다. 포스터교육법, 아일랜드 토지법, 고용주책임법, 노동조합법, 주택보조법 등이 모두 그러한 것이다. 2차 선거법 개정 후

1870년대와 1880년대의 이러한 경향은 영국의 사회주의를 집단주의
적 경향의 연장선상에 놓는 효과를 낳았다. 즉 영국의 사회주의는
집단주의의 종합적 처방으로서의 의미를 지니게 되었다. 사회주의는
이미 시행되고 있는 여러 정책들의 연장으로, 그 정책들의 체계적인
종합으로 이해되는 경향을 낳았다는 말이다.

② 또 다른 하나는 이렇게 찔끔찔끔 보통선거권이 확대되는 과정에
서 사회주의는 민주주의 자체를 주장하는 사상으로 작용했다는 점이다.
사회주의자들은 맑시스트인 하인드만이든, 기독교 사회주의자인 케
어 하디든 많은 경우 보통선거권을 주장했다. 사회주의자들은 이런
정치적 민주주의를 주장하면서, 다른 한편으로는 그 원리를 경제적
분야까지로 확대시키자는 주장을 하고 있다. 즉 영국에서 사회주의는
정치적 민주주의와 그것의 연장으로서의 경제적 민주주의가 함께 결합
된 민주주의 사상의 의미를 지녔다는 점을 지적할 수 있다.

넷째, 영국의 사회주의는 정책으로 출발한 것이지 혁명사상으로
출발하지 않았다. 그리고 그 진행과정에서도 해방사상으로서의 의미
보다는 사회정책으로서의 성격을 점점 강하게 띠게 되었다. 산업사회
가 지닌 문제들을 해결해 나가는 정책들을 체계화시켜, 하나의 정리된
개혁 아이디어로 제시된 것이 영국의 사회주의라고 할 수 있다.

다섯째, 그래서 영국의 사회주의는 몇 개의 국면으로 나뉘어질 수
있다. 1단계는 1830년대 공장개혁운동을 중심으로 해 오웬의 대안이
제시된 초기 국면이다. 오웬은 공장개혁운동을 스스로의 자금으로
시도했는데 동조자들이 출현하지 않는 한 그것이 지속되지는 못했다.
오웬은 훌륭한 대안을 제시했지만 정책집행자들은 그 대안을 채택하

지 않았다. 오웬은 위로부터의 힘에 기대하기보다 아래로부터의 힘에 기대하는 것이 타당하다고 생각하고 노동운동의 중요성에 관심을 가지게 되었다. 노동조합총동맹GNCTU이 탄생한 것이 그것을 보여준다. 그러나 오웬주의는 그 사상을 수용할 정당을 찾지 못했고, 독자적인 정당을 만들어 내지도 못했다. 그리고 오웬의 사상은 사회주의로 불리긴 했으나 그것이 산업사회의 질서에 대한 체계적인 대안을 담아내지는 못했다는 점에서 그 다음 단계의 사회주의와 구별된다.

2단계는 선거법 개정이 이루어지면서 대중을 의식한 집단주의적 정책이 시작되는 국면이다. 사회주의의 부활 현상이 나타난 국면이기도 한데, 사실 집단주의적 정책은 1870년대에 시작되나 10년 정도의 시차를 두고 사회주의 운동이 나타나기 시작했다. 이 시기는 1880년대로 이때에 사회민주동맹, 사회주의자연맹, 페이비언 협회 등의 사회주의 단체들이 조직되기 시작했다. 여러 사회주의 사상들이 나타났으나 이 중 주도권을 잡은 것은 페이비언 사회주의라고 할 수 있었다. 페이비언 사회주의는 렌트이론을 중심으로 한 나름의 잉여가치 이론으로 현실의 모순을 분석해 냈으며, 그 모순을 극복하기 위해 국가가 과세 등의 수단을 통해 중요한 역할을 해야 한다는 생각을 제시했다. 국가를 움직이려면 정권을 장악해야 하는데, 페이비언들은 의회 민주주의 절차를 통해 정권장악을 실현시켜야 한다는 방법론을 제시했다. 나는 페이비언 사회주의를 제1의 사회주의로 간주한다.

3단계는 노동운동이 비숙련노동자를 중심으로 한 노동운동으로 변화되어 나가면서 노동자들이 작업통제에 대한 자치권을 얻어내려는 의식을 보이기 시작하는 1890년대 이후의 국면이다. 그러나 이러한 생각이 하나의 사상으로 구체화되고 운동으로 드러난 것은 1910년대의 노동불안기Labour Unrest라고 할 수 있다. 이 시기에 또 하나의 사회주의 사상이 구체화되었다. 그것은 신디칼리즘으로 유럽의 생디칼리즘과 미국의 산별노조주의의 영향을 받기는 하였으나 영국에서 독자적인 사상으로 거듭 태어났다. 신디칼리즘은 노동자들이(혹은 생산자들이) 그들의 작업 공간 혹은 생산 공간에서 민주주의를 실현시킬 것을 주장했다. 나는 신디칼리즘이 산업사회의 질서에 대해 페이비언 사회주의와는 구별되는 대안을 제시했으므로 이를 제2의 사회주의로 간주한다.

3. 페이비어니즘

페이비어니즘 혹은 페이비언 사회주의는 영국 사회주의의 주류라고 할 수 있는 사회주의 사상으로 내가 제1의 사회주의로 간주하는 사상이다. 이 사상은 1884년 페이비언 협회가 만들어지면서 사상이 체계화되어 나갔는데 1889년 출판된 『페이비언 에세이즈Fabian Essays』라는 책에 그 이념이 잘 드러나 있다. 페이비언Fabian이라는 용어는 포에니 전쟁 당시 한니발과 싸웠던 로마의 장군 파비우스Fabius의 이름에서 딴 것이다. 파비우스는 한니발과의 싸움에서 접전을 피하고 전투를 지연시키는 작전을 폈다. 페이비언 협회를 만든 사람들은 파비우스의 작전과도 같은 방법론을 지향한다는 의미에서 페이비언 사회주의라는 이름을 채택하고 자신들을 페이비언이라고 부른 것이다.

페이비언 사회주의의 주요 이론가로는 시드니 웹과 버나드 쇼를 들 수 있다. 이 두 사람에 그래엄 왈라스와 시드니 올리비에를 더하여 이들을 페이비언 사회주의 이론의 4인방으로 간주할 수 있는데 이들은 매우 긴밀한 협력관계를 통해 사상을 형성해 나갔다. 이들 4명 이외에 시드니 웹의 부인이 된 비에트리스 웹이 페이비언 사회주의 이론에 중요한 공헌을 했다. 이들의 공통점은 비에트리스 웹을 빼고는 모두 중간계급의 머리 좋은 사람들이었다는 점이다. 시드니 웹은 하층 중간계급 출신으로 야간대학을 나왔지만 지금으로 치면 행정고시에 차석으로 합격해 관리로 나간 사람이다. 버나드 쇼는 몰락한 귀족 출신으로 문필가로서 활동했다. 시드니 올리비에는 웹과 함께 행정고시를 쳐 수석을 차지해 관료로 진출한 사람이다. 그래엄 왈라스는 대학강사 출신의 지식인이었다. 비에트리스만이 출신이 예외적이었는데, 그녀는 지금으로 치면 재벌 가문의 딸이었지만 사회조사에 대한 관심에서 시작해 차츰 페이비언 사회주의로 이동해 나갔다.

페이비언 사회주의의 주요 이론가들이 노동계급 출신이 아니라 중간계급 지식인 출신이라는 점은 이 사회주의 사상이 특정한 계급 이익의 관점에 서 있는 사상이 아니라는 점을 암시한다. 사실 페이비언 사회주의는 노동의 의미를 강조하나 육체노동자만의 노동이 아니라 정신노동자의 노동도 함께 강조하며, 지금의 용어로 말하자면 생산직 노동자만이 아니라 사무직 노동자의 이해도 함께 강조하는 이론을 제시하고 있다. 페이비언 사회주의는 특정 계급의 이익에 편중하기보다는 사회 전체의 균형과 조화를 추구하는 방법에 대한 대안을 찾으려 하고 있다.

페이비언 사회주의의 이론을 간단히 제시하면 다음과 같다. 페이비언들은 1880년대의 영국의 상황을 산업화의 부작용으로 인해 여러 가지 문제들이 복합적으로 얽혀 있는 상태로 파악했다. 문제점들은 여러 가지였다. 만성적 빈곤이 만연했고, 계층간의 간극은 더욱더 벌어져 가고 있었으며, 마케팅을 둘러싼 경쟁은 점점 치열해져 상품가격을 낮추기 위해 음식물의 무게를 속이거나, 넣어서는 안될 물질을 식품에 넣는 상황이 벌어지고 있었다. 페이비언들은 이런 부패한 자본주의 상황을 낳게 된 과정을 설명하는 이론을 찾아내었는데, 그 이론은 렌트rent이론이었다.

그래서 렌트이론에 대해 조금 살펴볼 필요가 있다. 렌트라는 용어는 원래 지대를 의미하는 평범한 용어이다. 그러나 페이비언들에게서 렌트는 토지에서만 발생하는 것이 아니었다. 자본과 노동에서도 렌트는 발생했다. 이렇게 생각한 이유는 페이비언들이 렌트를 이해한 방식에 달려 있었다. 무엇보다 토지에서 렌트가 발생하는 과정이 중요했다. 페이비언들은 토지에서 각 토지의 생산성의 차이로 인해 지대가 발생한다는 점에 주목했다. 이러한 사항은 이미 리카아도라는 사람이 발견한 것이었는데-이를 차액지대설이라 한다-페이비언들은 이러한 생각을 다른 생산수단에까지 적용시킨 것이다. 예를 들어 보자. 일반적으로 한 마지기에서 4가마의 쌀을 생산하는데 어떤 땅은 매우 비옥해 6가마의 쌀을 생산한다고 하자. 그러면 비옥한 땅을 가지고 있는 소작농은 자신이 농사를 짓지 않고 그 땅을 다른 사람에게 임대해 주고 2가마의 쌀을 받을 수 있다는 것이다. 왜냐하면 1년에 4가마의 쌀을 받기만 하면 농사를 짓겠다고 나설 사람이 있을 것이기 때문이다. 여기서 가만히 앉아서 받게 되는 2가마의 쌀이 렌트에 해당되는 것이다. 즉 생산성의 차이로 인해 소득이 발생하게 되는 것이다. 이것이 렌트였다.

페이비언들은 이런 생각을 자본에도 확장시켰다. 어떤 자본은 연 5%를 벌지만 어떤 자본은 연 10%를 번다면 여기에도 렌트가 발생하는 것이다. 페이비언들은 다른 생산수단에서도 토지에서 발생하는 방식과 동일한 방식으로 렌트가 발생한다고 생각했던 것이다. 생산성의 차이만 있으면 렌트는 발생하는 것이다. 노동에도 동일한 방식으로 렌트 개념을 적용했다. 어떤 노동은 월 백만 원을 받지만 어떤 노동은 월 천만 원을 받는다면 역시 렌트가 발생하고 있는 것이다. 페이비언들은 렌트 개념을 토지, 자본, 노동에만 적용시키지 않고 그 개념을 확대시켜 나갔다. 날씨가 너무 더워 얼음 장사가 잘 되어 돈을 크게 벌었다면, 우연한 기회로 인해 렌트가 발생한 것이다. 능력이 없어도 직위가 올라가 월급을 많이 받게 된다면 그것은 그가 차지하고 있는 지위로 인해 렌트가 발생한 것이다. 교육을 많이 받았다는 이유로 높은 소득을 얻게 된다면 그것은 교육으로 인해 렌트가 발생한 것이다. 이런 렌트 개념에서 알 수 있듯이 렌트 이론은 페이비언들의 잉여가치 이론을 구성했다.

페이비언들은 렌트가 발생하는 상황 그 자체를 부정의로 보지는 않았다. 왜냐하면 자본주의의 경제활동 그 자체에서 렌트는 발생할 수밖에 없었기 때문이다. 생산수단에 내재하는 생산성의 차이를 인위적으로 없앨 수는 없다고 본 것이다. 단지 페이비언들은 렌트를 한 개인이 전용하는 것은 부당하다는 생각을 제시했다. 페이비언들은 렌트가 잉여가치에 해당된다면 렌트는 모아져서 적절하게 재분배되어야 한다는 생각을 가졌던 것이다.

여기서 한 가지 의아하게 생각되는 부분이 있을지 모르겠다. 토지나 자본의 렌트가 아닌 노동의 렌트에 대해서도 렌트를 개인이 전용하는 것을 반대하는 점에 대해서다. 능력이 뛰어난 사람에게 많은 소득이 돌아가고 능력이 없는 사람에게 적은 소득이 돌아가는 방식이 타당하며 정의로운 것이 아닐까. 페이비언들은 왜 노동의 렌트마저도 한 사람이 전용하는 것을 부당하다고 본 것일까? 페이비언들의 논리는 이런 것이다. 페이비언들은 산업화된 사회를 전제로 하여 노동의 렌트를 관찰하고 있다. 페이비언들이 보기에는 산업화 이전 사회와는 달리 산업화된 사회에서 일하는 노동자들은 독립적으로 노동하지 않았다. 노동자들은 수천 명 혹은 수만 명이 하나의 조직 안에서 분업화된 형태로 노동하는 것이다. 그러니 이런 조직 안에서 노동하는 사람들의 노동의 가치를 정량적으로 산출하는 것은 불가능하다고 보는 것이다. 그리고 어떤 노동이 더 중요하고 덜 중요한지를 가리는 것도 사실상 부당하다고 보고 있다. 모든 노동이 다 조직의 중요한 일부를 구성하고 있는 상황을 전제하고서, 페이비언들은 노동의 렌트에 대해서도 다른 렌트처럼 잉여가치이론을 적용하고 있는 것이다.

페이비언들은 현실의 모순을 설명하기 위해 렌트이론을 제시했지만 그 모순을 해결하기 위한 방책도 찾아내야 했다. 렌트가 계속 발생한다면 그것을 모아서 재분배해야 했는데, 페이비언들은 그것을 실현시킬 기구로 국가를 찾아내었다. 그래서 페이비언식 사회주의를 국가사회주의라고 부르기도 하는 것이다. 그런데 페이비언들에게 국가는 두 가지 의미를 지녔다. 하나는 중앙정부였으며 다른 하나는 지자체를 의미했다. 이 중에서 더 중요한 것은 지자체였다. 왜냐하면 지자체가 사람들의 일상적 삶의 더 큰 부분을 관장하고 있었기 때문이다. 수도, 가스, 공원, 도서관, 체육시설, 보육원, 문화생활 등 실제 피부로 와 닿는 일상적 삶의 대부분의 영역을 지자체가 맡고 있었기 때문이다. 렌트를 재분배하는 구체적인 방법도 두 가지로 나뉘었다. 하나는 과세를 통해 렌트를 모으고 국가나 지자체를 통해 주민들에게 재분배되는 방식이었다. 다른 하나는 국유화나 시영화를 통해 렌트가 주민들에게 재분배되는 방식이었다. 여기서 페이비언들은 렌트의 재분배로 결국 ① 국가나 지자체가 공익을 위한 공공재를 창출해 내어야 한다는 점과, ② 개인이 독점함으로써 횡포가 우려되는 산업 분야는 공기업의 형태로 국가가 관리해야 한다는 점을 의미했다는 것을 알 수 있다.

페이비언들은 이런 대안을 실현시킬 방법론도 제시했는데 그것은 웹의 4가지 원칙에서 간결하게 보여진다. 첫째 민주적이고, 둘째 의회적 방식이며, 셋째 점진적이고, 넷째 윤리적이어야 한다는 것이다. 이런 원칙은 페이비언 사회주의가 정치적 민주주의의 바탕 위에서 사회주의를 실현시키려 했다는 점을 잘 보여주고 있다. 민주적이어야 한다는 점은 페이비언 사회주의가 '보통선거를 존중해 국민의 뜻에 따를 것'을 강조하고 있다는 점을 보여준다. 의회적 방식이란 '국민의 대표들에 의해 토론과 다수결에 따라 개혁을 이루어 나가겠다'는 생각을 보여준다. 점진적 방식이란 '개혁은 법안을 하나 하나 통과해 나가는 방식으로 꼼꼼한 검토과정을 거쳐 이루어 나가야 한다'는 생각을 보여준다. 윤리적이어야 한다는 점은 '페이비언 사회주의의 개혁이 사회정의를 실현시키는 방향 위에 서 있어야 한다'는 점을 제시하고 있다. 결국 이 네 가지 방식은 페이비언들로 하여금 그들의 주장이 국민들의 동의를 얻어내는 과정을 거치도록 했다. 그러한 과정없이 페이비언들은 함부로 자신들의 주장을 국민들에게 강요하려 하지 않았음을 알 수 있다.

이러한 이론과 대안 및 방법론을 가진 페이비언 사회주의는 1893년 독립노동당의 창립과 1906년 노동당의 창립과정에 참여했다. 그리고 결국 1918년 노동당은 『노동과 새로운 사회질서』라는 페이비언 사회주의 강령을 채택했다. 페이비언 사회주의를 받아들인 노동당은 1924년 최초로 집권정당이 되었다. 이후 수차례 노동당이 집권하는 과정에서 노동당은 영국을 복지국가의 형태로 변모시켰다. 이런 과정 속에서 페이비언 사회주의의 아이디어는 차용되고 활용되었던 것이다.

4. 신디칼리즘

신디칼리즘은 내가 제2의 사회주의로 간주하는 사회주의 사상이다. 영국에서 신디칼리즘 사상은 1910년대에 출현했고 1910년에서 1914년에 이르는 노동불안기Labour Unrest에 발전했다. 신디칼리즘의 경우는 사상과 운동이 결합되어 있는 특징이 있다. 노동운동과 함께 발전해 나간 사상이었기 때문이다.

영국의 신디칼리즘은 유럽 특히 프랑스에서 생디칼리즘이란 이름으로 나타난 사상과 밀접하게 연관되어 있다. 신디케이트syndicate(프랑스어로 생디카)란 노동조합을 가리키는 것으로 이 용어 자체가 노동조합주의라는 의미를 지니고 있다. 아울러 미국에서 발전한 산별노조주의Industrial Unionism와도 밀접한 연관관계를 가지고 있다. 어느 경우이든 신디칼리즘이 노동조합주의에 기반하고 있음을 알 수 있다.

신디칼리즘이 일반적으로 알고 있는 노동조합주의와 다른 점은 신디칼리즘이 산업통제에 대한 대안을 제시하고 있다는 점에 있다. 신디칼리즘은 작업에 대한 통제가 위로부터 이루어지는 방식에 반대했다. 아울러 산업통제가 산업 외부로부터 가해지는 권력에 의해 이루어지는 것에 대해서도 반대했다. 달리 말하면 산업, 기업, 작업장에서 행사되는 권력은 모두 아래로부터 나와야 한다는 주장을 하고 있는 것이다.

이런 생각은 '시민사회의 권력의 기원'에 대한 생각을 산업과 기업에까지 확대시킨 것이라고 할 수 있다. 시민사회에서 권력의 기원이 사회를 구성하는 사람들에게 있다면, 산업에서 권력의 기원은 산업을 구성하는 사람들에게 있다는 생각인 것이다. 즉 산업의 영역도 민주화해야 한다는 주장을 하고 있는 셈이다.

신디칼리즘은 페이비언 사회주의와는 달리 국가의 역할에 큰 비중을 두지 않았다. 당대의 모순은 산업의 영역에서 민주화 운동을 벌여나가는 과정에서 해결되어 나갈 것이라고 생각했기 때문이다. 그 과정에서 신디칼리즘은 변화가 장기적으로 임금제를 폐지하는 단계까지 나아갈 것을 주장했지만, 단기적으로 임금을 인상하고 노동시간을 줄이는 것과 같은 현실적인 개혁조치들을 함께 주장했다.

신디칼리즘의 가장 중요한 특징의 하나는 이들이 엘리트주의에 반대하고 있다는 점이다. 사실 민주주의 자체가 엘리트주의와는 반대되는 원리를 담고 있다. 그러나 지역을 기초로 하여 이루어지는 '시민사회의 민주주의'는 시민들이 선거로 대표를 뽑아서 권력을 만들어내기는 하지만 권력에 대한 통제가 피부에 와 닿지는 않는다. 민주주의라고는 하지만 실질적으로는 민주주의가 잘 체험되지 않는다는 말이다. 그러나 직능을 기초로 하여 이루어지는 '신디칼리즘의 민주주의'는 자신이 가장 잘 아는 분야에서 대표를 뽑을 뿐 아니라, 자신이 활동하고 있는 작업장 안에서 대표를 접촉하게 되므로 언제든지 권력에 대한 통제가 가능한 상태가 되는 것이다. 신디칼리스트들은 자신들의 운동과정에서도 엘리트에 의해 주도되는 상황을 배제하려고 노력했다.

신디칼리즘 사상은 국가권력에 대한 민주화와 함께 기업권력에 대한 민주화가 필요하다는 주장을 한 셈이다. 그러나 기업권력의 민주화가 생산자들의 집단적 이익추구로 전락해 버릴 것이라는 비판이 제기될 수 있다. 하여튼 신디칼리즘이 생산자들의 지위에 무게중심이 두어져 있다는 점에서 페이비언 사회주의와는 그 접근방식이 다른 셈이다.

신디칼리즘은 1910년대에 나타난 노동불안기의 여러 노동운동에서 일정한 성과를 거두었다. 정당이나 정치세력보다는 노동운동 속에서 추동력을 찾는 신디칼리즘은 노동운동의 전개과정과 밀접한 연관관계를 맺는다고 볼 수 있다. 노동운동이 임금이나 노동시간에 대한 요구가 아닌 작업통제권이나 대표 선임 문제 등에 대해 발언하고 있다면 그것은 신디칼리즘의 의미가 담긴 운동을 하고 있는 셈이다.

1870년대의 영국 집단주의적 입법이 두드러지게 나타난 시대였다. 자유당의 글래드스톤과 보수당의 디즈레일리는 모두 집단주의적 입법을 도입하고 있다. 포스터 교육법, 아일랜드 토지법, 노동조합법 등을 포함해 집단주의적 입법은 지속적으로 제정되고 있다. 자유방임주의의 바탕 위에서 이득을 확보하고 있었던 기득권층은 이런 상황에 놀라 집단적으로 대처하게 된다. 집단주의적 정책이 나타나게 된 배경은 1867년의 제2차 선거법 개정이다. 유권자 수가 이전보다 배로 늘어나게 되면서 양 정당은 너나 할 것 없이 집단주의를 채택하고 있다. 이런 사실은 선거권확대와 집단주의 정책 사이에 밀접한 연관관계가 있다는 점을 보여주고 있다.

노동자 혹은 생산자 혹은 직원들이 보다 민주적인 기업환경, 조직환경을 요구하는 운동이 곧 신디칼리즘이다. 소위 낙하산 공천에 반대하여 조직 내부에서 조직 구성원들이 받아들이는 대표를 뽑아야 한다는 주장 같은 것도 이런 원리의 연장선상에 있는 것이다.

길드 사회주의의 사회적 배경

노동불안기

코울 G.D.H. Cole (1889~1959)
길드 사회주의의 중요한 이론가로 웹, 쇼 등의 중요 페이비언들보다 한 세대 뒤에 활동한 인물이다. 그는 페이비언 협회에 가입해 활동했으나 노동불안기에 페이비언 사회주의 이론에 대해 의문을 품게 되었다. 페이비언 협회 내에서 이의를 제기했으나 주류 페이비언들의 아성을 깨뜨리지는 못했다. 그의 사상은 다원주의(pluralism)에 기초해 있으며, 그는 사회 내의 여러 기능적 조직들이 제각기 민주적 권력을 바탕으로 작동해야 한다는 생각을 제시했다.

1. 머리말

길드 사회주의는 1910년대 영국적 상황에서 나타난 사상이다.[1] 중간계급으로부터 나온 이 독특한 또 하나의 사회주의 사상은 페이비언 협회에서 회원들 다수가 탈퇴하는 과정을 거치며 본격적으로 그 틀을 형성하고 조직의 윤곽을 잡게 되었다. 페이비언 협회의 회원이었던 펜티Penty의 반발로부터 시작되었던[2] 이 사상은 탁월한 이론가이며 영향력 있는 지도자였던 코울G. D. H. Cole이 페이비언 협회 내에서 주류 페이비언들의 사상에 대해 정면도전을 가하면서 영국사회주의의 또 하나의 조류로 자리를 잡은 것이다. 페이비언 협회 내의 반발자들은 거의 협회의 대학지부에 소속된 사람들이었고 대개는 학부학생들이었다.[3]

1880년대 사회주의의 부활이라고까지 불리는 시대적 조류를 타고 길드 사회주의보다 약 30년 먼저 출현했던 페이비언Fabian 사회주의는 영국의 주류사회주의로 자리를 굳혀 가고 있었지만 페이비언Fabian협회 내에서 이견을 제시하는 그룹들에 의해 몇 번의 도전을 받은 바 있었다. 첫 번째는 보어문제를 둘러싸고 맥도널드R. MacDonald 등이

길드 중세의 동업조합을 의미한다. 길드는 중세의 수공업자들과 상인들이 자치적으로 조직하여 자신들 스스로 질서를 만들어 낸 경우라고 할 수 있다. 구성원들의 독립성이 살아 있고 자율성이 숨쉬는 질서였다고 할 수 있다. 길드 사회주의자들은 중세의 질서를 되살리자는 의미에서가 아니라, 비록 중세에 등장했지만 자치와 자율의 원리가 살아 있는 조직의 정신을 되살리자는 의미에서 그들의 사회주의에 '길드'라는 용어를 붙인 것이다.

이견을 제기한 것으로, 제국주의에 대한 주류 페이비언들의 모호한 입장을 비판한 것이 그 주요 내용이었다. 이 도전은 맥도널드R. MacDonald 등 다수의 회원이 탈퇴하는 것으로 종결되었다. 두 번째는 웰즈H. G. Wells가 1906년 페이비언 협회의 지도부에 대해 반발한 사건이었으나 이것 역시 웰즈가 협회의 지도부를 장악하는 데 실패함으로써 무산되고 말았다. 1914년을 전후해 나타난 길드 사회주의는 세 번째 도전에 해당되었다. 이 세 번째 도전은 앞의 두 도전과는 그 성격이 다소 달랐다. 앞서 나타난 두 번에 걸친 도전이 페이비언 협회의 정책에 대한 이견이었다면—즉 한 가지는 1899년의 보어전쟁을 둘러싼 견해의 차이였으며, 또 한 가지 1906년의 문제는 페이비언 사회주의의 활동과 방법론에 대한 문제제기였다면—길드 사회주의의 도전은 페이비언 사회주의에 대한 하나의 체계적인 이론으로서의 도전이었기 때문이다.

그렇다고 하여 길드 사회주의가 처음부터 페이비언 사회주의에 대한 반발에서 출현한 것은 아니었다. 길드 사회주의의 도전은 신디칼리즘 사상과 운동에 페이비언 협회가 대응하는 과정 속에서 나타났다. 1908년 소렐H. Sorel의 『폭력론』이 출판된 이후 대학의 젊은 사회주의자들은 신디칼리즘을 논의하기 시작했으며, 『새로운 시대New Age』와 같은 잡지에서는 신디칼리즘에 대한 대안으로 길드체제에 대한 언급을 하기도 했다.[4] 대학 페이비언 협회에서 강의하던 페이비언들은 이런 관심을 알게 되었고, 1912년 여름까지 협회가 신디칼리즘에 대한 정책을 정의해야 한다는 결론을 내렸다.[5] 즉 신디칼리즘에 대한 영국적 답변을 내려야 할 필요를 제기했던 것이다.[6] 그 결과 페이비언 협회 내에 산업통제위원회가 결성되었는데 이런 과정에서 주류 페이비언들에 도전하는 하나의 경향이 나타났다. 산업통제위원회는 1913년 페이비언 조사부Fabian Research Department란 명칭을 갖게 되었으며,[7] 코울Cole은 1914년의 페이비언 여름학교에서 길드 사회주의를 놓고 웹Webb과 논쟁을 벌였다.[8] 이들은 조직적으로도 산업통제위원회의 소위원회 중 임금노동자위원회를 장악했으며 이들의 투쟁은 1915년까지 계속되었다. 그러나 이 투쟁은 결국 6월 회합에서 길드 사회주의자들이 패배하는 것으로 종결되고 말았다.[9]

이어 페이비언 협회로부터 코울Cole을 비롯하여 500명 정도의 회원이 탈퇴했다. 하지만 이들이 페이비언 협회로부터 탈퇴한 것이 길드 사회주의자들의 좌절을 의미하지는 않았다. 장시간의 열띤 논쟁을 통해서 길드 사회주의의 중요한 원칙이 정리된 『스토링턴 보고서 Storrington Document』가 작성되었을 뿐만 아니라 멜러W. Mellor를 서기로 하는 '전국길드연맹'National Guilds League이란[10] 운동단체가 조직되었다.[11]

길드 사회주의자들은 페이비언 협회를 장악하지 못했으며 협회내의 이론투쟁에서 패배했다. 하지만 길드 사회주의는 노동운동에 대해 페이비언들이 행사했던 지적 헤게모니에 대한 도전세력으로 계속 작용했다.[12] 길드 사회주의자들 중 많은 사람들이 처음에는 페이비언들로 출발했으나 중도에 방향을 바꾸었다는 점은 그들의 생각을 변화시킨 배경에 대한 관심을 촉발시킨다. 그리고 비록 프랑스의 생디칼리즘 사상에 영향을 받았다고 하나 길드인들 중 한 사람이나 몇 사람이 아닌 상당수의 사람들이 다른 생각을 갖게 되었다는 점에서 그 배경이 개인적인 것이었다기보다는 사회적인 것이었음을 짐작케 하는 것이다. 여기서 길드 사회주의 사상이 형성될 당시의 영국의 사회적 조건에 대한 의문이 자연스럽게 제기된다. 여기서는 길드 사회주의 형성기의 영국의 사회적 조건을 검토해 봄으로써 길드 사회주의 사상과 당시 영국사회와의 상관관계에 대한 이해를 높일 뿐 아니라 사상과 운동, 사회적 환경의 상호작용에 대하여 주의를 환기시켜 보고자 한다.

2. 노동계급의 상태와 자유당의 사회개혁

길드 사회주의의 핵심적 이론가라고 할 수 있는 코울은 길드 사회주의가 제시하는 대안이 사회문제에 대한 해결방식으로 모든 시대에 모든 사람들에 의해 받아들여질 수 있는 것은 아니라고 보았다. 단지 특정한 나라와 특정한 시대에서 의미있는 이념이라고 보았던 것이다.13) 길드인들이 '자신들의 이념이 특정한 시대에 의미있는 것'이라고 주장했을 때 그 특정한 시대는 자신들의 시대를 가리키고 있었음을 그들의 활동에서 짐작하게 된다. 그렇다면 길드인들의 사상과 대안은 자신들의 특별한 시대적 상황에 대응하고 있었던 것이라 할 수 있다.

비단 길드 사회주의만이 아니라 모든 사상과 이념이 시대적, 사회적 조건과 서로 연결되어 있으며 사상과 운동이 서로에게 영향을 주고, 서로를 촉발시키는 상호작용을 한다는 점을 간과할 수 없다. 이런 점에서 볼 때 민주주의를 실현함에 있어 의회의 활동을 평가절하고, 국가의 전능한 주권개념을 거부할 뿐 아니라 관료제에 대한 거부감을 드러내며, 소비자에게보다는 생산자에게 눈을 돌리고, 노동현장에서의 작업통제권뿐만 아니라 산업통제권에 이르기까지 민주적인 길드 조직에 의지할 것을 지향하는 독특한 내용을 담은 길드 사회주의 역시 이 사상이 나타난 시대의 사회적 배경과 밀접한 연관을 맺고 있었음에 틀림없다. 그렇다면 길드 사회주의는 영국의 어떤 상황과 맞물려 있었던 것일까?

길드 사회주의 사상의 출현은 20세기 초 변화하는 영국의 사회환경과 밀접하게 맞물려 있었다. 길드 사회주의는 제1차 세계대전 전의 소위 노동불안기Labour Unrest라고 불리는 시기에 나타났다. 이 시기는 대체로 1910~1914년의 기간에 해당했다.14) 이 시기가 도래하기 몇 년 전 영국노동당은 1906년 선거에서 50명의 대표를 내세웠으며 29명의 당선자를 내는 성과를 거둔 바가 있었다. 노동당의 이러한 성공은 19세기 말까지도 검약과 절제, 자조의 이데올로기에서 벗어나지 못하고 사회개혁과 사회주의 사상에 적대적이기까지 했던 노동계급에15) 대해서 의회과정을 통해 그들이 변화를 일구어 내고, 영향력을 행사할 수 있을 것이라는 믿음을 불어넣었다. 그리고 초기에는 그런 믿음이 결실을 거두기도 했다. 예를 들자면 1906년 노사분규법Trade Dispute Act의 통과 같은 것이다.16)

그러나 차츰 이러한 믿음은 흔들리기 시작했다. 노사분규법의 통과 후 영국은 경제적 침체기를 맞았다. 보어전쟁의 영향이 경제에 나타나기 시작한 데다 세계적인 금생산량의 증가와 독일과의 군비경쟁등이 물가를 상승시키고 실업을 야기했다.17) 소득은 떨어지고 불평등은 심화되었다. 1900~1910년 사이 일인당 국민소득은 1880년대의 39% 증가와 1890년대의 11% 증가에 비하면 5% 증가하는 데 그쳤다.

더욱이 실질임금은 1880년대에는 21%나 증가하고, 1890년대에도 11% 증가한 것에 비하여 1900년대에는 오히려 6%나 떨어졌다.[18]

자본집약적인 금융과 무역 부문은 번영을 누렸으나 그 혜택은 소수에게만 돌아갔을 뿐이다.[19] 또한 생산품의 가격 상승이 바로 노동자들에게 혜택을 주는 것으로 연결되지도 않았다. 예컨대 석탄가격이 상승함으로써 1898~1900, 1906~1907, 1912~1913년 사이에 고용주들은 큰 이윤을 올리게 되었지만 광부들은 그 몫을 나누어 갖지 못했다.[20]

노동자들 사이에서 빈곤은 심각한 문제가 되어 있었다. 이미 1901년에 나온 시봄 라운트리의 요크에 대한 빈곤연구나 1903년 완간된 찰스 부스의 런던에 대한 빈곤연구들이 빈곤의 문제가 심각한 상황에 이르렀다는 것을 보여 주었다. 그런 상황은 노동불안기에 이르기까지 개선되지 않았다. 1912~1913년 노쓰앰턴Northampton, 워링턴Warrington, 스탠리Stanley, 리딩Reading에서 행해진 빈곤연구에 따르면 비숙련노동자들의 수입은 자녀 셋의 가정을 부양하기에는 턱없이 낮았다는 것을 보여 준다. 이런 어려움에 처해 있었던 노동자들이 1914년에는 성인 노동인구의 거의 25%를 차지했다.[21] 한 페이비언 여성그룹의 보고는 당시 노동자들의 생활의 어려움을 잘 보여 준다. 런던의 램비쓰Lambeth에 사는 비숙련 혹은 준숙련 노동자들은 1909~1913년간 주당 18~30실링으로 살았다는 것이다. 집세와 난방비 등을 내고 나면 아이 둘이 딸린 가계는 다 합해 봤자 식료품을 살 돈으로 남는 것은 주당 6실링에서 10실링 정도였다는 것이다. 이는 대개 하루당 한 사람에게 식품비로 3펜스 혹은 그 이하가 쓰여졌다는 말이다. 그들의 음식을 보면 빵에 마가린을 발라먹는 단조로운 내용이었고 약간의 고기, 베이컨, 생선은 아버지에게나 돌아가는 맛보기음식에 불과했다.[22]

경제적 불평등의 정도도 심각했다. 그러한 불평등을 보여 주는 좋은 지표는 1911~1913년 기간에 25세 이상의 인구 중 상위 1%가 전국 부의 69%를 소유했다는 것이다.[23] 이런 경제적 압박은 기술, 지위, 거주지 등으로 갈라졌던 임금노동자들 사이에서 공동의 이해관계를 자각하게 했다.[24]

하지만 이 시기는 자유당의 복지입법이 나타난 시기가 아니었던가? 그러한 조처들은 에드워드 시대에 나타나고 있었던 노동자들의 문제에 대처하는 데 어떠한 효과를 낸 것일까? 노동계급이 자유당의 복지입법을 환영했든 그렇지 않았든, 개혁이 노동자들의 압력에 의해 나온 것이든 아니든[25] 복지입법의 구체적인 내용들이 노동자문제, 빈곤의 문제를 해결하는 데 긍정적인 효과를 내지 않았을까?

1906년 이후 자유당 정부가 일련의 복지입법을 통해 개혁을 시도한 것은 사실이다. 그 결과 1906·1907년의 교육법, 1908년의 노령연금법, 1909년의 직업소개소법, 1911년의 국민보험법 등에 의해 학교에서의 무료급식과 의료검진, 노인들에 대한 연금지급, 실업자들에 대한 수당지급, 의료보험의 실시 등이 이루어졌다.[26] 그러나 그러한 개혁조치들은 자유에 대한 새로운 관점을 가진 신자유주의를 토대로 하여 여러 가지 새로운 내용들을 담고 있었음에도 불구하고 철저하지 못했으며 근본적인 치유책이 되지 못했다. 여러 가지 개혁조치들이 가진 한계점과 때로는 기만적인 측면들이 곧 드러났다. 자유당의 후원을 받은 1906년의 노동자보상법은 노동자들의 조건을 개선시켜 줄 정부의 광범한 노력의 출발점이었다. 이 법은 작업중의 사고에 대해 고용주에게 책임을 물렸고 연수 250파운드 이하의 모든 노동자들에게 적용되었지만 고용주들이 도망갈 구멍이 있었다. '중대하고도 고의적인 잘못'serious and wilful misconduct이란 조항이 그것으로 이 조항은 작업장에서의 노동규율을 유지하는 수단으로 이용될 수 있었던 것이다.27)

1908년 제정된 노령연금법Old Age Pensions Act에서도 그 한계가 드러났다. 이 법으로 매주 5실링의 연금혜택을 받을 수 있는 사람은 영국에서 70세 이상의 노인들로 약 50만 명이 해당되었고 이들 중 92%가 연금최고액을 수령할 자격이 있었다. 하지만 이 법은 70세 이전에 늙어 죽는 사람이나 빈곤에 처한 사람들의 문제를 해결하는 데는 어떤 효과도 발휘하지 못했다. 70세까지 안정적인 고용을 확보하지 못한 사람들의 빈곤의 문제를 해결하지 못한 노령연금법의 한계는 빈민법의 전체적인 구조 문제를 야기했다.28)

1911년의 국민보험법 역시 속시원한 해결책을 제시하는 데는 실패

1908년 노령연금법 1906년 정권을 잡은 자유당 정부의 개혁정책의 일환으로 시작된 제도로 70세가 넘은 노인들에게 주당 5실링씩, 부부의 경우에는 7실링 6펜스씩 연금을 지급하도록 한 법이다. 약 50만 명 가량(70세 이상 노인의 27%)이 혜택을 입었는데 초기에는 거의 여성들이었다. 이 연금 혜택을 받으려면 연 수입이 31파운드 10실링 이하이고, 빈민법의 혜택을 받은 적이 없어야 했으며, 성격테스트를 거쳐야 했다. 1925년 이후 수령 대상자는 65세 이상으로 확대되었다. 이 법의 재원 마련을 위해 곧 인민예산 문제가 불거졌는데, 이 문제는 이후 두 번의 총선, 의회법, 국민보험법 등 일련의 개혁을 촉발시키는 계기가 된다.

했다. 이 법은 실업보험을 225만의 노동자들에게 의무적인 것으로 만들었다. 실직한 노동자들에게 모두 동일하게 주 7실링의 혜택을 15주동안 받을 수 있도록 했다. 하지만 이런 정도는 1908년의 노령연금법과 같이 노동자들의 생계를 유지하기에 충분치 않았다.[29] 더욱이 노동계급 내에서는 고용주들이 노동자들의 분담금을 임금에서 공제하는 것에 대해 강력한 반대가 있었다.[30] 사회주의자들은 사회복지정책을 추구하려면 부유층에 대해 과세하여 재정을 충당해야 한다는 운동을 전국적으로 벌이기 시작했다.

실업보험은 처칠이 1909년 지적한 것처럼 그저 "우리의 제도에 안정성을 증가시키기 위한 것"이며 노동자들이 혁명적 사회주의의 모호한 전망에 대해 관심을 갖지 않게 할 수단이었던 것이다.[31]

요컨대 자유당 정부의 개혁 정책은 제한적인 것이었다. 그러한 점은 일용노동자들과 준숙련노동자들의 경우에 매우 뚜렷하게 드러났다. 이들은 운수부문 특히 부두노동자들에게 집중되어 있었다. 이들의 임금은 생계비가 오르는 것을 따라 가지 못했고, 노령연금의 혜택을 거의 받지 못했으며, 부정기적인 고용 때문에 실업보험의 혜택도 받지 못했다. 1911년 이런 범주에 들어가는 노동자들을 그들의 가족까지 합하여 계산하면 800만이나 되었던 것으로 추정된다.[32] 이 숫자는 1911년의 영국인구가 약 3,600만이었던 것을 감안하면 거의 인구 1/4에 해당되었다.[33] 가장 복지의 혜택을 필요로 하는 계층에게는 정작 그 혜택이 돌아가지 않았던 것이다.

자유당 정부의 복지주의는 부자들에게는 사회주의로 빠져 들어가는 것으로 보였을지 모르나,[34] 혜택을 받아야 할 것으로 생각되는

1909년 인민예산 자유당 정부에 의해 제안된 예산으로 영국의 부를 일반에게 재분배하려는 의도를 보인 최초의 예산이었다. 이 예산은 노령연금법과 같은 자유당 정부의 사회개혁을 추진하기 위한 재원을 마련하려는 의도를 담고 있었다. 우선 누진세가 부과되었는데, 소득세는 파운드당 9펜스로 책정되었으며(3.75%) 2천 파운드(현재 소득으로는 약 14만 파운드에 해당한다) 이상의 소득에 대해서는 파운드당 12펜스의 세금(5%)이 부가되었다. 5천 파운드 이상의 소득에 대해서는 추가로 6펜스의(2.5%) 수퍼택스가 부과되었다. 상속세는 증액되었으며 토지에 대해서는 파운드당 0.5%의 재산세가 부과되고 토지매매시 20%의 양도소득세가 부과되었다. 이러한 세금부과에 대해 토지에 기반하고 있었던 귀족들은 반발했고 상원은 예산안을 부결시켰다. 인민예산은 전국적인 논란을 불러일으키면서 결국 1910년 1월과 12월, 두 번의 총선거를 불러왔다. 이런 과정 속에서 인민예산은 통과되었으나 결국 1911년 상원을 무력화시키는 의회법이 제정된다. 인민예산은 사회개혁 법안으로서의 의미를 지니기도 하지만, 영국 정치를 민주화시키는 계기를 제공한 의미도 지닌다.

사람들에게는 종종 좌절과 환멸을 안겨다 주었다.[35]

결국 자유당의 사회정책은 격심한 불평등을 근절시키려는 것도[36] 진정한 '개혁'을 의도한 것도 아니었고, 단지 안정과 질서를 유지하기 위한 수단으로 이용되었던 것이다.[37] 여러 가지 복지입법들 뒤에는 오히려 '국가 효율'을 증진시킨다는 의도가 숨어 있었을 따름이다. 그리고 자유당의 복지입법이 그저 노동계급의 불만을 누그러뜨리기 위한 사회통제의 수단이었다 하더라도 그 효과는 대단치 않았다. 그러한 한계가 1910~1914년의 노동불안으로 나타난 것이다.

1911년 의회법 자유당은 인민예산이 상원에 의해 좌절되자 상원에 법안거부권이 있는 한 사회개혁은 불가능하다고 판단해 상원의 권한을 박탈하는 의회법을 추진했다. 이 법안에 대해 상원은 강력히 반대했으며 다이하드(diehard)라는 강경한 귀족 집단이 출현하기까지 했다. 그러나 조지 5세가 자유당 수상 애스퀴스에게 법안에 찬성하는 자유당 귀족들을 충분히 만들어 내겠다는 약속을 하면서 이 법은 상원에서 근소한 표 차이로(131대 114) 통과되었다. 이 법은 하원이 제출한 법안에 대해 상원이 거부권을 행사할 수 없도록 함으로써 사실상 상원을 무력화시켰다. 이 법으로 인해 상원은 단지 재정관련 법안에 대해서는 1개월, 기타 법안에 대해서는 2년을 유예시킬 수 있을 뿐이었다. 이 법이 통과되기 전까지는 귀족들이 원하지 않는 법 특히 토지재산을 건드리는 법은 사실상 시행될 수가 없었다. 이 사건은 보통선거를 향한 여러 번의 선거법 개정과 함께 영국의 민주화 과정에서 중요한 의미를 지닌다.

3. 노동계급과 정치

이런 상황에서 자유당과의 공조정책을 유지한 노동당은 의회에서 독자적인 개혁을 추진해 나갈 수가 없었다. 노동당이 차츰 노동계급에게 실망감을 안겨 주게 된 것은 당연했다. 노동당은 진보세력으로서의 호소력을 잃고 있었던 자유당과 차츰 동일시되었다. 노동당은 1903년부터 시작된 자유당과의 협력관계를 1910년 12월 선거 이후 완전히 종식시키기는 했지만,[38] 그 이후 치러진 보궐선거에서 어느 곳에서도 승리할 수가 없었다. 1911년 4번, 1912년 5번, 1913년 3번, 1914년 3번의 보궐선거가 치러졌으나 보수당, 자유당, 노동당의 3파전 선거

에서 대부분 저조한 성적을 내는 것으로 그친 것을 확인할 수 있다.39)
이 기간동안 노동당의 의석수는 오히려 5석이나 줄어 42석에서 37석
이 되어 버렸다.40)

노동당은 웨스트민스터에서 느리게 전진했던 것이 아니라41) 사실
상 정지해 버렸다. 1910년 이후에는 조직된 노동자들 사이에서 노동당
의 힘이 노동자들의 해방을 위하여 사용되었다는 어떤 확신도 존재하
지 않았다. 노동당이 의회활동에서 실패했다는 것이 많은 사람들에
의해 인정되었다. 웹Webb 부부는 고전이 된 그들의 책『노동조합의
역사』에서 다음과 같이 밝혔다.

> 노동당은 의회에서 새로운 사회질서를 추구하는 당강령에 기초하는
> 어떤 대안적 프로그램을 제시하는 데 실패했다. 즉 자본주의사회의
> 이윤 수취자를 제거하는 것, 산업민주주의를 실현시키는 것, 실업을
> 방지하는 것, 또 1911년의 국민보험법National Insurance Act에서 제대로
> 다루어지지 않은 사회적 약자에 대한 부조의 문제 등에 모두 실패한
> 것이다. 1910~1914년간에 의회내에서 노동당이 노동조합 세계에 던
> 져 준 실망은 의회적 방식의 정치활동에 대한 반발로 이끌었다. 그리고
> 의회 혹은 언론에서 독자적인 영향력을 행사하는 데 실패한 노동당의
> 존재가치에 대해 의구심을 품도록 만들었다.42)

코울Cole도 노동당은 1906년 노동당 초기의 승리 이후 이렇다 할
능력을 발휘하지 못했으며, 특정한 몇 개의 개혁을 넘어서는 일관된
사회정책을 결여했음을 지적하고 있다.43)
이처럼 의회 내에서 노동자의 대표들이 무력했던 반면 실제 산업현

노동당(Labour Party) 노동당은 노동대표위원회Labour Representation Committee를 전신으로 하여 탄생했다. 노동대표위원회는 1900년 의회에서 노동자들의 이익을 대변하기 위해 조직된 기구였는데 1906년 명칭을 노동당으로 바꾸었다. 1893년 독립노동당이 창당되었지만 노동자들의 표를 얻는 데는 한계가 있었고, 선거에서 표를 얻기 위해 모든 노동자 조직이 단결할 필요가 제기되는 상황에서 이 조직이 만들어졌다. 노동대표위원회의 조직에는 노동조합회의Trade Union Congress와 독립노동당, 사회주의 단체들이 참여했으며, 12명의 대표 중 노동조합주의자들이 7명, 독립노동당과 사회민주동맹이 2명, 페이비언 협회가 한 명을 차지했다. 노동당은 1918년 「노동과 새로운 사회질서」라는 사회주의 강령을 채택했으며, 1차대전 이후 제1야당으로 부상했다. 자유당의 몰락과 노동당의 부상은 20세기 영국 정치사에서 가장 큰 사건으로 간주된다. 노동당은 1924년 최초로 정권을 장악했으며, 2차대전 후 애틀리 내각의 집권을 거쳐, 현재는 고든 브라운이 수상으로 토니 블레어 이후 집권당의 자리를 유지하고 있다.

장에서 노동자들의 직접적인 파업은 현저하게 증가하였다. 노동당의 실제적 기반이 노동조합이었음을 감안한다면 노동당에 대한 실망이 곧 노동조합에 대한 실망과 연결되었다고도 볼 수 있을 것이다.[44] 더욱이 1909년에는 오스본 판결Osborne Decision이 내려져 노동당에 대한 노동조합의 재정적 지원은 공식적으로 차단되어 버렸다.[45] 노동당과 노동조합과의 유기적 연계가 끊어졌으므로 노동자들은 다른 출구를 모색해야 할 필요를 느꼈을 것이다.

그리고 한편으로는 노조관리들이 점차 국가기구에 흡수되어 간다는 의구심이 일고 있었다. 국가는 1896년 노사조정법Conciliation Act이 통과되면서부터 산업분규의 중재에 개입하기 시작했으며, 이런 개입

오스본 판결(Osborne Judgment) 1909년에 내려진 판결로 노동조합이 조합의 기금을 정치적 목적으로 사용하지 못하도록 하는 내용을 담고 있다. 이 판결은 태프 베일 사건과 같이 영국 노동운동에 큰 영향을 미치게 된다. 태프 베일 사건이 노동조합에 타격을 주었다면, 이 판결은 노동당에 커다란 타격을 주게 되었다. 타 정당에 비해 재원이 부족했던 노동당은 활동에 제약을 받게 되었고, 노동자들은 노동운동의 새로운 돌파구를 찾으려는 시도를 하게 된다. 영국은 1910년부터 노동불안기로 불리는 격렬한 노동운동 국면으로 접어들게 된다. 결국 오스본 판결은 1913년 노동조합법에 의해 바뀌게 된다.

은 1909년까지 모두 365번이나 원용되었다. 안 그래도 그들의 사회적 태도에서 노동계급보다 중간계급에 가까웠던 노조관리들이[46] 점차 정부의 행정직을 맡는 경우가 늘어났으며, 1911년 국민보험법의 통과 후로는 노동조합이 국가기구로 전락하는 것이 아닌가 하는 두려움이 제기되기 시작했다.[47] 1차대전이 일어나면서는 노조지도자들이 파업에 반대하는 데 동의했을 뿐만 아니라 전시노동통제에 협조하기 위하여 국가자문위원회National Advisory Committee에 참여함으로써 더욱더 이런 과정을 촉진시켰다.[48]

노동당과 노조지도부에 대한 실망이 나타나는 상황에서 신디칼리스트라고 불릴 수 있는 움직임들이 1910년까지는 크게 몇 개의 중심을 가지며 나타났다.[49] 이 움직임들은 정치적 행위에 의존하는 사회주의 전략을 불신한다는 점에서 공통적이었다. 그 중 사회주의노동당Socialist Labour Party은 1906년 2월 미국의 세계산업노동자연맹IWW: Industrial Workers of the World에 해당하는 영국 산별노조주의 지지자모임

British Advocates of Industrial Unionism을 조직했다.50) 특히 톰 만은 프랑스의 노동총동맹CGT, 미국의 세계산업노동자연맹IWW에 자극을 받아 산업신디칼리스트교육연맹Industrial Syndicalist Education League을 만들었는데, 이것이 바로 전국적인 신디칼리스트 운동의 시작이었다. 톰 만은 각 산업에서 하나의 노조를 만들려는 병합운동을 벌여 나갔으며, 광산·철도·운수산업 등에서는 평범한 노동자들의 운동이 일어나기 시작했다. 1910년 톰 만은 『산업신디칼리스트*Industrial Syndicalist*』를 발행했으며 1911년 가을에는 『신디칼리스트 철도원*Syndicalist Railwayman*』이라는 잡지가 발간되었다.51) 1912년에는 철도노동자연합회 Amalgamated Society of Railway Servants: ASRS 회의에서 쟁의행위를 통해 산업에 대한 노동자통제를 실현시키자는 결의가 이루어졌다. 이 운동은 1913년 ASRS로부터 전국철도원동맹National Unionof Railwayman: NUR을 만들어 내었다. 그리고 『신디칼리스트 철도원*Syndicalist Railwayman*』은 노동자들의 해방은 독립노동당이 주장하는 단순한 국유화만으로는 이루어지지 않는다는 주장을 폈다.52) 남부웨일즈에서도 극단적인 경향이 나타났는데 1912년 발간된 유명한 팸플릿 「광부들의 다음 단계*The Miners' Next Step*」에서 역시 국유화정책이 비판받았고 국가는 적대적 존재로 간주되었다.53)

영국에서 노동조합은 18세기 후반까지 거슬러 올라갈 정도로 일찍부터 결성되었고, 19세기를 통해 꾸준한 활동을 폈으나, 20세기로 접어들어서까지도 그 조직은 광산업을 제외하고 거의 모든 산업에서 분파적이고 중복되는 조합들로 분열되어 있었다. 그 조합들의 기초는 "직능"craft이었고 덜 숙련된 노동자들은 조직되지 않은 상태에 있었거나 혹은 "일반 노동"조합들에 가입해 있었다. 그리고 이러한 조합들은 서로 경쟁적인 관계에 놓여 있었다. 예를 들어 면직업, 인쇄업, 건설업에서는 직능별로 독자적인 조합이 결성되어 있었다. 기계와 조선에서는 숙련노동자들과 비숙련노동자들은 서로 다르게 조직되어 있었고 종종 서로 사이가 나빴다. 운수업에서는 많은 독립 조합들이 생각할 수 있는 모든 기초에서 조직된 채 서로 마찰을 빚고 있었다.54)

그러나 이러한 혼란이 신디칼리스트 운동의 시작과 함께 풀리기 시작했던 것이다. 1910년 전국운수노동자동맹National Transport Workers' Federation이 조직된 것을 필두로 하여 철도, 건축, 인쇄, 기계 등의 다른 산업에서도 차례로 산업에 따라 노동자들이 단결하려는 움직임이 일어나게 되었다.55) 노동자들에게는 공동의 이해에 대한 자각이 생겨난 것이다.

여기에는 노동자들의 문맹률이 낮아져 노동자들이 여러 매체를 통해 새로운 소식과 다양한 정치적 견해들을 쉽게 접할 수 있게 된 환경이 하나의 변수로 작용했다. 아울러 1914년 이전의 몇 년간에 노동자들을 상대로 한 노동자신문과 잡지들이 활발한 언론활동을 폈다는 점도 고려되어야 할 것이다. 『데일리 해럴드Daily Herald』, 『데일리 시티즌Daily Citizen』 같은 노동자를 대상으로 한 일간지들이 출간되었을 뿐 아니라, 1914년 7월말 이전 4년동안 특히 많은 정기간행물이 쏟아져 나왔다.56)

게다가 『노동지도자Labour Leader』, 『정의Justice』, 『클라리온Clarion』과 같은 사회주의 잡지들의 확산, 사회민주동맹Social Democratic Federation, 노동자교육협회Workers' Educational Association 등 여러 단체들의 교육활동,

대학 공개강좌University Extension운동 같은 여러 요인들도 문맹률의 감소
현상에 맞물려 상승적 효과를 발휘했을 것이다.[57]

이제 노동자들에게는 스스로 움직일 만한 역량이 축적된 것이다.
그리고 그런 힘에 새로운 방향을 부여하려는 세력도 함께 존재했던
것이다.

4. 노동운동의 새로운 성격

1911년에 들어서면서 스트라이크가 발생하기 시작했다. 선원과
선적장 인부들의 거대한 스트라이크와 함께 전국적인 철도 스트라이
크도 일어났다.[58] 1911년 여름의 리버풀 파업에서는 짐마차꾼carter,
부두노동자docker, 철도노동자railwayman, 선원seaman 등 서로 이질적인
노동자들이 함께 뭉쳐 행동했다.

또 남부웨일즈에서는 석탄광부의 파업이 일어났다. 이것은 1889년
부두파업의 재판再版이라 규정할 수 있을 정도로 큰 의미를 가졌다.
이런 광범한 사회적 현상의 바탕 위에서 노동계급 및 사회주의 일간지
로『데일리 해럴드Daily Herald』가 창간되었다.[59] 1912년에는 광부들의
전국적 스트라이크, 1914년에는 철도, 광산, 운수노동자들의 삼자동
맹이 체결되어 연대투쟁을 벌였다.[60]

이 과정에서 노동자들의 파업은 기존 노조지도부를 거치지 않는
다른 경로를 통해 진행되었고, 항의 역시 매우 공격적인 형태로 나타났
다. 현장노동자들은 종종 노조지도부가 합의한 사항을 깨뜨리고 독자
적인 행동을 하였다. 이런 행동은 기존 노조지도부의 권위를 인정하지

않음으로써 노조의 대표성, 노조자체의 정통성 문제를 야기했다.

부두파업의 경우를 보면 대부분은 공식적 조직과는 독립적으로 자발적인 형태로 일어났으며 그 형태는 직접 항의를 표출하는 방식이었다. 항의의 모습을 보면 노동자들과 그 가족들이 거리를 행진하는 식이었다.61) 이러한 '직접 행동'의 표출은 잇따른 분쟁에서도 나타났는데 1912년의 런던부두파업에서는 거리에서의 데모, 파업파괴자에 대한 폭력이 행해졌을 뿐아니라 심지어 콜롬보시City of Colombo호에서의 총격전까지 일어났던 것이다.62) 항의의 양상이 매우 격렬했다는 것은 마가렛 코울M. Cole의 묘사에서도 알 수 있다. 그녀는 1911년 8월 리버풀 파업에 대해 생생한 묘사를 하고 있는데 거리에는 야채가 썩어 들어가고 한 시간 간격으로 호외가 뿌려지는 등 거의 전쟁 발발상황과도 같았음을 느끼게 한다.63)

더욱이 이런 노동자투쟁은 임금인상과 같은 기존의 쟁점을 넘어서서 다른 영역을 건드리고 있었다. 1890년대 신조합주의운동의 발생이래 작업장에서의 작업통제권을 둘러싼 문제는 중요한 문제로 대두했다. 그리고 이 문제는 신조합주의운동이 확대되어 나갈 수 있었던 한 요인이기도 했다.64) 장인들과 공장노동자들이 작업장에서 대체로 지켜왔던 전통은 고용주들이 아니라 자신들이 작업수행방식을 통제하는 것이었다. 그런데 1890년대와 1900년대에 고용주들은 작업과정에 대한 통제를 재부과하려고 했다. 이런 현상의 주 원인은 새로운 기계와 기술의 도입에 있었다. 예를 들면 가스불을 피우는 새로운 장치iron men 같은 것이다. 이 장치는 노동자들의 휴식을 허용하지 않았다. 또 숙련정도가 덜한 노동자라도 다룰 수 있는 캡스탠capstan선반 같은 것도 있었다. 장화와 구두산업에서 새로운 마감 기계는 수작업을 하는 노동자들을 대체했다. 새로운 인쇄기계는 인쇄공들을 위협했다. 새로운 철도신호장치, 기압식 선박 리벳기계 등이 모두 그러했다. 새로운 기계 기술들은 새로운 통제기술, 시간과 동작연구 등 소위 '과학적 경영'을 노동자들에게 부과했다. 고용주들의 이러한 행위는 노동자들의 편에서 볼 때는 보다 적은 돈을 들여 보다 많은 노동력을 뽑아 내기 위해 작업과정을 통제하려는 시도로 보였던 것이다.[65]

1889년 이후의 산업분규는 그 밑바닥에 작업장에서의 통제권에 대한 투쟁이 깔려 있었다. 1889년 가스화부의 파업이 그러했고 1897~1898년의 공장폐쇄가 그러했다. 많은 고용주들이 '숙련공들의 작업통제'와 '고용주들의 일반적 감독'이란 전통적인 균형을 깨뜨렸는데 기계공과 같은 낡은 직능별 조합들마저 호전적인 공격으로 반응했다.[66] 이런 반응은 지방의 작업장에서 시작하여 전국적인 분쟁으로까지 나아갔다.

지방의 게릴라식 투쟁은 법률적 투쟁으로까지 나아갔고 그것은 노조가 의회에서 독자적인 자신들의 대표기구를 찾으려는 노력에서 나타났다. 고용주들 역시 그들이 법정에서 보여 준 공격적인 행위의 밑바닥에 노동이 어떻게 수행되어야 하는가, 감독을 누가 수행해야 하느냐 하는 문제 곧 작업통제의 문제를 깔았던 것이다. 퍼킨Perkin은 태프 베일Taff Vale 판결을 그런 사건의 대표적인 경우로 해석했다.[67]

경제적 문제를 해결하려는 노동자들의 노력이 작업통제의 문제를 야기하고, 갈등의 초점을 임금교섭과 같은 문제에서 작업통제의 문제 그 자체로 돌리게 하면서 구조합주의와 신조합주의 사이의 구분은 점차 모호해졌으며, 서로 다른 직업과 산업들간의 계급이해가 일반화되는 경향이 나타났다.[68] 노동계급의 연대 현상도 나타났다. 이런 현상은 매우 강력해 1911년 운수파업이 전국으로 퍼져 나갔을 때 노팅검셔의 광부들은 미들랜드 철도Midland Railway에서 운행하는 기차를 세우기도 했다. 철도의 중심지에서는 초등학생들의 등교거부마저 일어날 정도였다.[69]

국가에 대한 노동자들의 입장도 달라졌다. 리버풀 파업에서 경찰이 배치되고 5천 명의 군대가 동원된 것은 파업노동자들을 격분시켰을 뿐 아니라 그들이 고용주들과만 싸우는 것이 아니라 국가와도 대결하고 있다는 생각을 갖게 하였다.[70]

1910~1911년의 캠브리언 연합Cambrian Combine 파업에서도 파업노동자들은 고용주들만 공격한 것이 아니라 국가의 대표자들도 공격함으로써 분쟁은 정치화되었다.[71] 노동운동은 고용주를 향한 운동에서 국가 권력을 향한 운동으로 바뀌며 정치적 노동운동으로 변화된 것이다.[72] 나아가 사회적, 문화적 문제를 둘러싼 파업이 발생하기까지 해 투쟁의 폭은 넓혀졌다.[73]

1900년부터 1914년까지 노동자들은 크게 두 번 불만을 표출하고 항의할 기회를 가졌음을 알 수 있다. 1900년부터 1914년까지 실질임금의 변동을 보면 1900년과 1907년을 기점으로 하여 두 번의 계속적인 하향곡선을 그리고 있는 것을 알 수 있다.[74] 그런데 그 첫 번째 하향국면에서는 계속적인 실질임금의 하락에도 불구하고 노동현장은 조용했다. 코울G.D.H. Cole은 마땅히 대규모 파업과 소요가 일어나야 했을 이 시기에 나타난 산업평화, 곧 기묘한 '침묵'의 주원인은 태프

태프 베일 소송사건(Taff Vale Case) 태프 베일 철도회사가 노동조합을 상대로 하여 벌인 소송이다. 이 소송이 특별한 의미를 갖는 이유는 이 소송의 결과가 영국 노동운동에 커다란 영향을 미쳤기 때문이다. 재판부는 이 소송사건에서 철도회사의 손을 들어 주어, 노동조합은 파업으로 인해 회사에 끼친 손해를 배상해 주어야 한다고 판결(1901)했다. 태프 베일 판결 이후 노동자들은 노동조합을 유지하기 힘들어질 상황에 놓이게 되었다. 그 결과 노동계급은 자신들의 이익을 대변해 줄 대표를 의회에 보내야 한다는 생각을 하게 되었고 이런 여론의 바탕 위에서 노동당이 탄생(1906)하게 된 것이다. 결국 1906년 노사분규법의 통과로 태프 베일 사건의 결정은 역전되었다.

베일Taff Vale 판결에 기인한다고 해석했다.[75] 자본가들의 공격적 행위가 노동자들을 움츠러들게 했다는 것이다. 이 시기에 노동자들은 파업을 하는 대신 의회에 노동자대표를 내보내 입법을 통해 문제해결을 하려고 기도했다. 노동자들은 처음에는 조용히 반응했던 것이다. 그러나 두 번째 하향국면에서 노동자들의 태도는 정반대로 매우 거칠고 공격적인 형태로 나타났다. 이런 현상은 노동자들이 고용주들의 공격에 대하여 선택한 첫 번째 대안이 별로 유효하지 못했음을 깨달았다는 것을 반증하는 것이다. 노동당도 자유당도 나아가서 정치권전체가 적절한 조치를 취하지 못하는 것에 대한 좌절과 분노가 새로운 형태의 대응을 낳은 것이다.

1834년 오웬주의의 쇠퇴 이후 노동조합주의는 사회변화의 적극적인 도구로 간주된 적이 없었다.[76] 그저 노동조합주의는 1. 좁은 "직능" 부문들로 노동자들을 반동적으로 분열시키는 것으로 비난받거나(사회민주동맹의 입장), 2. 노동계급정당을 건설하기 위하여 이용되는 도구로 간주되거나(K. Hardie나 ILP의 태도), 3. 자본주의사회 내에서 고용조건을 유지하고 개선하는 도구로(정통 노조지도자들의 입장) 간주되는 정도였다.[77]

그러나 노동불안기로 규정되는 기간동안 노동자들은 기존 노조지도부에 대한 불신, 노조대표들의 공식적 창구에 의존하는 노동운동의 거부, 보다 직접적이고 공격적인 형태로의 의사표출, 직업의 이해관계를 넘어서는 노동자들의 연대성의 암시, 임금교섭과 같은 종래의 관심을 넘어서서 작업통제라는 새로운 문제제기, 공권력에 대한 도전과 국가에 대한 입장변화 등 이전과는 양적 질적으로 달라진 노동운동을 전개했다. 즉 노동자들 내에서는 의회와 기존 노동운동지도부의 행동에 대한 불신이 만연한 가운데, 의회를 수단으로 하지 않는 독자적인 노동계급운동을 찾으려는 시도가 나타났던 것이다. 이 과정에서 노동자들이 비록 체계적인 사회개혁 프로그램을 주장하지는 않았다 하더라도 변화된 노동운동은 사회적 평등에 대한 새로운 정신을 드러내며 기득권층을 위협했던 것이다.[78]

이러한 에드워드 시대 계급사회의 위기가 나타나는[79] 와중에서 노동자들의 실천적 의지와 적극적 행동의 가능성을 목도한 영국의 지식인들은 정당과 의회, 국가의 역할을 중시한 기존의 사회주의와는 다른 종류의 사회이론을 모색하게 된 것이다. '누가 산업통제를 담당할 것이냐' 하는 문제에서 그 무게중심이 노동자들에게로 옮겨지고, 개혁 방법론에서 노동자들의 직접적인 행동에 바탕을 두고 진행되는 잠식encroachment의 전략을 강조하는 길드인들의 주장은 바로 그러한

92

환경을 적절하게 반영하고 있다.[80)]

5. 맺음말

영국은 계급으로 갈라진 사회였지만 노동계급은 보수적이고 방어적인 성격을 띠고 있었으며, 자기 이데올로기를 계발하지 못한 상태에서 뚜렷한 계급적 대립현상을 보이지 않고 있었다. 하지만 계급으로 갈라져 있는 상태가 존재한다는 것은 언제나 계급갈등을 드러낼 수 있는 잠재적 가능성을 가지고 있음을 의미했다. 1910년대의 몇 년간이 바로 그러했다. 노동계급은 이 시기에 그들의 방어적이고 보수적인 자세가 공격적인 자세로 전환될 수도 있음을 시험해 본 것이다.

이런 사회적 맥락은 길드 사회주의의 형성에 대단히 중요한 의미를 지녔다고 생각된다. 왜냐하면 노동운동의 거센 기운이 가라앉아 1930년대에 노동운동의 약체성이 드러나고 특정 사업들에서 노동조합 자체가 사라지는 상황이 되자, 길드운동의 지도자 코울G. D. H. Cole은 직접 행동보다 정치행위의 수단을 중시하는 '태도변화'를 일으켰기 때문이다.[81)] 즉 노동불안기에 병존했던 여러 사상들과 지식인 단체의 움직임은 노동불안을 촉발하고 만들어 내었다기보다는 노동불안기의 산물이라고 볼 수 있을 것이다. 노동자들의 운동이야말로 새로운 사상과 운동에 토양을 제공했던 것이다.

노동자통제에 대한 요구는 1920년대 초까지 노동조합 안에서 살아 꿈틀거렸다. 전쟁으로 말미암아 전시동안 기계분야에서는engineering 많은 비숙련공들―대부분 여자들―이 충원되었다.[82)] 노동조합원의 수도 크게 늘어났다. 1910년 250만의 회원이 1914년에는 400만으로, 1920년에는 825만으로 늘어났다.[83] 그리고 노동조합의 관리들이 남아도는 현상이 나타나면서, 작업장의 대표자들이 실질적으로 중요한 의미를 지니게 되었다. 1915년의 군수품법Munitions of War Act은 노동자들의 파업을 금지시켰지만 정부규제에 대하여 자연발생적인 파업이 발생했다.[84] 1915년 파업에서는 클라이드 노동자위원회가 부상했으며 1916년엔 세필드에서, 1917년엔 배로우에서 잇단 파업이 야기되었고 이런 과정에서 노동자들의 요구는 한결같이 지방에서 선출된 작업장대표자들의 위원회를 통해서 드러났다.[85] 이 운동은 1917년 8월 '전국 작업장 대표자 및 노동자위원회운동'의 결성으로 본격화되었으나[86] 1919년 전쟁이 끝나고 전쟁 전의 산업체제로 돌아가면서 약화되기 시작했다.[87]

전후의 경기침체와 1921년 4월 검은 금요일의 재앙으로 드러난 잇단 노동조합의 세력약화는 길드운동에 큰 타격을 주었다. 1915년 탄생했던 전국길드회의와 1920년 출범했던 전국건축길드는[88] 1923년 종말을 고했다. 볼세비키 혁명 후 볼세비키정권의 자금이 들어오는 것으로 논란을 빚은 노동조사부에서도 1924년 코울G. D. H. Cole이 명예서기직을 사임하면서 길드 사회주의의 영향력이 차츰 사라져갔다.[89] 볼세비키 혁명 후 아르노R .Page Arnot, 더트R. Palme Dutt, 갤러거W. Gallagher, 돕M. Dobb 등 일부 사람들은 새로이 만들어진 영국공산당에 합류하면서 떨어져 나가기도 했다. 비록 길드 사회주의의 많은 계획들이 1923년 독립노동당ILP의 새로운 강령 속에 흡수되는 것으로 그 영향이 남게 되었다고 하나, 길드 사회주의운동의 쇠퇴는 뚜렷했다.[90]

이런 현상은 노동불안기에 나타난 노동자들의 역동성이 지식인들에게 얼마나 강한 영향을 미쳤는가를 역설적으로 보여 준다. 그렇다고 하여 이 시기에 노동자들이 체계적 이데올로기에 입각한 노동운동을 전개한 것은 아니었다. 하지만 노동자들은 그들의 분노를 표출시킬 자생력을 갖고 있었고 분노를 표출하는 과정에서 그들이 지금 무엇을 원하고, 무엇을 향해 나가려 하는지를 자각할 능력이 있음을 보여 주었다.

분출하는 노동자들의 힘을 관찰하고 느끼면서 지식인들은 노동자들을 추동력으로 한 사회변혁의 프로그램을 제시했다. 길드인들의 사상은 그런 맥락 속에 서 있는 것이다. 단지 그 와중에서도 길드인들은 노동자들의 급격한 혁명적 행위보다 지속적인 민주적 역량의 발휘를 기대한 냉정한 측면을 보여 주었다. 길드인들은 노동자들의 능력에 대한 확신을 갖고 그 바탕 위에서 단지 그들의 운동이 집단 이기주의적

1880년대의 영국 사회주의의 부활이라고 하는 현상이 나타난 10년이다. 사회민주동맹을 필두로 하여 페이비언 협회, 사회주의자 연맹 등 여러 형태의 사회주의 조직들이 출현했다. 1889년에는 『페이비언 에세이즈』가 출판되어 '사회주의의 부활'이라는 용어의 말미를 장식하고 있다. 1870년대에 이미 정부에 의해 집단주의적 정책들이 도입되고 있었던 점을 놓고 본다면, 10년 정도의 시차를 두고 사회 내에서 자연 발생적으로 사회주의자들이 대거 출현하고 있는 셈이다. 사회조사 등 실증적인 연구들이 '빈곤'과 같은 영국이 안고 있는 사회문제들을 드러낸 시기이기도 하다. 찰스 부스는 1889년 런던의 이스트엔드의 인구 1/3이 빈곤선 이하에서 살고 있다는 조사를 내어 놓았다.

인 상황에 빠지지 않도록, 또 노동자들이 중간계급과의 보다 큰 연계를 이룰 수 있도록 그 외연을 확대하는 쪽으로 방향을 조정하려 했다. 지속되는 노동자들의 역량이 그들의 대안을 담보할 수 있었다. 하지만 안타깝게도 그 담보물은 차츰 사라졌고 그들의 프로그램도 빛을 잃어 간 것이다.

사상은 운동을 촉발시키기도 하나, 그보다는 현실적 토대를 가진 운동이 진행될 때 거기에 방향을 부여하고 빛을 발하게 하는 데서 돋보인다. 길드인들은 노동불안기라는 현실을 토대로 하여 민주화된 영국사회에 대한 전망을 담은 사상을 제시하고 잠시 운동에 방향을 부여했다. 그러나 길드인들은 그들의 현실적 토대를 상실하면서 그들의 힘도 함께 잃게 된 것이다. 하지만 1830년대의 오웬사상이 1910년 대초에 길드 사회주의를 비롯한 몇 가지 변형된 외양을 가지고 부활했듯 길드 사회주의도 유사한 현실적 토대가 조성되었을 때 또 다른 옷을 입고 다시 부활하게 되는지는 아무도 모르는 것이다.

길드 사회주의의 국가론

정치적 다원주의

윌리엄 모리스 William Morris (1834~1896)
영국 사회주의에 특별한 경향을 가미한 사회주의자이다. 그는 산업사회가 인간을 획일화시키는 경향을 발견하고 여기에 저항했다. 그는 인간의 개성과 창조적인 노동의 중요성을 부각시켰다. 이런 생각이 그로 하여금 중세의 길드 제도를 긍정적으로 바라보게 만들었다. 그의 눈에는 개성이 사라진 대량생산 제품과 개성이 살아 있는 장인들의 작품이 비교되었던 것이다. 길드에서 발휘되는 개성은 자율적 질서의 바탕 위에서 나오게 되는 것이므로, 길드 사회주의의 사회 역시 개성을 추구하는 사회가 될 수밖에 없다. 억압적인 중세 질서 속에서 개성과 자치의 준거틀이 발견되었다는 점이 아이러니하다.

1. 머리말

국가를 어떻게 볼 것인가 하는 것은 19세기와 20세기의 영국 사회주의자들에게 매우 중요한 문제였다. 이들은 국가를 사회개혁에 놓여 있는 장애물로서 적대적인 존재로 보았는가 하면 국가가 사회개혁을 이루어 낼 중심적 기구가 되어야 한다는 생각을 개진하기도 했다. 국가는 한 극단에서는 파괴해야 할 증오의 대상이었지만 다른 한 극단에서는 국가야말로 모든 것을 이루어 낼 수 있는 주체였던 것이다.

19세기 후반부터 영국사회에서는 여러 종류의 사회주의자들이 출현하였으며 이들은 여러 종류의 사회적 대안을 제시했다. 다양한 계열의 사회주의자들, 예를 들자면 페이비언들이나 길드 사회주의자들이[1] 모두 현재의 국가의 성격을 바꾸려는 노력을 하였는데, 이는 결국 이들의 사상에 '권력의 문제'에 대한 관심이 지대하다는 점을 노정시켰다.

20세기 영국의 노동불안기를 시대적 배경으로 하여 출현한 길드 사회주의자들에게도 '새로운 산업통제의 원리'를 실현시키려는 과정에서 권력의 문제는 그들의 사상체계에서 빠뜨릴 수 없는 유기적인 한 부분으로 녹아들어 있었다.

권력의 중심부에 국가가 놓여 있는 만큼 권력의 문제는 곧 국가를 연루할 수밖에 없고 따라서 길드인들은 국가를 향한 특정한 입장을 제시할 수밖에 없었던 것이다.

현대에도 자본주의사회의 국가를 분석하는 이론들은 다양하게 제시되고 있다. 예를 들면 밀리반드는 생산수단의 소유와 통제에서 비롯되는 경제적 권력이 그 소유자와 통제자에게 사회전체를 지배할 수 있는 수단으로서의 국가를 이용할 능력을 부여한다는 관점에서 국가는 계급도구적 성격을 지닌다고 본다. 따라서 그는 국가가 계급중립적 입장에서 사회개혁을 주도해 나갈 수 있다는 생각을 거부한다. 반면 풀란차스는 이와 달리 알뛰세 이론을 바탕으로 하여 국가의 상대적 자율성을 인정하는 입장을 제시한다.[2]

길드 사회주의가 나타났던 20세기 초의 영국사회가 20세기 후반의 현대사회와는 물질적, 정신적, 문화적 측면에서 다를 수밖에 없었을 것이다. 하지만 자본주의체제를 공유했다고 본다면, 길드인들이 분석한 당대의 사회도 자본주의사회였으며 국가도 역시 자본주의국가였음에 틀림없다.

사실 길드 사회주의자들이 내린 영국의 자본주의체제에 대한 판단은 그들보다 먼저 출현한 페이비언들과 크게 다르지 않았다. 자본주의체제가 만들어 낸 빈부의 격차, 노동력의 상품화 현상,[3] 소수의 손에 의한 경제력의 집중, 열악한 노동자들의 상태 등이 당시 체제가 안고 있던 중요한 문제점들이라는데 별로 의견의 차이가 없었던 것이다. 러슬Russell은 「나는 왜 길드인인가?」라는 글에서 당시 영국의 자본주의체제는 정치 권력과 경제력이 소수의 손에 집중되어 있는 상황이라는 점을 지적했다. 그는 경제력이 소수의 손에 독점되어 있는 한 민주주의는 한낱 사기행각에 불과하다고 보았다.

언론은 부유한 자본가들의 광고에 의존하면서 여론이 진보적 변화에 등을 돌리도록 만들었고, 교육분야에서는 소수가 통치하고 다수가 복종할 것을 받아들이도록 하는 불평등한 교육제도가 사회 전 영역에 걸쳐 시행되고 있다고 보았다.4) 자본주의가 교육과 언론을 장악하고 통제하며 여론과 정보를 조작하는 상황에서 민주주의는 요원하다고 생각되었던 것이다.5) 설사 투표함 민주주의ballot box democracy가 시행되고 있다 해도 이는 불평등과 부정의를 그 안에 감추고 있었다.6)

당대의 국가구조는 관료적 과두제에 의해 지지되는 정치적 전제체제로 규정되었다. 이를 묶어 주는 힘은 전통, 법률과 함께 권력의 마지막 보루인 군사력이었다. 이 구조의 전면에 왕이 있었다.7)

또한 국가는 사회의 계급구조를 반영하는 것으로 간주되었다. 국가는 계급특권을 인정하고 유지하는 정치활동을 했고, 새로운 귀족층을 만들어냈다. 고급공무원, 신문사 사장, 새로운 부유층nouveau riche 등이 이 새로운 귀족층에 편입되었다. 또 국가는 특정한 한 계급에게 특권을 부여하거나, 한 계급을 다른 계급과 차별화시키는 법안을 만들어내고 있다고 보았다.8)

이런 주장에서 볼 때, 길드 사회주의자들은 당시의 국가를 설명하는 데 상당부분 맑스의 논리를 받아들였다고 보여진다.9) 사회는 적대적인 사회세력들간의–특히 경제적 영역에서의–전쟁터였고,10) 계급구조는 당시 영국의 사회제도 안에 이미 형성되어 있었던 것이다.11) 이 가운데에서 국가는 단지 자본에 대한 복종을 반영하면서12) 경제적 지배계급의 정치적 도구로 이용되며 국가의 진정한 기능은 왜곡되고 있었던 것이다.13) 뿐만 아니라 국제적으로는 한 사회 내에서 개인에 의한 개인의 착취가 일어나듯이, 국가에 의한 국가의 착취가 해외투자란 방식을 통하여 일어나고 있다고 보았다.14)

이런 상황에서 당시 여러 사회주의 그룹들이 공통적으로 추구한 전략은 일단 정치 권력을 장악하는 것이었다. 그 후 국가 권력을 이용하여 그들의 의도대로 개혁계획을 추진해 나간다는—예컨대 공유화—생각이었다.[15] 그러나 길드 사회주의자들은 이런 노력이 자본주의의 폐단을 일부 고칠 수는 있겠지만 정치 권력과 경제력의 집중이란 근본적인 문제를 해결하지는 못할 것이라고 보았다. 즉 개혁과정에서 국가가 맡게 될 역할과 개혁된 사회에서 국가가 갖게 될 기능에 대해서 길드인들은 다른 사회주의자들과 상이한 입장을 가졌던 것이다.

여기서 국가의 성격과 기능에 대한 입장을 둘러싸고 길드 사회주의는 다른 사회주의 그룹들과는 차별화되기 시작했던 것이다.

길드 사회주의의 국가론을 이야기할 때 여기에는 구체적으로 세 가지 문제가 얽혀 있다. 1) 길드 사회주의자들이 그들이 사는 당대의 국가 성격을 어떻게 규정했느냐 하는 문제, 2) 국가가 어느 정도의 개혁능력을 가질 수 있다고 생각하느냐 하는 문제, 3) 길드 사회주의가 지향하는 대안적 사회에서 국가가 가지는 의미는 무엇인가의 세 가지 문제가 그것이다. 나누어 보자면 하나는 현실국가에 대한 파악이며, 또 하나는 국가의 능력에 대한 문제이고, 또 하나는 이루어 내고자 하는 대안적 국가에 대한 생각이라고 할 수 있을 것이다.

이 글에서는 이 세 가지 문제와 연관하여 길드인들이 국가의 능력과 위상에 대해 가졌던 생각을 검토해 봄으로써 당대의 다른 사회주의 사상과 어떤 차이를 드러내고 있으며 왜 그런 결론에 도달하게 되었는지를 살펴보도록 하겠다.

2. 홉슨(Hobson)의 견해-길드에 대한 국가의 우위

길드 사회주의는 권력분산을 기도했다. 그래서 길드인들에게 국가는 권력의 대명사가 되어서는 안되었다. 모든 조직에서 권력은 아래로부터 통제되어야 했으며, 산업의 권력은 길드조직을 통해서 드러나고 전국길드회의를 통해 구체화되어야 했다. 길드 사회주의자들은 공통적으로 이런 전제하에 있었음에도 국가의 위치에 대해서는 서로 다른 입장들을 가지고 있었다.

길드 사회주의 이론 초기에는 순수한 산업문제의 분야에서는 '전국길드회의'National Guild Congress가, 순수한 정치문제에서는 국가가 최고기관이 되어야 한다는 견해가 제시되었다. 혹은 전국길드회의는 '생산자'로서의 시민을 대표하고, 국가는 '소비자'로서의 시민을 대표해야 된다는 견해가 제시되기도 했다. 그러나 이런 일반화는 불충분하다는 것이 코울Cole과 홉슨Hobson에 의해 지적되었다.[16)]

국가와 전국길드회의National Guild Congress와의 관계는 보다 복잡한 문제를 야기했던 것이다. 즉 국가와 전국길드회의라는 기구는 동등한 기구인가? 아니면 하나가 타자보다 우위에 있는가? 만약 양자가 서로 완전히 독립적이지 않고 상호 연계되어 있다면 어느 쪽이 우위에 설 것인가? 아니면 두 기구를 모두 포섭하는 공통의 상위기관이 있을 것인가 등의 문제가 야기되었던 것이다.

여기에 대해 홉슨Hobson은 국가가 길드보다 우위에 있다는 입장을 제시했다. 홉슨은 국가가 한 사회의 의지를 표명하는 궁극적 기구라고 보았던 것이다.[17)] 그에게 국가는 시민주권citizen sovereignty의 역사적이며 실질적인 구현체였다.18) 길드인들은 그가 어떤 경우에는 시민으로서의 자격을 가지며, 따라서 길드와는 무관한 의무를 갖는다는 것을 알고 있기 때문에 국가가 길드와 구분되는 의무를 가진다는 사실도 알고 있다는 것이다.19)

여기서 홉슨Hobson은 인간에게 생산자와 소비자를 넘어서는 시민으로서의 지위가 있음을 발견했고 이를 신성한 지위로 간주했다는 것을 알 수 있다.20) 시민의 지위란 생산자도 소비자도 아닌 독특한 지위인 것이다. 그래서 국가를 통해 자신의 목소리를 던지는 시민이 소비자나 생산자보다 우선하는 것이다.21) 시민의 의지는 다른 모든 기능적 분야의 이해를 능가하는 것이다. 그리고 국가는 소비자나 생산자와는 구분되는 바로 이 시민의 이해관계를 대변해야 하는 것이다.22)

이런 시민의 의지는 의회를 통해 표명된다고 보았다. 곧 전국적으로는 의회를 통해, 지역적으로는 지방의회를 통해 나타난다고 본 것이다.23) 홉슨Hobson은 의회에서 시민의 의지가 표명되므로 의회가 행정부보다 우위에 있다는 입장을 가졌다. 그래서 코울Cole이 입법과 행정의 분리를 일축하며, "우리는 입법과 행정의 통제가 분리될 수 없다고 인정해야 한다."24)고 했을 때, 홉슨Hobson은 이런 주장을 받아들일 수 없다는 점을 분명히 하며 그 근거로 세 가지를 제시했다. 첫째는 국가의 성격을 들었으며, 둘째는 국가와는 구별되는 행정에 적용되는 기능을 들었고, 셋째는 모든 행정기구들에 의해 길드원칙이 받아들여진다는 점을 들었다.25) 관료제의 경우도 그 단점에 대한 처방은 길드조직의 원칙 속에서 발견된다고 보았고, 관료제에 길드조직의 원리를 적용시킴으로써 효율성을 기대할 수 있다고 보았다.26) 홉슨은 정부가 비록 길드와 구분되는 기구이지만 그 조직과 원리는 길드와 같은 차원에 서 있다고 보았던 것이다.

그렇다면 홉슨에게 국가와 정부는 구분되는 것이다. 그는 국가가 주권을 실행하는 기구라면, 정부는 국가의 아래에 있는 행정기구일 따름이라고 보았다.[27] 그래서 국가를 영토적 결사체로 보고 소비자들의 자연적 대표기구로 보는 코울식의 국가관과는[28] 판이한 입장을 가졌다는 것을 알 수 있다. 홉슨에게 국가와 정부는 기능적으로 분리될 수 없는 것이 아니라 분리되며 분리되어야 했다.[29] 그 차이는 "주인"과 "종"의 차이만큼이나 뚜렷했다. 그리고 사실상 그런 의미를 각기 내포한다고 보았다.[30]

그는 법률을 실제로 적용하는 의사, 기사, 교사들의 기능과 입법의 기능이 같을 수는 없다고 보았던 것이다.[31] 입법가의 기능이 끝나는 곳에서 행정가의 기능이 시작되었다. 입법과 행정은 하나의 기능이 두 단계로 구분되는 것이 아니라 결코 결합될 수 없는 두 개의 기능이었다.[32] 이 두 개의 기능은 그 성격이 서로 다르며 하나는 시민주권의 명백한 의지를 표명하는 것이고 다른 하나는 방대한 행정기구를 운영하는 것이었다. 홉슨Hobson에게 코울Cole은 이 두 기능을 구분하지 못하는 오류를 범한 것으로 비쳐졌다.[33]

홉슨Hobson은 경제문제를 종교, 예술, 문학, 과학 등 인간의 정신적 문제와 조화시키려고 했다. 그리고 그는 가치의 위계질서를 최상위에 도덕적 만족, 과학적 발견, 예술적 창조가 있으며 그 다음 결사, 제도들이 오고, 보다 낮은 단계에 경제적 가치들이 있는 것으로 정리했다.[34] 그렇다면 홉슨에게 국가는 어떤 존재였을까? 국가는 경제적 차원을 넘어서서 그가 생각하는 가치의 위계질서의 보다 높은 부분을 관장하고 책임져야 할 기구였던 것이다. 그는 정신적 목적과 경제적 수단을 구분했다. 그 과정에서 그는 시민의 정신적 활동을 산업활동보다 우월한 것으로 설정했던 것이다.35)

그는 인간은 빵만으로 살 수 없고, 화려한 산업만으로도 살 수 없다고 보았다.36) 그에게는 인간은 정신적 존재였고 그래서 그가 추구한 민주적 국가는 바로 '정신적 국가'spiritual state였던 것이다.37) 그의 '정신적 국가'라는 개념은 다소 모호하기는 하지만38) 대체로 사람들이 자신의 정신적 욕구를 표현할 수 있는 수단을 가진 사회를 말하며, 물질보다는 정신이 지배하는 사회를 말하며, 이성이 분쟁의 궁극적인 중재자가 되는 사회를 의미했다.39) 홉슨Hobson은 다음과 같이 지적했다.

> 프랑스 혁명은 이성의 제단을 세웠다. 그러나 거기에는 치명적으로 빠진 것이 있었다. 이성이 경제적 요인에 의해 방해받지 않고 기능할 수 있는 매개체가 제공되지 않았던 것이다. 우리의 모든 역사를 통해 우리는 이성에 대해 입으로만 떠들었을 따름이다. 우리는 이성을 우리들의 지도원칙으로 놓은 적이 없다.40)

길드에 산업문제를 집중시키는 것도 홉슨에게는 국민을 정신적으로 지도하는 임무를 국가State에 맡기기 위한 하나의 방법으로 보여졌다.41) 길드를 통해 건강한 국민경제를 실현시키고 난 뒤 국가가 해야 할 역할은 이제까지 획득한 경제적 힘을 최고의 사회적 정신적 힘으로

전환시키는 것이었다.42)

국가는 행정부나 길드와는43) 다른 기능을 가졌는데, 타 기구들이 파생적 성격을 가졌다면 국가는 본질적으로 창조적인 성격을 지녔다.44) 그래서 홉슨Hobson은 국가의 일들이란 다른 기구들이 하는 일들과는 달리 매우 다양하고 끊임없이 변화하는 것이므로 기능이란 용어보다 임무, 역할, 태도, 의지 같은 용어가 국가 활동에 보다 적합하다고 생각했다.45) 또 국가는 징벌하고 처벌하는 역할보다 의사와도 같이 치료하는 역할을 맡아야 했다.46)

그런 전제에서 홉슨은 국가가 길드 사이에서의 분쟁에서건, 길드회의와 사회와의 마찰에서건 최종적인 중재자가 되어야 할 것이라는 입장을 표명했다.47) 그러나 코울의 해결책인 공동주권기구의 합동회의는 결국 합동회의기구가 영속적으로 존재할 수밖에 없는 상황을 몰고 올 것이라 보았으며, 끊임없는 마찰과 지연사태가 계속되어 결국은 공동주권 자체가 깨어져 버릴 것이라고 보았다.48) 두 왕이 서로 의견을 달리해 다투기를 계속한다면 정부 기능은 마비되고 교착상태가 지속될 수밖에 없을 것이다.49)

홉슨은 1914년의 한 글에서 길드회의가 처리할 수 없는 영역으로 여섯 개의 영역을 제시했다. 법률·의료·국방·외교·교육·중앙 및 지방행정이 그것인데, 그는 이 부분을 국가가 관장해야 한다고 주장했다.50)

홉슨은 국가가 생산수단의 소유자가 되어야 하며 국가는 자신의 재산을 길드에게 위탁하는 것이라 보았다. 그러나 개별길드는 길드 사이에 문제가 발생하지 않는 한 완전한 행동의 자유를 누리게 될 것이다. 재화의 생산, 가격매기기, 자본투자율의 결정 같은 것들을 독자적으로 결정하게 될 것이다. 단지 길드에 대한 국가의 과세만이 하나의 예외였다. 즉 국가의 예산은 산업길드로부터 나오게 되는 것이다.[51] 1920년의 한 분석에서는 이론이 보다 정교화되어, 주권기구로서의 국가가 최고의 위치에 있으면서 그 아래에 길드와 다른 기구들이 존재하는 다이어그램이 만들어졌다.[52] 여기서 길드는 비록 국가의 아래에 있지만 정부와는 동등한 지위를 갖는 기구로 간주되었다.[53] 그리고 정부와 함께 사법부와 국방부가 길드조직과 병존하며 정부는 식민·외교·의료·교육을 맡는 것으로 분석되었다.

길드와 국가의 중간쯤에 위치하는, 그래서 길드회의도, 의회도 전적으로 자신의 사무로 주장하기 어려운 영역이 존재할 것이라는 점도 인정되고 있다.[54] 그럼에도 불구하고 홉슨은 국가가 길드의 상위에 존재하는 최고 주권기관이라는 생각을 고수했다.[55]

결국 홉슨Hobson의 견해에 따르면 국가는 길드와는 독립되어 있고 그보다 상위에 존재하는 기구였다. 국가가 얼마나 우월한 기구인지는 국민의 도덕적 힘과 문화적 능력에 달려 있었다.[56] 부의 생산·교환·분배의 문제를 해결한 후 경제적 궁핍에서 해방된 사람들은 삶의 질을 한 단계 높이려는 노력을 할 것이고, 이 과정에서 지양된 정치체제가 나타나게 될 것이다. 그리고 여기서 위대한 정치적 지도력이 그 역할을 발휘하게 될 것이다.[57] 아울러 정신적 영역에서의 자유에 대한 추구도 이루어질 수 있게 될 것이다.[58]

3. 코울의 국가와 길드에 대한 생각-기능적 민주주의론

하지만 코울G. D. H. Cole은 민주적 대의정부이론에 대한 도전이라고
할 수 있는 정치적 다원주의political pluralism라는 교리를 제시했다.59)
그는 루소가 생각한 것과 같은 절대적 국가주권의 개념을 전면적으로
거부한 것이다. 코울이 보기에 단일주권이론은 독재사회에로의 초대
였다.60) 그는 1915년 아리스토텔레스학회에서의 발표에서 루소와
완전히 결별하고 전능한 정치적 민주주의의 자리에 기능적 민주주의
를 대체했다.61) 그는 사회조직의 원칙으로 기능의 개념을 제시했다.
국가를 포함하여 모든 인간들의 결사체는 기능적인 것으로 인식되었
다.62) 그래서 코울에게 기능의 개념은 민주주의의 진정하고도 핵심적
인 원칙으로 간주되었다.63)

그에 의하면 사람들이 조직하는 결사의 바탕에는 어떤 목적이 존재
했다. 사람들은 공동의 욕구를 만족시킬 목적으로 즉 공동의 목적을
실현시키기 위하여 결사체를 만들고 참여했으며 그런 모든 목적들이

다원주의 사회는 다양한 권력들의 집합체로서 존재한다고 보는 사상이다.
그러므로 다원주의적 사회관은 국가를 최고 권력으로 인정하지 않는다.
국가 역시 여러 권력들 중의 하나로 존재할 따름이다. 여러 권력들이 존재하
게 되는 이유는 인간들의 이해관계를 반영하는 조직이 단 하나가 될 수 없다고
보기 때문이다. 인간은 소비자로서, 생산자로서, 시민으로서의 이해를 드러
내고자 할 때 각기 다른 권력을 만들어 내어야 한다고 보는 것이다. 그러므로
사람들은 소비자, 생산자, 시민으로서 각기 다른 기능을 전제로 하여 여러
권력들을 만들어 내야 하는 것이다.

결사체들의 기능의 기초였던 것이다.[64] 결사체들은 사람들이 가진 공통의 목적을 표현하고 실현시키기 위하여 개인들의 의지에 의해 만들어진 기구인 것이다.[65] 이 점에서 그 성격에 있어 보편성을 띠는 각 개인과 결코 보편성을 띨 수 없는 특수하고 기능적인 결사체의 차이가 있는 것이다.[66] 코울Cole에게 사회는 바로 이런 결사체들이 상호작용하는 복합체interactive complex였다.

그러므로 이들 결사체들이 가진 기능들이 조화를 이룰 때 사회는 발전하게 되는 것이다. 코울Cole은 다음과 같이 주장했다.

기능은 각 개별 결사체의 궁극적 원인이라기보다는 결사체들의 통일성과 응집력의 밑바닥에 깔려있는 원칙인 것이다. 우리는 사회의 완전한 발전이 결사체들이 광범위하게 퍼져 나가는 것에 있을 뿐 아니라 다양한 결사체들의 성공적인 협동과 응집력에 놓여있음을 보아왔다. 이 응집력의 가능성은 각 결사체들이 자신의 사회적 기능을 수행하는 것에 의존한다. 다양한 결사체들이 각기 자신의 사회적 목적을 수행하는 한, 또 이들의 목적이 사회복지를 위하여 보완적이고 필요한 한, 많은 결사체들의 존재는 응집력 있는 사회를 만들게 될 것이다. 결사체들이 자신의 기능에 관계없이 작용할 때……사회는 응집력을 잃고 좌절되거나 지체될 것이다.[67]

이런 결사체들은 정치적, 직업적, 소비적, 종교적, 상호부조적, 자선적(자선단체), 사교적(기호클럽), 이론적인(학회) 결사체들로 나누어지게 되는데 국가는 이런 결사체들 중의 하나로 간주되었다.[68] 민족은 결사체와 구별되는 공동사회가 될 수 있으나 국가는 그러할 수 없는 하나의 결사이고 그 성격은 영토적 결사체인 것이다.[69] 그러므로 우리가 시민이라 부르는 국가의 구성원도 코울Cole에게는 국가의 회원으로 간주될 따름이다.[70]

이런 전제에서 볼 때 사회주의는 사회주의자들이 지배하는 국가를 통해서 생산수단을 공유화하고 산업을 재조직하는 것으로 성취되는 것이 아니었다.[71] 국가는 사회주의가 성취된 사회에서 그렇게 큰 의미를 지니지 않았으며 산업통제의 주체로도 부상하지 않았다.

더욱이 그는 현재 소위 "민주"국가라고 하는 나라들이 가지고 있는 '의회를 통한 대표체제'가 민주주의의 기본적 원리를 위반하고 있다고 보았다. 이 주장에 대해 그가 내세우는 근거는 두 가지다. 하나는 선거권자가 사실상 대표들에게 통제권을 행사하지 못한다는 것이다. 기껏해야 일정한 기간을 두고 대표를 바꿀 수 있는 힘만을 가지고 있을 뿐이라는 것이다. 두 번째는 선거권자가 한 사람을 뽑을 때 그 사람은 기껏해야 한 가지 문제에 대해서만 그를 대표할 수 있다는 것이다.[72] 왜냐하면 누구도 다른 사람을 모든 부분에서 대표하지는 못하며, 누군가 한 사람이 다른 사람들을 대표한다고 했을 때 기껏 그가 할 수 있는 것이라고는 그가 다른 사람들과 공유하는 목적을 대표할 따름이었기 때문이다.[73]

그래서 결국 지금의 의회는 모든 문제에서 모든 시민을 대표한다고 공언하지만, 사실은 어떤 문제에서 누구도 대표하지 않는 결과가 되고 마는 것이다.[74] 역으로 말한다면 민주적인 대표제가 운영되기 위해 두 가지가 확보되어야 하는 것이다. 첫째 선거권자들이 그들의 대표와 끊임없는 접촉을 유지하고 상당한 통제를 유지할 수 있어야 하며, 둘째 선거권자들은 특정한 목적과 연관하여 그들의 견해를 대표하는 방식으로 대표를 선출하여야 하는 것이다.[75]

이런 주장은 결국 현재의 의회제도는 실질적인 자치를 실현시키지 못한다는 주장으로 이어진다. 그것은 의회에 대한 진정한 **참여**와 **통제**가 구현되지 않는 것에 기인한다. 따라서 잘못된 대표체제 위에 성립된 현재의 국가는 민주사회와는 조화를 이루지 않는다는 결론이 나오게 되는 것이다.[76]

전능한 의회를 가진 국가라는 개념도 민주사회와는 맞지 않는 것이다.[77] 그에 의하면 모든 진정하고 민주적인 대표는 오직 기능적인 대표였다.[78] 그래서 사람들은 투표권도 여러 개를 가져야 했다.[79] 코울은 다음과 같이 지적했다.

> 국가는 대의정부라는 그릇된 이념에 기초하고 있다. 이것은 한 사람이 타인을 대표한다는 가정을 하고 있는데 이것은 틀렸다. 스미스Smith는 브라운Brown, 존스Jones, 로빈슨Robinson을 인간으로서 대표하는 것이 아니다. 스미스Smith는 명백한 사회적 목적과 관련하여 브라운Brown, 존스Jones, 로빈슨Robinson의 관점을 대표할 수 있을 뿐이다. 그러므로 브라운, 존스, 로빈슨은 그들이 조직행위를 할 수 있는 기능들의 수만큼 많은 투표권을 가져야 하는 것이다.[80]

대표가 대표하고자 하는 것은 사람들 모두의 의치나 개성이 아니며 단지 그들이 결사체에 부여한 의지의 부분이고, 결사체가 수행하기 위해 존재하는 목적들과 연관된 의지의 부분인 것이다. 이것이 진정한 대표제의 성격이다. 대표제는 결코 일반적이고 포괄적일 수 없는 것이다.[81) 그리고 이런 기능적 민주주의하에서야말로[82) 참여와 통제의 문제가 해결될 것이다. 왜냐하면 무언가를 아는 사람이 무언가를 아는 사람을 뽑는 상황이 될 것이고, 이런 과정이 모든 사람들에게 능동적 시민이 될 수 있는 기회를 부여할 것이기 때문이다.[83) 대표가 임기에 있는 동안 사람들은 그를 비판하고 조언하기를 계속할 것이며 최종적으로는 소환도 가능할 것이다.[84) 사회를 구성하는 모든 조직들이 민주적이 될 때 즉 진정한 대표제의 원리 위에서 구성될 때 비로소 참된 의미에서의 민주공화국이 수립되는 것이다.[85)

기능적 민주주의라는 근거에서 국가는 길드와 동등한 수준에 놓여지게 된다. 단지 국가는 지리적 기초에서 만들어진 기구들에게 요청되는 일들을 수행하는 기구일 따름이다.[86) 코울Cole의 생각에 의하면 국가는 권력의 원천이 아니며, 단지 동등한 여러 그룹들이 형성한 하나의 체계속의 일부인 것이다.[87) 비록 국가의 힘이 강하다 해도 그것은 본질적으로는 '동년배 중의 첫 번째primus inter pares'에 불과했다.[88) 그러므로 길드 사회주의 사회에서는 국가는 다른 기관과 마찬가지로 사회에서 자신의 독특한 기능을 수행하기에 필요한 만큼의 권력을 가지게 될 것이다.[89)

'전권을 가지고, 모든 것을 삼키고, 모든 것을 알며, 어디에나 존재하는'omnicompetent, omnivorous, omniscient, omnipresent 국가는 과거에나 존재했던 것이다.[90) 코울은 현대국가의 기능이 보편적이고 무제한적인 것에 대해 단연코 반대하는 것이다.[91)

이런 코울Cole의 생각은 전국길드연맹의 기본적 방향을 담은 스토링턴Storrington 보고서에서 제시된 내용들과 기본적으로 합치되는 부분이 많은데, 이는 그의 생각이 길드인들 사이에서 보다 큰 공감대를 형성했다는 반증이라 볼 수 있다. 스토링턴 보고서에서 국가는 '지리적 기초에서 형성된 사람들의 모임'으로 필요한 기구로 간주되긴 했으나, 기능적으로는 매우 제한된 것으로 보았다. 그리고 코울Cole의 견해는 시간이 지나며 전국길드회의 내에서 차츰 보편적 합의를 얻어내었다. 1915년 전국길드회의의 목적은 "국가와 협력하여 전국길드체제를 통해……을 이루는 것"이라고 명시했으나 1920년 회의에서 "국가"란 단어는 삭제되고 "사회의 다른 민주적 기능조직들"이란 용어가 삽입되었던 것이다.92)

스토링턴 보고서에 따르면 외교나 과세의 문제 등에서 국가는 다른 기능적 기구들과 상의해야 하며 그중에서 전국길드들National Guilds이 가장 중요한 기구가 되어야 했다.93) 길드가 국가와 대등한 관계에서 외교문제에 대해 협의해야할 기구로 간주된다면 국가는 이제까지의 전통적 의미를 상실하게 될 것이다. 국가는 과세를 요구할 수 있지만 이는 개인에게가 아니라 길드에 대해 요구하고 부과하는 형식이 되어야 했다. 과세를 위한 가격결정은 생산자와 소비자의 공동대표기구 같은 곳에서 다루어져야 했다.94) 보다 구체적으로는 조직된 소비자를 대표하는 국가, 조직된 생산자를 대표하는 길드회의 그리고 각각의 경우에 관련되는 특별한 길드가 공동위원회를 구성하는 것이다.95) 여기서는 생산자와 소비자 어느 쪽이든 모두 피해를 입어서는 안 된다는 의도를 읽을 수 있다. 여하튼 길드는 완전히 민주적이고 자율적이며 자신의 산업에 대한 재정문제를 스스로 해결할 것이다.

길드 사회주의의 국가관에서 볼 때 결국 당시의 국가는 그릇된 대표원칙 위에 조직되어 있었다. 즉 한 지역에서 선출된 사람이 그 지역에 잡다하게 모여있는 많은 사람들의 다양한 이해관계를 적절하게 반영할 것이라는 그릇된 가정에 기초하고 있었던 것이다. 코울Cole은 모든 것과 관련하여 자기를 대표할 한 사람을 뽑도록 요청한다는 것은 자기를 모독하는 행위라고 주장했다.96) 민주주의는 기능적 대표제의 조정된 체계로 간주되어야 했던 것이다.97) 국가는 그런 전제에서만 긍정적 의미를 지닐 수 있었다.

그럼 국가는 누구를 대표하는가? 코울Cole에게 국가는 생산자를 대표하는 기구가 될 수는 없었다. 그러나 국가가 소비자를 대표하는 기구가 될 수는 있었다. 소비자로서의 시민들의 이해관계는 대체로 일치하므로 그들의 이해를 대표하는 하나의 조직을 가질 수 있고 여기서 국가는 소비자를 대표할 수 있었기 때문이다. 코울Cole이 광산의 공동통제를 요구해 위원회의 반수가 광산노조로부터 나오고 나머지 반이 국가로부터 나올 것을 주장했을 때 국가로부터 나오는 반수는 바로 소비자를 대표하는 사람들이었던 것이다.98) 생산자로서의 시민들의 이해관계는 일치하지 않으므로 국가가 생산자의 이해를 대표하는 단일한 조직이 될 수는 없었다.

코울Cole의 교리는 경제적 측면에서는 소비자의 권리와 생산자의 권리를 조화시키려는 노력을 보여 준다고 할 수 있다. 길드조직은 생산자의 요구를 충족시켜 주기 위해 생산조건을 통제해야만 한다. 반면 국가는 한 국가 내에서 재화의 공급과 생산물의 공정한 분배라는 소비자의 요구를 충족시켜 주기 위해 가격과 소득분배를 통제해야만

하는 것이다. 길드회의가 직업을 기초로 한 생산자 일반을 대표한다고 하면, 국가는 영토를 기초로 한 소비자 일반을 대표한다고 볼 수 있다.99)

그래서 코울Cole은 동등한 권위를 갖는 두 개의 입법기구가 존재해야 한다고 주장한다. 의회는 소비자들을 위한 입법기구가 될 것이고 길드회의는 생산자를 위한 입법기구가 될 것이다.100) 하지만 이 양기구 사이에서 마찰이 일어난다면 어떻게 할 것인가? 게다가 국가는 정치적 의무들을 가지고 있다. 따라서 국가와 길드의 기능들에 대해 정확하게 정의를 내리기 어려운 점 때문에 이들의 이해관계나 능력은 충돌을 하게 된다. 그 결과 길드나 국가의 상위에 있는 조정기관이 그런 갈등을 해결하기 위해 필요해질 것이다.

여기에 대해 스토링턴Storrington 보고서가 제시한 해결책은 길드회의와 국가가 동시에 대표되는 합동회의기구를 구성하는 것이었다.101) 그리고 코울Cole은 국가와 주권을 인정하지 않는 대신 그 자리에 코뮌commune을 대체시켰다.102) 그러나 코뮌은 결코 국가기구의 연장선상에 있는 것이 아니었다. 코뮌은 **기능적 단체들의 집합체**로 형성될 것이다.103) 여기에는 또 생산자와 소비자가 동등하게 대표될 것이다.104) 길드 사회주의의 원칙은 특별한 기능적 기구들뿐만 아니라 코뮌commune의 기구들이 자발성과 자치성을 가질 것을 요구하고 있다.

코울Cole은 길드사회에서의 조정기구인 코뮌은 국가와는 본질적으로 다른 구조를 갖는다고 보았다. 이것은 기능적 결사체들의 연합이 되어야 하며 생산자, 소비자의 다양한 기능적 조직들의 위원회를 대표하는 것이어야 했다.105) 코뮌은 생산자를 대표하는 산업길드와 공민길드의 대표자와, 소비자를 대표하는 협동조합의 대표들이 위원회를 구성할 것이다. 이런 코뮨은 국가 위에 존재했다. 왜냐하면 국가는 조정기능을 가질 수 없었던 반면, 코뮨은 조정기능을 가지고 있었기 때문이다. 만약 국가에 조정기능을 부여한다면 국가는 자신과 다른 기능적 결사들 간의 조정작업을 맡아야 하는데, 당사자 자신이 스스로 조정자가 될 수는 없었다.[106] 게다가 국가 자신이 조정자가 된다면 국가는 다른 사회조직 위에 군림하게 될 것인데, 그렇게 되어서는 안 되었다. 그래서 국가와는 성격이 다른 기구가 존재하게 되는 것이다. 여기에 코뮨이라는 명칭이 붙여졌다. 이 기구는 입법기구라기보다는 사법기구며 민주적 대법원과도 같은 것이었다.[107]

그러면 지역local, 광역regional, 전국적인national 조직에 걸쳐 코뮨commune은 어떤 일을 하는 것일까? 여기에 대해 코울은 다음과 같은 네 가지 기능을 제시했다.

첫째, 코뮨은 자원배분과 가격에 대한 통제를 포함하여 재정문제에 대하여 중요한 의무를 가지게 될 것이다.
둘째, 코뮨은 여러 기능적 기구들간의 이견들을 조정하게 될 것이다.
셋째, 코뮨은 다양한 기능적 기구들간의 경계를 획정하는 문제에 대해 권력을 행사할 것이다.
넷째, 군대를 통제하는 문제 같은 강제기능을 수행할 것이다.[108]

이 네 가지 기능을 들여다보면 결국 강제기구의 운영, 재정권의 운영, 정책조정과 경계의 획정으로 요약된다.

코울의 순수한 이론대로라면 코뮌은 서로 다른 여러 기능적 집단의 대표들이 모여 이해가 엇갈리는 부분들에 대하여 합리적인 조정을 하는 기구가 될 것이다. 하지만 이런 조정의 가능성은 각 집단들의 양보를 전제로 해야 할 뿐만 아니라 인간의 합리성에 대한 강한 믿음이 전제되어야 한다. 그러기에 무능한 코뮌보다는 전능한 국가가 낫다는 주장도 가능해지는 것이다.[109]

하지만 코울Cole이 코뮌에 부여한 내용을 보건대 코뮌은 그의 유보에도 불구하고 상당히 주권적인 것으로 비쳐진다. 코뮌이 군대를 통제하는 기능을 갖게 한 부분에서 그런 경향은 더욱 진하게 배어 나온다. 그래서 코울이 새로운 국가를 만들기 위해 기존의 국가를 파괴했다고 보는 견해도 있다.[110]

그러나 정치 권력의 자의적이고 억압적인 경향이 길드 사회주의사회에서는 보다 줄어들 것이라는 예상은 가능하다. 왜냐하면 길드 사회주의체제는 권리와 의무를 보다 정당하게 배분하려 하고 있고, 정치 권력의 기능과 내용 중 많은 부분들을 지역기구에로 이관시키려하며, 또 고도로 중앙화된 체제에 내재적인 권력의 자의적 경향을 배제시키려 하기 때문이다. 코울은 길드인들이 '연방주의적' 무정부주의자들과 유사한 부분이 있다고 했지만, 길드인들이 권력의 문제를 전혀 도외시했다고 볼 수는 없다.[111]

결국 길드 사회주의는 권력의 문제를 국가사회주의와 무정부주의 사이에서 해결하려고 하였다. 국가사회주의는 빈곤과 경제적 부정의를 시정할는지는 모르지만 결국 인간의 창의력을 제한하고 지금보다 더욱 통제가 심한 사회를 낳게 될 것이라는 위험을 안고 있었다.

반면 무정부주의는 통제를 없애고 인간의 창의력을 풀어놓을지는 모르나 온갖 종류의 폭력을 풀어놓고 결국은 군사독재로 종식을 고하게 될 것이다. 당시의 자본주의가 안고 있었던 억압적 성격, 잔인하고 무절제한 측면 등은 사회 변화를 절실히 필요로 했지만, 권력을 전적으로 국가에 부여하거나 정반대로 권력을 없애 버리는 것은 올바른 해결책이 되지 못했다. 국가는 남게 되겠지만 그 성격은 변화될 것이다.

러슬B. Russell은 그가 길드인이 된 이유를 길드 사회주의가 바로 이러한 문제, 즉 폐기할 수 없지만 방치할 수도 없는 관리의 대상으로서의 '국가 권력의 제자리 찾기 문제'에 가장 적절한 답을 주었기 때문이라고 설명했다. 즉 길드 사회주의는 빈곤과 경제적 부정의를 치유하면서도 인간의 자유와 창의력을 최대한으로 보장해 줄 수 있는 국가에 대한 대안을 제시한다고 생각되었던 것이다.112)

4. 페이비언들의 국가론과의 비교

먼저 이 두 사회주의 사상이 국가와 관련하여 보여 주는 공통적인 인식을 다음과 같이 지적해 보고 싶다.

첫째, 양자 모두 권력의 분산에 유의하고 있다는 점이다. 길드 사회주의는 국가가 중앙집권적 기구가 되어서는 안 된다는 점을 주장하고 있다.113) 국가 권력은 여러 개의 층위로 나뉘어져야 했으며, 그것은 국가, 주, 시, 읍 등의 차원에서 각기 대표기구를 갖는 형식이 되어야 했다.114) 권력분산의 필요성에 대한 강조는 페이비언 사회주의도

페이비언 1880년대에 만들어진 페이비언 협회Fabian Society의 명칭이다. 페이비언은 로마 공화정 시대의 장군 파비우스Fabius에게서 따온 것이다. 파비우스는 로마가 포에니 전쟁을 치르던 당시 한니발과 맞붙었던 장군이다. 그런데 그의 전략은 특이하게도 한니발과의 전투를 피하는 것이었다. 한니발과의 싸움을 계속 피하면서 전투를 지연시키는 방법으로 그는 전쟁을 유리하게 끌고 나갈 수 있었다. 영국의 사회주의자들은 파비우스처럼 느리게 움직이지만 끈질기게 목표를 향해 나아간다는 의미에서 페이비언 이란 명칭을 자신들의 협회이름에 붙인 것이다.

마찬가지다. 페이비언 사회주의는 자치시를 단위로 하여 권력의 광범한 분산을 요구하고 있다.

길드 사회주의자들은 길드운동이 전국노조가 아닌 지방 혹은 지역 노조에 근거해야 한다고 주장한다.115) 중앙집권기구와 거대한 노예 국가화에 반대하는 것이 길드 사회주의의 중요한 특징이다.116)

양 사회주의 모두 '이웃의 감정'이 살아 있을 정도의 권력분산 상태와, 또 칭찬과 비판의 언로가 열려 대표에 대한 시민통제가 가능한 사회 상태에 도달할 것을 추구하고 있다.117) 코울Cole은 다음과 같이 지적했다.

진정한 통제를 위해서는 선거인 모두가 지역사회 의식을 가져야 하며, 대표들에게 압력을 가하기 위해 단결할 수 있어야 한다.……선거 인 전부가 그들의 이상을 서로 논의할 수 있고 또 그들이 자신을 분명히 정의된 사회적 단위의 시민들로 간주한다면 이것은[진정한 통제는] 확보될 것이다.118)

둘째, 양자가 모두 사회 내의 기능에 따라 조직을 이원화하고 있다는 점에서 사고의 발상이 유사함을 엿볼 수 있다. 길드 사회주의는 길드를 전국길드와 지방길드로 나누고 있다. 페이비언 사회주의는 공유화의 단위를 국가와 지방시로 나누고 있다. 나아가 페이비언들이 산업의 내용에 따라 국가와 지방이 공유화해야 할 산업의 대상을 구분하듯 길드인들은 길드가 누릴 자율성의 정도를 같은 방식으로 구분하고 있다. 즉 철도나 수송 같은 부분을 페이비언들이 산업의 성격상 중앙통제가 필요하고 그래서 국유화해야 할 대상으로 보았듯이 길드인들도 이 부분의 길드는 상당한 정도로 중앙통제가 필요한 길드로 간주했다.[119] 또 행정의 실제적 단위로 중앙보다 지방정부를 중요시하는 점에서도 유사하다. 페이비언들은 지방정부의 기능이 중앙정부보다 월등히 중요하다고 보았고 그런 주장은 시영화의 정도를 강조한 데서 극명하게 드러났다. 다음과 같은 인용은 좋은 보기가 될 것이다.

개인주의자인 시의회 의원은 시유도로를 따라서 걷게 될 것이다. 이곳은 시영가스로 불이 켜지고, 시영수도와 시영 청소차로 깨끗이 청소되고 있다. 이윽고 그는 시영시장에 있는 시유의 시계를 보고 그가 시립정신병원과 시립병원에 가까이 있는 시립학교로부터 돌아올 자기의 아이들을 만나기에는 너무 이르다는 것을 알게 된다. 그는 그들에게 시민공원을 통해서 걸어오지 말고 시영 전철을 이용하여 오라고, 그래서 시립독서실에서 만나자고 국유전신제도를 이용하여 전한다. 그런데, 이 독서실 옆에는 시립미술관과 시립박물관, 시립도서관이 있다.[120]

길드 사회주의 역시 지방정부가 사회생활의 실제적 단위가 되어야 한다고 보며 광역시province보다 큰 단위는 조정 행위의 영역이지 실제 행정의 단위로는 적합치 않음을 지적한다.[121] 그와 함께 지방과 전국의 유기적 연결이라는 방법론에 있어서도 동일한 발상을 하고 있다.[122] 페이비언들은 중앙기구와 지방기구의 상호연결을 제안하는 것을 볼 수 있다.[123]

셋째, 양 사상 모두에서 조직은 중요하게 여겨지며 나아가 조직된 사회에 대한 전망을 지니고 있다는 점이다.[124] 그러나 조직은 조직 자체를 위해 필요한 것이 아니라 협동을 위해 필요했다. 따라서 공동체 감정 같은 조직되지 않은 형태의 협동이 매우 중요했다. 즉 조직은 중요하지만 그 자체가 목적은 아니었다. 조직은 인간의 협동을 이루어 내기 위한 수단으로서의 의미를 지녔다.[125] 조직에 앞서 개인이 중요했으며, 사회는 개인을 위해 존재해야 했던 것이다.[126] 따라서 권력은 개인에 앞설 수 없는 것이다.

그러나 그들이 지향하는 국가의 모습과 원리에 대한 이런 유사성에도 불구하고 이들 두 사회주의가 국가를 바라보는 관점에는 큰 차이가 있었다.

페이비언들이나 길드인들은 당시의 국가가 부르주아의 손에 장악되어 있다고 보는 점에서는 유사하지만, 그러한 국가기구가 어떤 기능을 해야 하며 또 어떤 방식으로 변화될 수 있는가 하는 점에 대해서는 커다란 인식의 차이를 보여 주고 있다. 그러한 차이는 길드인들과 페이비언들이 산업통제의 문제에 대하여 지녔던 생각에서 두드러지게 나타난다. 따라서 두 사상의 국가론은 산업통제의 문제와 자연스럽게 연결될 수밖에 없다.

길드 사회주의의 산업통제론은 다른 곳에서 보다 상세히 다룰 것이지만 국가를 인식하는 차이를 끌어내기 위해 산업통제의 문제를 원용해 보기로 하겠다.

페이비언들은 산업통제의 문제를 소비자민주주의로 귀착시켰다. 페이비언들은 생산수단의 소유와 통제의 궁극적인 주체를 소비자들에게서 찾은 것이다. 그것은 그들이 인간의 지위 중에서 가장 보편적인 지위를 소비자에게서 찾았기 때문이다. 그들은 광산은 누가 소유하고 통제해야 하는가에 대한 질문을 던졌다. 그리고 여기에 대한 여러 가지 답변을 내려 보았다. 석탄의 생산자인가? 석탄의 소비자인가? 미래의 자원에 관심이 있는 시민인가? 여기에 대해 페이비언들은 석탄소비자들이 최종적인 소유자며 통제자가 되어야 한다는 답변을 제시한 것이다.[127]

그런 인식의 바탕 위에서 페이비언들은 조직된 소비자집단을 찾았다. 그리고 그들은 자치시조직과 국가조직을 찾아내었다. 자치시와 국가는 협동조합과는 구별되는 강제적 소비자조직이었던 것이다.[128]

페이비언들에게 자치시와 국가는 산업사회의 수많은 재화와 서비스를 제공하는 조직으로 비쳐졌고, 나아가 시민들의 실질적 필요를 충족시키고 삶을 풍요롭게 만드는 적극적 기구로 간주되었다.

페이비언들은 국가의 자율적 개혁능력을 인정했다. 정치적 민주주의를 통해 국가는 스스로를 개혁할 수 있다고 본 것이다. 페이비언들은 영국의 부르주아가 1832년 선거로 국가를 장악했다고 보았지만, 부르주아가 장악한 국가를 새로운 선거를 통해 다른 계급이 넘겨 받을 수도 있다고 보았다. 다른 계급이 국가를 장악하게 된다면 국가는 부르주아의 이해관계를 담보하는 국가의 성격을 벗어던질 수 있을 것이다. 국가는 개혁을 추진하는 주체로 기능할 수 있게 되는 것이다.

페이비언들에게 현재 국가가 갖는 계급도구적인 의미는 영구히 고착된 변경 불가능한 것으로 보여지지는 않았다. 그런 측면에서 본다면 페이비언들은 당시의 국가가 특정계급의 이해관계를 대변한 다는 생각을 가지고 있었던 것이다. 그러나 국가는 정치적 민주주의를 통해 다른 계급의 이해관계도 대변할 수 있었다. 그래서 천만이든 천오백만이든 대다수 선거민의 동의를 통해 새로운 정부를 구성하기 만 하면 국가는 이전과는 다른 새로운 면모를 지니게 될 것이다. 페이비언들은 현재의 의회를 통해서도 의미있는 변화를 끌어낼 수 있다고 보았으며, 국가간섭을 증가시킴으로써 그들이 의도하는 새로 운 사회로의 변화를 유도해 낼 수 있다고 믿었다.[129]

페이비언들은 국가 자체의 중립적 성격을 믿기보다는 국가가 가진 편향성은 인정하면서도 그런 편향성이 그들의 여러가지 방법들 예컨 대 '침투permeation의 방법'과 같은 것을 통해 변경 가능할 것으로 보는 국가관을 가지고 있는 것이다.

그러므로 페이비언들의 산업통제론의 관점에서 볼 때 국가는 절대 적으로 필요한 기구였다. 단지 페이비언들에게 당면한 과제는 국가의 성격을 변화시키기 위하여 국민의 동의에 입각하여 국가 권력을 장악 하는 것이었다.[130]

반면 길드인들의 국가에 대한 생각은 판이하다. 그리고 그것은 역시 그들의 산업통제론과 연결되어 있는 것이다. 길드인들은 산업통제의 주체로 소비자와 생산자를 함께 설정했다. 그러나 그 중에서도 생산의 주체인 생산자들이 생산수단의 통제를 담당해야 한다고 생각했다. 그 결과 국가보다는 길드조직이 산업통제의 핵심적 역할을 담당할 것으로 기대되었다.

길드 사회주의자에 따르면 사회는 기능적인 기초에서 조직되어야만 완전히 민주적인 사회가 될 수 있었다. 그러므로 민주사회로 나아가기 위해서는 각 기능들의 단위마다 각기 분리되어 선출된 대표들이 존재해야 했다. 길드는 이런 관심의 바탕 위에서 만들어진 조직이었다.

홉슨Hobson에 의해 "사회의 특정기능을 책임있게 수행하기 위해 조직된 서로 의존적인 인간들의 자치단체"로 정의된 길드는 물론 중세의 길드나 현대의 노동조합과는 달랐다. 가장 중요한 차이점은 길드는 직종별이 아니며 산업별로 조직되어야 한다는 것이다. 즉 길드는 길드 구성원이 무엇을 하느냐에 따라서가 아니라 그가 무엇을 만드느냐에 따라서 조직되어야 하는 것이다. 길드가 육체노동자와 두뇌노동자 모두를 포함하고 있다는 점도 중요한 차이로 지적되었다.131) 길드는 한 산업을 효율적으로 운영하기 위해 필수적인 모든 노동자를 포함해야 하는 것이다. 길드는 육체노동자들의 단순한 연합조직이 아니라, 사무직 노동자들과 경영자들까지도 포함하는 노동계급과 중간계급의 협동체였던 것이다.132)

길드는 노동조합과는 다른 또 하나의 특징을 가지고 있었다. 그것은 길드가 산업통제에 관여한다는 점이다.133) 즉 철도노동자와 광부들은 그들이 산업통제에 참여하게 되기를 요구하고 있다는 것이다.

스토링턴 보고서에 따르면 이것이야말로 산업에 민주주의를 도입하는 것이었다.[134]

길드가 산업통제를 넘겨 받게 되는 경향이 현실적으로 나타날 것이라는 점도 지적되었다. 산업이 발달할수록 노동자들이 산업통제에 참여하게 되는 경향이 나타날 수밖에 없게 되는 이유는 노동자들의 협조가 점점 더 필요해지기 때문이었다.[135] 코울은 고용주들이 노동자들의 협조를 이끌어 내지 못해 산업은 점점 비효율적이 되어갈 것이라고 주장했다. 노동자들이 교육을 통해 현실의 모습을 제대로 볼 수 있게 됨에 따라, 노동자들은 현재와 같은 상황에서는 더 이상 그 산업의 운영에 협조하려 하지 않을 것이다. 코울은 "광부들이……석탄을 캐내려 하지 않을 때……석탄을 캐내 오게 할 힘은 지구 어느 곳에도 존재하지 않으며" 필요한 것은 광부들이 기꺼이 석탄을 채굴하도록 할 제도를 고안하는 것이라고 주장했다.[136]

결국 한 산업에 종사하는 사람들의 의지가 집약된 기구인 길드가 산업의 통제를 떠맡으려는 경향이 나타날 수밖에 없는 것이다. 길드는 길드 구성원의 보호나 집단교섭 같은 작업보다도 재화를 생산하고 산업을 효율적으로 운영하는 것에 관심을 가졌다. 길드는 직접 생산과 분배의 문제에 관심을 가지며 보다 능률적인 생산, 경제적인 분배에 대한 고려를 하는 것이다.[137]

이런 제안은 결국 노동하는 사람들에 의하여 그들의 산업이 자율적으로 통제되어야 한다는 것을 의미했다. 길드인들은 이것이 바로 산업에서 민주주의가 구현된 모습이라고 보았다. 코울은 「산업에서의 자치」에서 노동자의 산업통제는, 첫째 인간으로서 누려야 할 안정과

126

급여의 제공, 둘째 고용자, 실직자에 대한 동일한 급여의 제공, 셋째 동료들과 협력하여 생산조직을 통제하는 것, 넷째 그의 노동생산물에 대한 요구 등을 실현시킬 것으로 보았다.[138]

이 네 가지 사항은 결국 자치를 통해서 자유를 획득하고(셋째), 평등을 달성하게(둘째) 된다는 것, 그리고 정의를 구현하는 것과(넷째) 인간다운 삶의 회복을(첫째) 이룩하게 될 것이라는 점을 의미하고 있다.

이와 같이 자치를 추구하는 길드 사회주의는 위로부터 지명된 감독자들을 받아들이지 않으며 노동자들이 선택한 감독과 경영자 아래서 노동할 권리를 요구했다. 만약 국가가 자본가의 자리를 대신한다 해도 상황은 별 차이가 없을 것이라고 보았다. 보다 나은 임금과 작업조건이 확보될는지 모르지만 노동자는 여전히 하나의 나사처럼 취급될 따름이다. 단지 국가가 또 다른 주인이 되어 군림할 따름이다.[139] 그래서 국유화 즉 산업을 국가가 경영한다는 생각은 '자본가의 마지막 카드'가 될 수도 있었다. 노동자들이 잘 조직되지 않은 곳에서 국유화는 위험한 대안이었다.

그러므로 페이비언들이 생각했던 것과 같은 산업통제의 주체로서의 국가의 역할은 길드인들에게서는 기대되지 않았다. 그렇다고 하여 국가의 역할이 완전히 배제되는 것은 아니었는데 그 역할과 기능은 길드 사회주의의 주창자인 홉슨Hobson과 코울Cole 사이에 차이가 있었다. 홉슨은 산업통제의 주체로서 길드가 중요한 역할을 해야 한다는 데에는 코울에 동의하지만, 국가가 길드 위에서 더욱 중요한 역할을 해야 한다고 보는 점에서 코울과 차이를 보인다. 홉슨은 국가는 경제적 차원의 일들을 넘어서서 그리고 경제문제가 해결되고 난 바탕 위에서 정신적 차원의 일을 수행해야 한다는 입장을 가졌다. 홉슨에게 국가는 여전히 주권적인 기관이었으며 한 사회를 결집시키고 사회가 나아갈 방향을 제시하는 지도적인 지위를 잃지 말아야 할 최고의 기구였던 것이다.

반면 코울에게 국가는 한 사회에 존재하는 다른 여러 기구나 조직처럼 특정한 기능을 수행하는 하나의 조직에 불과했다. 국가는 지역에 기초한 사람들이 모여 결성한 하나의 조직일 뿐이었다. 국가는 전지전능한 주권기구로서의 의미를 상실하게 되며, 이제까지 국가가 지녀온 권위를 상실하게 되는 것이다.

그러므로 길드 사회주의에서 국가는 논자에 따라 서로 다른 의미를 가지게 된다. 국가는 어느 쪽에서도 산업통제의 주체로서의 의미를 갖지 않지만, 그 의미가 사라진 공간에 홉슨Hobson은 정신적 지도능력이란 보다 큰 의미를 삽입한 반면, 코울Cole은 그 공간을 공백으로 남겨 둔 상태에서 국가조직의 의미를 다른 조직과 동일한 선상에 병렬시켜 버린 것이다.[140]

그리고 길드인들에게 자본주의사회에서의 국가는 사회 변화를 이루어 낼 자율적 개혁능력을 가진 기구로 비쳐지지 않았다. 왜냐하면 정치적 민주주의를 달성함으로써 경제적 측면에서의 개혁도 자연스럽게 이루어질 것이라고는 생각하지 않았기 때문이다. 따라서 정치적 민주주의를 통해 지금과는 다른 세력이 국가를 장악한다 해도, 국가가 개혁의 주체로 등장해 실효성 있는 개혁을 이루어 내지는 못할 것으로 보았다. 변화는 국가가 아니라 경제적 영역에서 일어나는 민주주의의 여파와 결과로부터 파생되는 것이다.

국가는 경제적 영역에서 일어나는 변화의 바탕 위에서 어떤 의미를 지녔다. 홉슨Hobson에게 국가는 매우 적극적인 의미를 지니게 되고 코울Cole에게 국가는 소극적인 의미를 지니게 되지만, 이 둘의 공통점은 어느 쪽의 경우에도 국가가 경제적 영역에서의 변화를 유도하는 데 큰 역할을 하지 못할 것으로 본다는 점이다. 그래서 설혹 영국의 노동당이 길드 사회주의를 받아들인다 하더라도 길드 사회주의가 추구하는 진정한 경제적 변화를 이루어 내지는 못할 것이라고 보았다.[141] 홉슨의 경우 국가는 매우 적극적인 의미를 부여받지만 그것은 경제적 영역의 변화가 이루어지고 난 다음 국가가 정신적 지도자로 부상해야 할 책임을 언급하고 있는 것이다.

경제적 민주주의를 달성하는 과정에서 국가의 역할은 길드인들에게 강조되지 않는다. 그것은 자본주의사회에서 이루어져야 할 근본적 변화는 경제적 영역에서의 힘의 재분배였기 때문이다. 변화는 여기서부터 일어나야 하지만 국가는 그런 변화를 유도할 능력에 한계가 있다고 길드인들은 주장한다. 결국 위로부터의 개혁은 저항에 부딪히게 되고 한계를 드러내게 될 것이다. 그러니 변화는 개별 조직들 안에서 일어나는 아래로부터의 도전에 의해 실현되어야 했던 것이다.

그러므로 길드인들의 국가론은 국가가 생산수단의 소유와 통제력을 모두 행사하고, 국가가 개혁과정에서 움직일 수 있는 여지를 풍부하게 가정하고 있는 페이비언들의 국가론과 비교해 볼 때 국가 기능의 측면과 국가 위상의 측면에서 뚜렷한 차이점을 보여 준다고 할 수 있겠다.

5. 맺음말

처음으로 돌아가 국가론이라고 할 때의 각기 다른 세 가지 측면에 대한 길드인들의 생각을 정리해 보자.

먼저 현실로 존재하는 국가에 대한 길드인들의 입장인데 여기에 대해 길드인들은 국가는 특정한 세력을 반영하는 최고의 권력기구라고 보고 있다. 길드인들이 파악한 당대의 국가는 자본가계급이 장악한 권력기구였다. 정치적 민주주의 기구가 작동하고 있었다 해도 그것은 진정한 민주주의를 실현시키지는 못했다. 산업부문과 각 작업장에서는 민주주의가 실현되지 못한 채 여전히 비민주적 제도와 관행이 시행되고 있었고 여기서 세력을 장악한 자들이 사실상 국가 권력을 장악하고 있었던 것이다. 그러므로 길드인들은 자본주의사회의 국가는 정치적 민주주의가 시행되고 있느냐의 여부를 떠나 결코 중립적이지 않다는 결론을 내리고 있다. 경제력을 장악한 계급이 현재의 국가를 지배한다고 보았으므로, 국가기구의 성격을 근본적으로 변화시키려면 민주주의 원리를 정치적 분야가 아니라 경제적 분야에서 실현시켜야 한다고 보았다. 홉슨Hobson과 코울Cole은 이 점에서 생각이 동일하다.

다음으로 길드인들이 바라 보는 국가, 즉 길드 사회주의의 원리가 관철되는 사회에서 당위론적으로 존재하게 될 국가는 어떤 성격을 지니게 될 것인지에 대한 길드인들의 생각이 있다. 여기에 대하여 길드인들은 국가는 경제적 문제나 산업을 운영하는 문제에 대하여는 관여하지 않는다는 입장을 가지고 있다. 국가는 정신적 지도능력을 발휘하든 그렇지 않든 산업통제의 주체는 아닌 것이다. 길드조직이 산업통제의 주체로서 그 역할을 맡는 상황에서 국가의 영역은 경제적 부문과 분리될 수밖에 없고 국가의 역할은 축소될 것이었다. 경제적 민주주의는 길드를 통해 실현될 것이다. 더욱이 코울Cole에 의해서는 국가는 최고 주권기구로서의 의미조차 상실하게 되고, 사회 내의 다른 조직들과 동렬에 서서 하나의 기능적 조직의 의미를 얻게 될 뿐이다. 국가 권력은 이처럼 민주적 체제의 한 부분으로만 존재하게 될 것이라고 길드인들은 전망했다.

길드인들은 하나의 사회운동 세력이었으므로 그들이 의도하는 사회개혁의 노력과정에서 국가가 어떤 능력을 가질 수 있는가에 대한 생각도 중요한 문제였다.

길드인들의 주장을 살펴보면 길드인들은 국가의 개혁능력에 대해 회의적이었다는 것을 알 수 있다. 그렇다면 의회 자체를 기만적 부르주아기구로 보고 완전히 불신했다는 것일까? 이런 주장에 길드인들이 전적으로 동의하고 있다고는 보여지지 않는다. 길드인들은 의회라는 기구 자체가 부르주아적 성격에서 벗어날 수 없다는 입장이라기보다는 설사 의회가 정치적 민주주의 과정을 통해 그 구성이 변화된다 해도, 그래서 부르주아의 의회장악력이 깨어진다 해도 의회의 활동 자체가 사회변화를 추진하는 데 한계를 안고 있다는 입장을 가지고 있다.

길드인들은 노동당이나 사회주의 단체의 정치인들을 설득하고, 노동당 정부를 설득해 산업통제의 형태를 변화시키려는 희망을 한편으로는 안고 있었다.142) 국가를 부정하지 않고, 유지하고 이용하려 했다는 점에서 길드인들은 결코 신디칼리스트는 아니었다.143) 길드 사회주의는 국가 자체를 불필요한 것으로 보는 무정부주의적 생디칼리즘과는 상이한 국가관을 가졌고,[144] 방법론에서도 국가기구를 철저히 불신하고 의회를 부르주아의 타협과 협상기구 정도로 간주하는 신디칼리스트와는 견해 차이를 보여주었다.[145] 길드 사회주의와 신디칼리즘은 정치적 민주주의 혹은 의회민주주의의 기만성을 포착했다는 점에서, 정치적 민주주의가 자본에 의해 행사되는 사회적 독재를 은폐하는 위선적 기능을 하고 있다는 점을 간파한 점에서 유사성을 가질 뿐이다.

국가기구의 체제변경 능력자체를 불신한다면 국가가 사회의 제도와 구조를 바꾸어 놓은 역사적 경험들, 즉 구소련과 중국 같은 몇몇 나라들의 경우는 설명할 길이 없다. 그러므로 체제를 바꾸어 놓은 내용이 좋으냐 나쁘냐의 문제를 차치하고 현실적으로 국가가 갖는 체제변경 능력을 부정할 수는 없다고 생각된다. 단지 문제는 국가가 좋은 방향으로 변화를 이루어 낼 수 있느냐 하는 것이다.

먼저 혁명적 방법은 길드인들의 역사변화에 대한 견해에 비추어 볼 때 신뢰할 수 없었다. 코울Cole은 『사회이론Social Theory』에서 사회구조가 급격히 몰락한다거나 급진적으로 바뀌어 진다는 생각을 배격했다. 그는 변화가 낡은 사회적 형태로부터 새로운 사회적 형태가 나타나는 방식으로 진행되며, 사회적으로 그 효용을 잃어버린 제도들을 추방하고 새로운 제도가 대체되는 방식으로 완성될 것이라고 보았다.[146]

그러므로 체제의 변화는 누가, 어떤 세력이 어떤 마음을 가지고 추구하든 급격하게 인위적으로 실현될 수는 없었다. 그런 시도는 좋은 의도를 가지고 출발한다 해도 결국 역사 속의 기형체를 만들어 내는 것으로 마감하고 만다는 것이 길드인들의 생각이었다.

그러면 남은 문제는 국가가 점진적인 방법으로 체제변화를 유도하려 할 경우이다. 이 경우 길드인들이 보기에는 국가가 체제의 후퇴나 중단 왜곡 없이 사회구조를 변경하거나 체제를 수정할 능력은 그렇게 신뢰할 만하지 못했다. 왜냐하면 현재의 국가를 구성하는 원리인 정치적 민주주의가 진정한 대표제를 구현하지 못하는 데다가 개혁에 대한 여러 저항들에 국가가 쉽게 기만당한다고 생각했기 때문이다.[147] 그러니 노동자들이 국가에 구원을 기대하는 것은 별 소용이 없으며, 국가로부터 무엇인가 얻어낼 수 있는 것은 경제적 압력의 정도와 정확히 비례하게 될 따름이었다.[148] 그러므로 길드인들은 국가를 장악하려는 노력을 하기보다는, 삶의 현장, 노동의 현장, 각 작업장에서 민주화를 추구해야 한다고 보았고, 이러한 밑으로부터의 변화를 통하여 진정하고 튼튼한 변화를 이루어 낼 수 있다고 믿었다. 이처럼 국가는 모든 것을 이루어 낼 수 있는 권력기구도 아니었으며, 그렇기 때문에 또한 집권하기 위해 어떤 수단을 써서라도 파괴해야 할 대상도 아니었다. 길드인들의 눈에는 당시의 사회주의자들이나 사회운동가들이 모두 국가에 대한 잘못된 전제 위에서 잘못된 노력을 하는 것으로 비쳐졌을지 모른다.

요약해 보면 길드인들의 국가론은 국가가 개혁과정에서 약간의 역할을 맡을 수 있고, 개혁 후에 약간의 기능을 가지게 될 것이라 보는 소극적 국가론이라고 할 수 있겠다. 개혁과정에서도 개혁 후의 사회에서도 국가는 부분적인 역할을 맡는 정도에 그치는 것이다.

1890년대의 영국 신조합주의가 출현한 시대이다. 부두노동자들을 중심으로 하여 일어난 1889년 런던부두파업이 신조합주의에 상징성을 부여하는 사건이다. 이 파업을 통해 두드러진 톰 만, 존 번즈, 벤 틸렛 같은 노동운동 지도자들이 등장한 시대이기도 하다. 새로운 노동조합주의는 기술이 없는 단순노동자들이 중심이 되어 일어난 노동조합운동이다. 이 노동운동은 공격적이고 전투적인 성격을 띠었는데 이런 노동운동에 놀란 고용주들 역시 공격적인 방식으로 신조합주의에 대응하였고 여러 곳에서 신조합주의는 타격을 입게 된다.

그러나 길드조직을 만들어 내고 운영하는 실제적 과정에서 국가의 도움이 필요했다는 것은 길드인들의 국가론에 내재되어 있는 역설을 보여 주기도 한다. 1920년에 시작된 건축길드는 결국 정부로부터의 자본 조달이 끊기게 됨에 따라 실패하고 말았던 것이다.[149] 길드 사회주의에는 국가는 적어도 길드조직이 자생력 있는 하나의 사회조직으로 성장하고 정착할 때까지 길드운동에 대한 보완적 세력으로 작용해야 한다는 전제가 숨어 있다고 보아야 할 것이다.

길드 사회주의의 산업통제론

생산자와 소비자의 공동통제

웹 Sidney Webb (1859~1947)

노동자와 자본가의 갈등을 민주화된 국가 권력이 해결할 수 있다고 생각한 사람이다. 민주화된 국가 권력은 생산자보다는 소비자의 의사를 대변한다고 보았기 때문에, 웹은 소비자들의 민주주의를 주장했다고 볼 수 있다. 이러한 민주주의 질서 속에서 자본가의 착취는 사라지겠지만, 생산자는 소비자의 이해에 종속되어야 한다는 것이 웹의 생각이었다. 사람들은 생산자로서는 고역을 감수하더라도, 충분한 소득을 받는 소비자로서 자유를 만끽할 수 있을 것이라는 생각을 보여준다. 그는 사회주의 실현 방법론으로 점진적, 민주적, 합헌적, 윤리적이라는 네 가지 방법론을 제시한 것으로 유명하다.

1. 머리말

사회주의는 인간들의 이성이 만들어 낸 새로운 질서에 대한 구상이며 산업혁명이라는 역사적 배경 속에서 그 여파를 타고 나타난 역사과정의 산물이다. 자본주의가 새로운 사회에 대한 정교한 질서를 구상하는 과정 속에서 형성된 인위적인 이념이 아닌 데 비해 사회주의는 이루어지지 않은 질서를 구상하는 과정에서 인위적으로 성립된 이념인 것이다. 사회주의 사상은 그 자체가 여러 갈래로 나누어져 복잡한 계보를 구성할 뿐만 아니라 그 이론이 때로 역사과정에 대해 논리적인 예측의 형태를 띠고 제시되기도 하고, 때로는 당위가 강조되는 선전의 형태로 나타나기도 해 혼란을 더한다.

사회주의를 정의한다는 것은 어려운 일이라는 점이 지적되고 있다.[1] 사회주의라는 꼬리를 달고 많은 사상들이 출현했지만 그 내용을 들여다 보면 제각기 다른 내용이 담겨져 있다는 것도 알게 된다. 그런데 이런 어려움을 감안한다 하더라도 중요한 공통점으로 집어낼 수 있는 부분들을 지적해 볼 수 있을 것이다. 그런 것들 중 중요한 것 하나가 어떠한 수식어를 꼬리표로 달고 나타나는 사회주의이거나 산업을 조직하고 통제하는 문제에 공통적으로 관심이 제기되고 있다는 점이다. '사회주의'라는 것이 어차피 고전적 자본주의질서에 대한 반성과정에서 나왔으므로 경제질서의 핵심적 부분들에 대한 나름대로의 대안이 있기 마련이라고 생각된다.

여기서 논의해 볼 길드사회주의는 영국의 젊은 지식인들에 의해 1910년대에 정의된 사상이다. 그런데 1880년대에 보다 널리 나타났고 영국사회주의의 조류에서 주류에 위치한다고 할 수 있는 페이비언 사회주의자들은 일찍이 소비자민주주의론을 주장한 바 있다. 여기서 그들은 산업의 통제는 소비자들에게 맡겨져야 한다고 주장했다. 그 이유는 페이비언들이 보기에는 인간이 가진 몇 가지 서로 다른 지위들 중 소비자가 가장 보편적인 지위라고 생각되었기 때문이다.[2] 그 결과 페이비언들은 생산자로서는 종의 지위에 있다 하더라도[3] 소비자로서 주인의 지위를 가질 수 있게 되는 사회라면 그 사회는 산업에서 민주주의를 실현시킨 것이라고 볼 수 있다는 견해를 피력했다. 그런 주장을 실현시키기 위해 페이비언들은 자치시, 국가, 협동조합을 중요한 소비자조직으로 간주하고, 이러한 기구들을 통해 소비자들이 산업을 실질적으로 통제할 수 있게 될 것을 기대했다. 이러한 기구들을 작동시키는 과정에서 정직한 중개인들로서의 공무원들이 중요한 역할을 맡게 될 것이다.

이런 주장의 반대쪽에 1912년 「광부들의 다음 단계*The Miners' Next Step*」라는 유명한 팸플릿에서 "광부를 위한 광산"이란 기치를 내건 신디칼리스트들의 주장이 있다. 영국에서 신디칼리스트운동은 다양한 형태로 전개되었으나 그들 주장의 공통점은 생산자들이 산업을 통제해야 한다는 것이었다.[4] 이를 실현하기 위해 신디칼리스트들이 무게를 실은 조직은 노동자들의 조직인 노동조합이었으며 노동자조직을 통한 혁명적 총파업으로 산업통제권을 넘겨받겠다는 주장을 제시했다.

길드 사회주의는 이런 주장들과 구별되는 또 다른 입장을 가지고 있다. 길드인들은 길드를 산업통제의 주요한 주체로 간주했다. 이러한

신디칼리즘 이 용어는 프랑스의 생디칼리즘에서 나온 것이다. 생디카는 노동조합을 의미한다. 그러므로 용어상으로 본다면 생디칼리즘은 노동조합주의라고 할 수 있다. 그러나 이 용어를 차용한 노동운동가들은 호전적인 전략을 택했으므로 생디칼리즘은 '호전적 노동조합주의'라는 의미를 담게 되었다. 이 사상이 영국으로 들어오면서 영국적 변형이 일어났다. 생디칼리즘에 미국의 산별노조주의가 접합되고, 영국 노동운동의 요소들이 가미되어 복합적인 내용을 가지게 되었다. 그렇게 생겨난 사상이 신디칼리즘이다. 이 사상의 지도자는 톰 만이었다. 영국의 노동불안기(1910~1914)에 두드러지게 나타난 사상이며 운동이었다.

주장은 길드가 노동조합의 변형된 형태로 보이므로 얼핏 보면 신디칼리스트들의 주장과 유사해 보이기도 한다. 하지만 길드인들의 주장은 신디칼리즘과는 다르며 페이비언들과 신디칼리스트들의 서로 다른 두 주장 사이의 중간지점 어디엔가 위치해 있는 것이다. 길드인들이 페이비언 협회에서 활동했다가 탈퇴하는 과정을 거치면서 길드운동을 구체화하고 있다는 점은 이런 부분에 대해 시사적이다.

노동불안기의 와중에서 전국길드연맹을 조직하며 활동을 시작한 길드인들의 산업통제에 대한 대안은 19세기 말과 20세기 초라는 유사한 시대, 그리고 영국이라는 동일한 환경에서 제시된 또 다른 사상들인 페이비언들과 신디칼리스트들의 주장과는 얼마나 어떻게 다른 것일까? 이 문제를 살펴 봄으로써 20세기 초 영국의 젊은 지식인들이 제기한 산업통제론의 특별한 의미를 검토해 보도록 하겠다. 그런 과정을 통해 길드인들의 산업통제론이 과연 합리적인 바탕 위에 서 있는지, 민주적인 내용을 담고 있는지, 또 그 허점은 무엇인지를 살펴

볼 수 있을 것이다.

2. 길드의 조직과 기능

길드인들은 경제적 민주주의를 실현하기 위한 기구로 자치의 원리를 구체적으로 실현시킬 수 있는 "길드"라는 조직을 제안했다. 그러면 자치적인 산업통제의 조직으로 제시된 길드란 무엇이며 왜 필요하다고 생각했을까? 길드란 원래 중세에 나타났던 동업조합이었지만 20세기의 산업조건에서는 수공업자나 상인의 조직체가 아닌 노동자들의 조직체로 나타나게 된다. 이 새로운 길드는 중세길드체제에서 수공업자들이 노동에 대해 가졌던 자율적 통제권을 공유한다는 점에서 중세길드와의 연관성을 찾아 볼 수 있겠지만[5] 산업화된 조건 위에서 나타나는 새로운 산업조직인 것이다.[6]

길드라는 조직을 제시한 배경에는 다음과 같은 관심이 놓여 있다. 즉 사회는 기능적인 기초에서 조직될 때라야 완전히 민주적이 될 수 있다는 생각이다.[7] 그러므로 민주적인 사회에는 각 기능들의 단위에 대응하여, 각기 분리되어 선출된 대표집단들이 존재해야 했다. 길드 사회주의자인 홉슨Hobson은 길드를 "어떤 산업에 고용된 모든 사람들을 하나의 공동체로into a single fellowship 연합시키는amalgamation 조직"이면서,[8] "사회의 특정기능을 책임있게 수행하기 위해 조직된 서로 의존적인 인간들의 자치단체"라고 정의했다.

이와 같은 길드는 물론 중세의 길드와 다르며, 또 현대의 노동조합과도 다른데 그 차이점은 우선 길드조직의 원칙은 직종별이 아니며 산업별이 되어야 한다는 것이다. 즉 길드는 그가 무엇을 하느냐에 따라서가 아니라 그가 무엇을 만드느냐에 따라서 조직되어야 하는 것이다.9) 즉 땜장이냐, 선반공이냐에 따라 모이는 게 아니라 자동차를 만드느냐 비행기를 만드느냐에 따라 모여야 한다는 것이다.

그 다음은 길드가 육체노동자와 정신노동자 모두를 포함하고 있다는 점이다.10) 즉 길드는 한 산업을 공공에 봉사할 목적으로 효율적으로 운영하기 위해 필요한 모든 노동자를 포함하고 있는 것이다. 길드는 단순히 육체노동자들 곧 프롤레타리아의 연합체가 아니라 모든 산업적, 상업적 기능들이 결합되는 곳이었고 여기엔 사무직노동자들, 심지어 경영자들까지도11) 포함될 것이었다.12) 결국 육체노동자와 중간계급은 함께 길드를 구성하며,13) 길드는 이들의 협동체로서의 의미를 지니게 되는 것이다.

노동조합과 길드가 다른 또 하나의 측면은 길드가 산업을 운영해 나가는 데 관심을 가지고 있다는 점이다.14) 홉슨Hobson은 길드가 해야 할 중요한 일로 길드 구성원의 보호나 집단교섭 혹은 생활수준의 보호를 넘어서서 재화를 생산하는 문제, 산업이 효율적으로 운영되고 있나를 감독하고 또 실제로 운영하며 관리하는 문제를 들었다. 길드는 직접 생산과 분배의 문제에 관심을 가지며 보다 능률적인 생산, 경제적인 분배에 대한 고려를 해야 한다고 보았던 것이다.15) 이를 두고 스토링턴Storrington 보고서에서는 산업에 민주주의를 도입하는 것이라고 규정했다.16) 길드인들은 이 점을 과거에 존재했던 노동조합과 미래에 존재하게 될 길드 사이의 큰 차이점으로 보고 있는 것이다.17)

코울Cole은 산업이 발달할수록 노동자들이 산업통제에 참여하게 되는 경향이 나타날 수밖에 없게 될 것이라고 보았다. 그 이유는 산업을 효과적으로 운영하기 위해 고용주들은 결국 육체노동자들의 협조를 얻어내어야만 하기 때문이었다.[18] 그는 많은 공장들이 문을 닫고 산업이 점점 더 비효율적이 되어가는 현상은 고용주들이 노동자들의 협조를 이끌어 내지 못한 때문이라고 주장했다. 코울은 노동자들이 현실의 진정한 사실들에 대해 눈뜨게 되고, 교육을 통하여 계급의식적이 되어감에 따라, 현재의 조건하에서 운영되는 산업에 대해서는 그 산업운영에 대해 점점 더 협조하려 하지 않을 것이라고 보았다. 그런 상황에 직면하게 될 때의 대안에 대해 코울은 다음과 같이 지적했다.

광부들이 갱도에 내려가 석탄을 캐내려 하지 않을 때 그들로 하여금 석탄을 캐내 오게 할 힘은 지구 어느 곳에도 존재하지 않는다. 당신이 의지해야 할 것은 광부들이 기꺼이 석탄을 파내오도록 할 제도를 고안해 내는 것이다.[19]

그래서 산업의 통제를 관료들에 맡기기보다 그것을 조직된 길드가 떠맡으려는 경향이 나타날 수밖에 없는 것이다.[20] 왜냐하면 길드야말로 한 산업에 종사하는 사람들의 의지가 집약된 기구였기 때문이다. "철도국을 철도길드로 바꾸자. 그리고 역장, 일반 관리자, 철도국장들을 모두 철도노동자들의 투표로 선출하자"라는 오라지Orage의 말은 이러한 의미를 잘 요약하고 있다.[21]

이렇게 생산자들이 산업통제에 참여한다는 것은 생산자들의 삶

자체에 큰 변화를 가져오게 되는 대단히 중요한 의미를 지닌다. 코울은 길드가 산업의 통제에 관여함으로써 사실상 다음과 같은 사항들이 구현될 것이라고 보았다.

첫째는 인간으로서 누려야 할 안정과 급여의 제공이다.
둘째는 고용자, 실직자에 대한 동일한 급여의 제공이다.
셋째는 동료들과 협력하여 생산조직을 통제하는 것이다.
넷째는 그의 노동생산물에 대한 요구이다.22)

그런데 네 가지 사항을 가만히 들여다 보면 다음과 같은 해석이 가능해진다. 셋째 항목 곧 '동료들과의 협력을 통한 생산조직의 통제'는 작업과정에 대한 자치를 실현하겠다는 것으로 이를 통해 결국 위로부터의 간섭으로부터 벗어나고 작업통제로부터 해방됨으로써 "자유"를 획득할 수 있을 것이라는 의미가 아닐까? 둘째 항목 곧 고용자, 실직자에 대한 동일한 "급여제공"은 고용여부를 떠나서 길드 소속원들이 "소득의 평등"을 이루게 될 것이라는 점을 지적하는 것이 아닐까? 넷째 항목은 자신의 노동에 대한 정당한 대가를 요구할 수 있게 됨으로써 "정의"를 구현할 수 있게 될 것이라는 의미라고 볼 수 있지 않을까? 첫째 항목은 인간으로서 누려야 할 안정과 급여를 보장받음으로써 "인간다운 삶"의 회복을 구현할 수 있을 것이라는 믿음을 피력한다고 생각된다. 그렇다면 코울의 주장은 길드의 산업통제를 통해 자유, 평등, 정의, 인간다운 삶의 회복을 이룰 수 있다는 신념의 표명인 셈이다. 길드는 임금과 노동시간, 작업조건의 문제를 넘어서서 병든 자와 불행을 당한 자들에게 도움을 주는 공간이며 또한 상호부조, 교육, 사회적 상호작용의 중심으로 기능하게 될 것이다.23)

길드는 어떻게 조직되며 무엇을 하려고 하는가에 더해 길드가 운영되는 방식이 더욱 중요한 의미를 가졌다. 왜냐하면 여기서 그들의 민주주의에 대한 신념이 드러나기 때문이다.

길드조직의 원리는 노동하는 사람들에 의하여 그들의 노동과 산업이 자율적으로 통제되어야 한다는 것이다.24) 그리고 이것이 바로 산업에서 민주주의가 구현된 모습이었다.

노동하는 사람들이 주인의식을 가지고 스스로 자신을 통제해야 한다는 점에서 길드인들은 당연히 위로부터 지명된 감독자들을 받아들이지 않았다. 그 대신 노동자들이 선택한 감독과 경영자 아래서 노동할 권리를 요구했다. 길드인들은 설사 국가가 자본가의 자리를 대신한다 해도 상황은 현재와 비교해 크게 달라지지 않을 것이라고 보았다. 자본가의 자리에 국가가 대신 들어선 상태에서 노동자들에게 보다 나은 임금과 작업조건이 확보된다 하더라도 노동자들은 여전히 '기계속의 나사'에 불과할 따름인 것이다. 국가가 주인의 자리를 대체할 따름이며,25) 그 외의 다른 변화를 찾을 수 없는 것이다. 그래서 국유화 즉 산업의 국가경영은 '자본가의 마지막 카드'가 될 수도 있는 것이다. 노동조합이 약한 곳 즉 노동자들이 준비되지 않은 곳에서 국유화는 위험할 따름이었다.26) 그러므로 위로부터의 감독은 자본가들로부터 나오든 국가에 의해 지명되든 배격될 것이다.

따라서 노동자통제는 아래로부터 이루어져야 했는데 여기에는 작업장workshop 민주주의와 노동을 할 권리가 중요했다.[27] 그런데 여기서 노동자통제란 무엇을 의미할까? 여기서 길드인들과 공산주의자들의 차이가 분명히 드러났다. 길드인들의 노동자통제는 공산주의자들이 흔히 쓰는 "계급으로서의 노동자에 의한 산업통제"를 의미하는 것은 아니었다. 길드인들은 노동자계급 전체가 관여한다는 의미에서의 프롤레타리아계급 독재가 나타날 경우, 이에 의해 시행될 산업통제는 결국 중앙집권화와 연결될 것이라고 보았다. 반면 길드 사회주의의 노동자통제란 자신들의 사업경영에 대한 노동하는 노동자들의 통제를 말하는 것이었다. 이것은 반권위주의적이며 개인주의적인 것이다. '노동자통제'라는 개념에 대해서는 전국길드회의 내에서 혼란이 있었고 그 차이는 본질적인 것이었음에도 불구하고 당시에는 크게 두드러지지 않았다. 하지만 40년이 지난 후 코울은 다음과 같이 밝혔다.

당시에는 '노동자통제'를 지지하는 서로 다른 옹호자들이 얼마나 서로 다른 말을 하고 있는지가 분명히 드러나지 않았다. 몇몇 산별노조주의자들과 공산주의자들에게는 '노동자통제'는 계급으로서의 노동자들에 의한 통제가 프롤레타리아 독재를 통해 전반적으로 행사되는 것을 의미했다. 따라서 이것은 중앙집권화를 의미했고, 규율이 계급의 대표들에 의해 부과되는 한, 부과된 규율을 받아들이는 것을 의미했다. 반면에 길드 사회주의자들은 강력하게 권위주의를 반대했다. 그들이 의미했던 노동자통제는 무엇보다도 자신들의 문제에 대한 실제로 노동하는 노동자들의 통제를 의미했다. 그리고 이는 최대한 민주적으로 형성되고 시행되는 정책에 대해 보다 광범위하게 통제해야 했으며, 책임과 권력은 가능한 한 넓게 분산되어야 했다.[28]

그러므로 길드는 당이나 중앙기구와 같은 기반 위에 서 있는 것이 아니라 노동조합의 기초 위에 서 있어야 했으며, 개별길드가 길드협회 안에 존재한다 해도 각 작업장에서 생산자들의 직접적인 작업통제에 관여할 수는 없었다.[29] 예컨대 제빵공들이 빵집을 만들 때 길드협회는 제빵공길드를 세우는 것을 도와줄 것이지만 빵을 생산하는 과정에 대한 통제를 하지는 않을 것이다. 길드조직의 중앙집권화는 길드이념 에 비추어 볼 때도 배격되는 것이었으며 스토링턴 보고서에서도 "길드 의 지방조직들은 중앙조직과는 무관하게 자신들의 필요에 따라 자신 들의 방식대로 생산하고, 발명해야 한다"고 규정하고 있는 것을 볼 수 있다.[30]

그렇다면 노동자통제는 현실적으로 어떻게 이루어진다고 본 것일 까? 현재의 작업장 내에서 조직된 노동자들이 노동에 대한 통제력을 회복시키는 방법은 크게 두 가지 수단을 통해서였다. 하나는 감독과 십장을 지명할 권리를 고용주들에게서 노동자들에게로 이전시키는 것이었다. 이것이 의미하는 것은 작업장의 규율을 외부로부터 부과되 는 것이 아니라 내부 구성원들에 의해 스스로 규제되게끔 한다는 것이었다. 십장들 자신이 노동조합의 회원이 될 것이며 또 노동조합이 급여를 지불할 것이다.[31] 이러한 권리가 확보되지 않는다면 십장이나 감독이 아무리 친절하다 해도 노동자들은 자유를 갖지 못한 상태에 놓여 있다고 보았다.[32]

둘째는 가능한 한 현재 고용주와 개별노동자들 간에 형성되어 있는 개인적 관계를 모든 노동자들이 집단적으로 고용주와 관계되는 형태 로 바꾸는 것이다. 이는 단순한 임금교섭의 차원을 넘어서는 것이며 그럼으로써 고용, 해고, 생산량, 작업의 할당, 급여의 분배 등을 작업장 내 노동자들이 스스로 규제할 수 있게 한다는 것이다.[33] 즉 얼마나 어떻게 만들고, 얼마나 고용하며, 임금은 얼마를 줄 것인지를 길드가 결정하는 것이다. 이 두 번째 수단의 의미는 첫 번째 수단이 작업통제를 의미한다면 이를 넘어서서 실질적인 산업통제를 확보해야 한다는 것으로 보여진다. 즉 자율적인 노동통제와 집단교섭을 확보함으로써 노동자들은 산업통제권을 자본가로부터 넘겨받을 수 있다는 생각이었다.

이처럼 길드는 노동자들에게 방어적이고 수동적 의미를 갖는 기구가 아니라 공격적이고 능동적인 기구였다고 볼 수 있다. 또 노동자들 일부의 집단적 이익추구에 관심을 갖는 기구가 아니라 산업의 운영 그 자체에 관심을 갖는 책임있는 기구일 것이 기대되었던 것이다.[34]

이러한 길드는 국가의 수입을 책임지는데, 각 길드에 대한 과세는 조직된 소비자조직으로서의 국가와, 조직된 생산자조직으로서의 길드회의, 그리고 해당 길드가 조정하여 결정할 것이다.[35]

중요 길드단위들이 지역적 조직이어야 하느냐 전국적 조직이어야 하느냐에 대해선 의견의 차이가 있다. 펜티Penty,[36] 테일러Taylor 등은 길드조직은 지역적 조직이어야 한다고 주장했다. 펜티는 근대자본주의의 가장 큰 문제는 기계생산으로 말미암은 노동의 타락이라고 보았다. 그는 소규모 농업생산과 수공업적 상품생산을 지향하며,[37] 장인기질이 상품의 질을 유지하는 사회를 그리고 있었다.[38] 이런 점에서 그는 중세길드조직을 지향했다고 할 수 있다. 그러나 홉슨Hobson은 강력한 전국적 조직의 필요성을 주장했다. 지방길드는 근대적 요구들을 충족시키기에는 비효율적이라고 생각되었다.39) 오직 전국적 방식에서만이 길드구조는 불가피한 대규모 생산조건에 적응할 수 있다고 보았던 것이다.40)

코울Cole은 보다 정교하게 각 산업에 대하여 전국적인 길드National Guild가 조직되어야 하지만 그 안에 광역길드Regional Guild와 지방길드Local Guild가 차례로 조직되어야 한다는 생각을 피력했다.41) 또 한편으로는 한 '지역' 내에서 여러 산업을 모두 포함하는, 즉 각 산업에 따라 나누어진 길드들을 모두 포괄하는 단일 길드협회를 만들 것을 구상했다.42) 물론 전국적 차원에서도 각 길드들은 길드회의Guild Congress로 조직될 것이고 여기엔 상설의 집행위원회가 설치되어 길드 내의 문제를 궁극적으로 다루게 될 것이다. 길드 간의 문제는 한 길드가 다른 길드의 대표를 위원회에 지방, 광역, 전국적 수준에서 일부 참여시킴으로써 해결할 수 있으리라 생각했다.43)

이런 이론적 논의와 함께 실제로 존재했던 건축길드의 조직을 검토해 보는 것이 유익할 것이다. 건축길드는 지방길드위원회Local Guild Committee에 기초했다. 그리고 이들 위원회는 몇 개의 광역협의회Regional Council로 묶여진다. 전국협회National Board는 광역협의회의 대표들로 구성된다. 하지만 이들은 지방길드위원회들에 의해 뽑혀져야 할 것이다. 전국협회의 회원은 광역협의회에 참석해야 하며 지방기구들의 동의를 얻어야 한다. 또 지방길드위원회는 2/3의 투표로 언제든 소환될 수 있는 것이다.44) 실제로 1922년 5월의 전국길드회의에서는 모든 광역협의회가 대표를 보내 줄 것을 요청하고 있다.45)

전국길드체제가 타 길드에 대하여 중앙집권적인 권위를 갖지 않는

다는 것은 분명하다. 자율성이 강조되는 것은 건축길드가 그들의
원칙으로 "길드는 필연적으로 길드위원회의 자율적인 힘에 의해 움직
이고 결정될 것이며……근본적인 사실은 지방의 자율"이라는 점을
밝혔을 때 뚜렷이 드러났다.46) 생산은 지방의 수요에 맞추어야 했으
며, 특정한 상품을 생산하는 것과 같은 지방길드의 자율성은 보장되어
야 했다. 또 나아가 길드 간의 경쟁이 가능한 조건과 상황이 조성되어
야 했다.47)

3. 임금제의 폐지

길드인들은 스토링턴Storrington 보고서에서 노동자산업통제의 실현
뿐만 아니라 잉여가치가 공동사회의 손에 들어가게 할 것을 추구한다
고 주장했다.48) 또 건축길드의 기관지에서는 '길드 사회주의의 질서
하에서는 사람들에 대한 착취는 금지된다'는 점을 밝히고 있다.49)
그러나 유감스럽게도 길드인들이 특별한 잉여가치이론을 가지고 있
는 것으로 보이지는 않는다.50)

단지 잉여가치가 공동사회의 수중에 들어간 구체적인 모습은 분명
히 드러나는데 그것은 바로 임금제도의 폐지였다. 길드인들은 산업통
제권을 자본가로부터 넘겨 받는 일련의 과정을 통해 길드체제가 결국
임금제를 폐지시킬 수 있을 것이라고 보았다. 따라서 임금제의 폐지는
민주화된 산업통제의 귀결이며 절정이라고 볼 수 있었다. 그리고
임금제의 폐지노력을 자유를 확대시키려는 노력의 연장선상에서 파
악할 수 있다면 이 문제는 길드인들의 자유와 평등에 대한 관점을

시사하고 있는 부분이라고도 생각된다.

길드인들은 임금제의 문제를 산업통제의 귀결점으로서 매우 중시하여, 영국의 여러 사회주의 사상들이 임금제도의 존속을 전제로 논리전개를 한다는 점에서 모두 오류를 범하고 있다고 비판했다.[51] 코울Cole은 사회주의의 성격을 규정하는 것은 '현재의 임금제도와 자본주의 생산관계에 대한 태도'라고 보았다. 길드인들은 자본주의체제가 경제력을 소수의 손에 집중시킨다고 주장했다. 여기서 경제력의 집중은 권력에 영향을 주고 권력의 성격을 규정하게 되는데 그 결과 자본가들이 국가에 편파적인 영향을 미치게 된다는 것이다. 그러므로 길드인들에게 국가와 권력의 성격을 바꾸는 작업은 결국 산업에서 자본가의 독재를 변경시킴으로써만 가능할 것으로 보였다.[52]

산업에서 자본가의 독재를 깨뜨리기 위해서는 길드를 통해 산업통제권을 넘겨 받는 과정이 필요하겠지만, 궁극적으로는 임금제를 폐지해야 할 것이다. 왜냐하면 소수의 자본가가 경제력을 장악하고 노동자를 통제할 수 있는 결정적 장치는 임금제라고 생각되었기 때문이다. 이런 배경에서 길드인들은 임금제를 노예제의 한 종류로 간주했던 것이다.[53] 코울은 다음과 같이 지적했다.

근대사회에서 우리가 폐지해야 할 근본적인 악이 무엇인가를 묻고 싶다. 여기엔 두 가지 가능한 답변이 있다. 그리고 나는 많은 사람들이 틀린 대답을 할 것이라고 확신한다. 그들은 '노예제'라고 대답해야 할 때 빈곤이라고 답할 것이다.……빈곤은 증상이며 노예제가 질병인 것이다.……많은 사람들은 그들이 빈곤하기 때문에 노예적 상태에 놓

이는 것이 아니라 그들이 노예적 상태에 놓이기 때문에 빈곤해지는 것이다.54)

여기서 노예제는 바로 임금제를 의미했으며, 코울은 겉으로 드러나는 빈곤이란 현상의 배후에 임금제가 놓여 있다는 점을 지적하고 있다. 즉 빈곤현상을 초래한 원인을 거슬러서 추적해 나가면, 그 가장 깊은 뿌리에 임금제가 놓여 있다는 주장인 것이다.

홉슨 역시 당대의 상태를 '임금노예제'wage slavery라고 간주했으며,55) 1920년에 발간된 책자의 마지막에서는 "임금제도의 폐지가 서양문명의 신기원을 이룩할 것"이라는 야심만만한 신념을 공표하기도 했다.56) 그만큼 길드 사회주의자들에게 임금제의 폐지라는 문제는 산업의 민주화에 절대적 중요성을 가지는 것이었다. 그래서 전국길드연맹의 헌장에서도 길드운동의 목적은 "임금제의 폐지"라고 명료하게 규정되었던 것이다.57) 그리고 이 점에서 그들은 페이비언 협회, 사회민주동맹, 독립노동당 등 여타 다른 사회주의 단체들의 주장과 차별화되는 분명한 특징을 드러냈다.

그들은 임금제가 자본가의 산업독재 수단일 뿐만 아니라 인간의 정의를 위반하는 죄악을 범한다고 보았다.58) 왜냐하면 그들이 보기에 노동은 결코 하나의 상품이나 거래의 대상이 될 수 없음에도 불구하고, 임금제하에서는 노동이 다른 상품과도 같이 값이 매겨져 판매되는 현상을 낳았기 때문이다.59) 노동을 구리나 주석처럼 취급하는 것은 노동을 동산chattel으로 취급하는 것이고 노예제를 만드는 것과 다름없었다.60) 임금제는 노동에서 인간적 요소를 비인간화시키고 생산을 위해 필요한 진정한 동기를 없애 버리는 결과를 낳았다.[61] 이런 인식에서 그들의 기본 지향점은 적절한 임금지급과 같은 것이 아니라 아예 임금제도라는 급여의 메커니즘 자체를 폐지해야 한다는 주장으로 나타났다. 임금제도로부터 모든 착취현상이 발생한다고 보았으므로 임금제도의 폐지는 곧 착취현상의 소멸을 의미했고,[62] 나아가 노동의 사회적 가치를 수립하는 것을 의미했다.[63]

길드인들에게는 임금제도를 허용하는 민주화된 산업체제란 말은 그 자체가 모순이었다. 길드인들에게 임금제는 민주주의에 대해 매춘행위를 하는 것과도 같았다.[64]

그러므로 길드인들에게 노동자가 받게 되는 급여의 의미는 임금제도 하에서와는 전혀 달라진다. 급여가 지급되는 기초는 노동자가 생산한 가치에 있는 것도 아니고, 노동자가 필요로 할 것이라 생각되는 것에도 있지 않으며, 또는 노동자가 국가에 한 봉사의 가치에 있는 것도 아니다. 그 기초는 그가 길드의 회원이라는 사실에 있는 것이다. 노동자는 그가 고용되었든, 그렇지 않든, 아니면 늙어서 퇴직했든 충분한 급여를 받아야 하는 것이다.[65] 길드가 고용주를 상대해 받게 될 급여의 총액도 이윤에 기초하는 것이 아니라 개인의 생활수준에 기초해야 하는 것이다.[66]

최초로 길드조직에 구체적인 내용을 부여한 것으로 간주되었던 건축길드에 대하여 코울이 찾아낸 특징에서도 임금제의 폐지가 갖는 의미는 확인된다. 여기서는 노동이 일반적인 상행위원칙에 따라 팔고 사는 상품과 같이 취급되지 않았다. 그래서 여기서는 모든 회원들이 건강하거나 병들거나, 고용되었거나 실직했거나 간에 모두 충분한 급여가 주어져야 했다. 길드는 건축공사로부터 이윤을 올리려고 하지 않았고 실비로 건물을 지었다. 여기서는 외부나 상부로부터의 통제는 없었으며 모든 일들은 자치의 원칙과 모든 노동자들의 자유로운 결사의 원칙 위에서 움직였던 것이다.[67]

임금제를 폐지하자는 길드인들의 주장에서 우리가 읽을 수 있는 분명한 메시지 하나는 길드인들이 모든 노동자의 인간다운 삶을 추구하고 있다는 것이다.

노동의 세계에서는 임금제의 폐지가 생산을 질적 생산으로 변화시킬 것으로 생각되었다. 건축길드가 조직되었을 때에도 질적 생산으로의 전환에 대한 관심이 길드 원칙의 하나로 표명되었다.[68] 길드인들에게 임금제도는 경제적으로 나쁜 제도일 뿐만 아니라 도덕적인 면, 심리적인 면, 심미적인 면, 정신적인 면에서 모두 나쁜 것이었다. 이는 또 부정적이고 비예술적인 것이었다.[69] 홉슨은 생산을 이윤을 위한 "양적 생산"quantitative production에서 문화적 삶을 위한 "질적 생산" qualitative production으로 대체해 나가야 함을 주장하며 만약 그런 대체가 이루어지지 않을 경우에는 다음 세대 역시 경제적 예속상태에 놓이게 될 것이라 보았다.[70] 이 "질적 생산"에는 수공예품만이 아니라 기계에 의한 생산품도 포함될 것이며 모든 종류의 장인들과 예술가들이 질적 생산의 담당자에 해당될 것으로 보았다.[71]

생산에 질적인 요소가 중시되어야 한다는 생각은 길드인들에게 매우 중요했고 사실 펜티Penty가 페이비언 협회를 이탈한 결정적인 이유도 거기에 있었다. 펜티가 페이비언 협회를 탈퇴하게 된 이야기를 들어 보자.

1902년 7월 내가 어떤 문제로 페이비언 협회 사무실에 갔을 때 나는 창조적인 작업에서의 자유의 정신이란 문제에 사로잡혀 있었다. 협회는 클레어 마켓Clare Market에 런던경제대학을 세우는 계획을 추진 중이었다. 새 건물은 거의 완성단계였고 협회의 서기였던 피스E. R. Pease는 내게 말했다. "우리의 새 건물에 대해 어떻게 생각하나요?" 나는 잠시 머뭇거렸다. 그 때 그는 불쑥 말했다. "당신은 아마도 건축에 대하여 생각하고 있는가 보군요. 우리는 거기에 대해서는 별로 신경쓰지 않았어요. 우리는 통계적 방법으로 경쟁을 통해 건축가를 골랐지요." 나는 "그게 뭐지요?"라고 물었다. 그는 다음과 같이 말했다. "글쎄요, 우리는 세 명의 건축가를 초청해 경쟁을 시켰습니다. 그리고 가넷Garnett 박사와 나는 각각의 건물을 검토해 본 후 교실에 가장 많은 공간을 부여한 사람에게 일을 맡겼습니다." 나는 할 말을 잃어 버렸다. 나와 페이비언들의 마음에 큰 간극이 있다는 것은 분명했다. 이것이 내 생각에서의 전환점이었다.72)

페이비언들이 생산의 질적, 미적 영역에 대한 관심이 어떠했느냐의 문제는 따로 논의해야 할 문제이지만 길드인들이 기계적인 생산을 넘어선 생산의 미학에 대해 관심을 가지고 있었다는 것은 그들 사상의 중요한 한 특징이었고, 그러한 그들의 관심이 임금제의 폐지를 통해서 나타나고 달성될 수 있을 것이라고 보았던 것이다. 그러므로 홉슨이 새로운 혁명을 주창했을 때에도 그것의 바탕에는 윤리적, 미학적 전제가 깔려 있어야 함을 분명히 했던 것이다.73) 스토링턴 보고서에서 "민주적 산업제도의 기능 중 하나는 생산을 낮은 비용으로 해내는 것뿐만 아니라 혐오스런 노동을 없애기 위해 기계를 발명하는 것"이라고 했을 때 길드인들은 고통스런 노동을 없애고 노동의 의미를 전환해 보려는 그들의 관심을 드러내고 있는 것이 아니겠는가.[74]

4. 소비자와 생산자의 조화

여기서 길드 사회주의의 산업통제에 대하여 제기될 수 있는 다음과 같은 질문을 던져볼 수 있다. 즉 길드 사회주의는 과연 산업통제 문제에서 소비자들의 이익을 반영할 수 있는 통로를 열어 두지 않았으며, 과연 협동조합운동과는 상반되는 원리를 가지고 있는가 하는 것이다. 길드 사회주의는 조직된 노동자들이 산업을 통제하는 '생산의 기초'에서 사회를 조직하려 하며, 협동조합운동은 조직된 소비자들이 산업을 통제하는 '소비의 기초'에서 사회를 조직하려 함으로써 서로 화해불가능한 주장 속에서 대립할 수밖에 없는가 하는 문제다.[75]

임금제의 폐지를 주장함으로써 길드인들은 사회구성원들 중 임금을 받는 자들, 곧 노동자들에 대한 특별한 관심을 표명하는 것처럼 보인다. 그리고 그것은 사실이다. 집산주의자들이 국가가 소비자를 대표한다고 보거나, 순수한 협동조합주의자들이 협동조합에서 소비자들의 승리자를 발견하고, 작업장에서의 자치에 대한 생산자들의 요구를 거절하는 것과는 달리[76] 길드인들은 노동자들의 특별한 지위를 인정하려는 것이다. 코울은 다음과 같이 지적했다.

사회의 모든 구성원들이 소비자나 이용자로서는 사회의 중요한 산업에 대해, 동일한 문화의 공유자로서는 교육과 같은 서비스에 대해 공통된 이해를 가진다는 사실을 부인하는 것은 어리석은 짓이다. 그러나 광부가 그들의 산업조직에서 혹은 교사들이 교육제도에서 갖는 특별한 어쩌면 더욱 강할지도 모를 관심을 부인하는 것도 똑같이 헛된 일이다.[77]

그러나 길드 사회주의자들은 전적으로 생산자의 입장만을 반영하려 하지는 않는다. 그들은 모든 재화에 대한 전체 소비자들의 일치된 견해 같은 것은 있을 수 없다고 보긴 했지만,[78] 그럼에도 소비자들의 입장이 반영되는 것을 부정적으로 보고 있지는 않다. 코울은 소비를 두 개의 범주로 나누어, 개인들이 일반적으로 쇼핑을 하면서 물건을 구입하거나 가정에서 쓰기 위해 물건을 사는 것과 같은 개인적 소비 personal and domestic consumption와, 전기나 수도같이 집단적으로 공급되는 재화에 대한 집단적 소비collective consumption를 구분했다.[79] 그리고 전자와 같은 재화를 소비할 때에 소비자들의 옹호자로서 협동조합이라는 조직이 나타났고, 후자와 같은 재화에 대한 소비를 할 때는 자치시 사회주의와 같은 형태로 소비자들의 입장을 대변하는 조직이 나타났다고 보았다.[80]

길드인들에게 이들 조직은 모두 중요한 의미를 지니는 것으로 간주되었다. 협동조합은 소비자들의 조직일 뿐 아니라 노동자들의 조직이라는 점과, 노동조합 못지 않게 자발적인 조직이라는 점이 강조되었다. 그런 만큼 협동조합도 노동계급 소비자들의 이해관계와 요구를 반영하는 중요한 기능을 가진 조직이며 그 발전은 길드 사회주의와 마찰을 빚는 것이 아니라 보완적인 관계에 있는 것으로 간주되었다.[81]

한 예를 들어 보자. 농업에서 코울은 우리가 시장이라고 부르는 것을 제안하지 않았다. 가격은 수송길드(종종 분배길드라고 불려진다)와 협동조합의 타협에 의해 결정될 것이다. 먼저 수송길드는 소비자들의 이익을 책임지고 있는 협동조합에 생각하는 가격을 제시할 것이다. 만약 수송길드와 협동조합길드가 합의에 도달한다면 그 가격이 실재 가격이 될 것이다. 만약 합의에 실패한다면 문제는 적절한 수준의 코뮌으로 넘어 가게 될 것이다.[82]

이상을 놓고 볼 때 코울Cole은 소비자들의 대표가 본질적으로 중요하다는 점과 협동조합과 같은 소비자대표로부터 나오는 조직이 개인적인 소비와 관련해서는 매우 적절한 대표조직이라는 점, 지금의 지방당국의 기능들 중 일부를 물려 받은 "공동시설 협의회"Collective Utilities Council가 공동소비와[83] 관련해서는 소비자들의 적절한 대표라는 점을 분명히 했다.[84] 소비자들이 대표되어야 하는 이유는 적절한 수요가 조직적인 공급과 조정되어야 할 뿐만 아니라 또 이를 지도해야 할 필요가 있었기 때문이다.[85]

이에 비해 신디칼리스트나 순수한 산별노동조합주의자들은 소비자들의 관점이 특별히 대표되는 것에 대해서 반대하며 오직 생산에 기초한 조직만을 추구했다.

결국 길드 사회주의자들은 소비자의 관점만을 대표하는 것에도 생산자의 관점만을 대표하는 것에도 반대하는 것이다. 코울은 다음과 같이 주장했다.

생산자나 소비자 어느 하나가 절대적인 통제권을 가지고 있다고 볼 수는 없다. 국가나 노동조합들이 착취자의 자리를 전적으로 대체해야 한다는 것도 그럴 듯하지 않다. 왜냐하면 국가가 노동자들을 착취할 자리에 있거나 노동자들이 사회를 착취할 자리에 있게 될 것이기 때문이다. 마치 자본가들이 현재 양자를 다 착취하듯이 말이다. 해결책은 분명히 기능들의 분화와 같은 것에 있다. 그 결과 생산자와 소비자 모두가 가장 중요한 문제들을 통제하는 것에 대해 발언권을 가지게 될 것이다.86)

이런 주장을 놓고 본다면 길드인들은 생산자와 소비자의 두 관점이 조화를 이루고 같이 수용될 수 있는 기반을 제공하려 했다는 것을 알 수 있다.87) 코울은 이 두 집단의 균형을 맞추려는 생각이 확고했다.88) 코울은 길드들과 소비자조직들 간의 지방, 광역, 전국적 차원에서의 합동회의와 끊임없는 대화를 기대했던 것이다.89)

길드인들의 생각에는 노동하는 모든 소비자는 또한 생산자일 것이므로, 아무런 기능을 하지 않고 먹고 노는 사람들만 없다면 전체 소비자집단이나 전체 생산자집단이 사실상 동일한 사람들이며 그들 사이에 이해관계는 결합되어 있었던 것이다.90) 따라서 생산자와 소비자 사이의 영구적인 대립은 존재하지 않으며, 중요한 문제는 기능적 기초 위에서 합리적인 민주조직을 만들어 낼 수 있느냐의 문제였다.91) 이런 인식에서 코울은 길드 사회주의가 집산주의, 신디칼리즘, 협동조합주의가 필적할 수 없는 방식으로 민주주의의 조건들을 충족시키고 있다고 매우 자신있는 태도로 주장했던 것이다.92)

5. 맺음말

이상의 논의를 통해 다음과 같은 점들이 정리될 수 있겠다.

1. 길드인들의 산업통제론은 노동조합과는 달리 새로운 의미를 지니는 길드가 산업통제의 주체로 중요한 역할을 맡아야 한다는 것으로, 길드는 전통적 의미에서의 노동자들만의 결사는 아니며 사무직노동자와 전문직 종사자까지 포괄한다. 그리고 길드는 산업혁명 이후 근대사회가 변화하고 발전함에 따라 생겨난 새로운 산업환경에 부합하는 노동조직으로 19세기 말과 20세기 초의 영국적 환경을 반영하고 있다. 따라서 길드조직을 중세적 의미의 폐쇄적 이익집단으로 생각하거나 근대세계의 노동자들의 경제투쟁의 장으로 간주하는 것은 모두 오해를 낳을 뿐이며, 산업운영을 위한 기능적 조직으로 이해해야 한다는 것이다.

2. 길드는 경제적 민주화를 위한 도구일 뿐만 아니라 그 자체가 민주적 기구라는 점이다. 따라서 길드가 작업통제권과 산업통제권을 획득하게 될 것이지만 그 작업통제권과 산업통제권은 노동자들의 통제하에 있게 될 것이며, 여기서의 노동자통제는 노동하는 노동자들의 아래로부터의 실질적인 통제를 의미한다는 것이다.

3. 길드는 산업의 운영 그 자체에 관여할 뿐만 아니라 궁극적으로는 임금제를 폐지시키게 될 것이다. 임금제를 폐지하자는 주장은 경제적 영역에서 요구할 수 있는 자유를 끝까지 밀고 나간 결론 부분에 위치하는 것이라고 볼 수 있을 것이다. 즉 경제적 예속상태에서 벗어나기 위해 길드인들이 내린 근본적인 처방이었다고 할 수 있을 것이다.

그 결과 노동자들은 노동의 현장에서는 경제적 예속상태에서 벗어날 수 있게 될 것이며, 일상적 삶에서는 인간다운 삶의 보장이 이루어지게 될 것이다.

또 임금제의 폐지는 자본주의사회의 극단적인 상품화 경향에 대항해 그 범주에 들어갈 수 없는 영역을 확정하려는 노력이기도 했다. 그 범주에 들어갈 수 없는 영역은 다름 아닌 노동이었다. 그리고 이런 노력은 모든 것에 값이 매겨져 교환되는 자본주의 시장원리에서 노동을 구해 내려는 시도였다고 보아야 할 것이다. 자본주의 시장원리에서 노동이 구출되었을 때 구출된 노동의 의미가 달라지게 되는 것은 당연한 귀결이었다. 노동의 상품화 현상이 제거됨에 따라 노동에는 질적인 요소가 부여될 것이다.

4. 길드인들은 노동자들의 산업통제를 강조하지만 전적으로 노동자들만의 산업통제를 주장하는 것은 아니며, 소비자들의 대표가 적절한 소비자 대표기구를 통하여 산업통제에 참여하는 것을 인정하고 있다. 따라서 이들의 산업통제에 대한 대안을 특정 계급이나 집단의 이해관계를 관철시키려는 집단이기주의적인 입장으로 볼 수는 없다.

5. 길드를 통한 산업통제문제의 해결이 가지는 문제점에 대해 생각해 볼 수 있을 것이다. 즉 길드조직으로 생산성 향상과 성장의 문제를 해결할 수 있을까 하는 의문은 여전히 남는다는 점이다. 코울은 산업을 효과적으로 조직할 수 있는 최선의 방법은 노동자들의 협동에 있다고 보아 길드조직의 효율성을 기대하고 있고,[93] 토니Tawney는 19세기 후반에는 산업이 기아와 공포에 의해 야만스럽게 유지될 수 있었지만, 20세기 초의 상황은 노동자들이 스스로 규율하고 책임질 수 있는

1900년대의 영국 노동당이 출현한 시대이다. 노동운동 지도자들은 기존의 노동운동 방식에 회의를 갖게 되었다. 이들은 노동자들의 이익을 대변하기 위한 정당 결성의 필요성을 절감하고 1900년 노동대표위원회를 조직하였다. 이 조직은 1906년 명칭을 노동당으로 변경했다. 그리고 1900년 2석에서 1906년 29석으로 대거 의석수를 늘리게 되었다. 노동운동이 노동조합에서 정당으로 외연을 넓히는 모습을 보여주고 있다. 노동당 결성에는 노동조합과 페이비언 협회 같은 사회주의 단체들이 함께 참여하여 노동운동에 사회주의 지식인들이 결합하는 현상이 나타나고 있다. 그러나 곧 노동당에 대한 실망감이 나타났다.

상황이 되었다고 주장했다.[94] 그러나 이윤동기와 강제가 사라진 마당에 과연 노동자들의 자율만으로 생산수준을 향상시킬 수 있겠는가 하는 의문은 계속 남아 있다고 생각된다.

6. 그러나 무엇보다 큰 문제는 길드인들의 사상이 현실성을 가질 수 있는가 하는 문제일 것이다. 아무리 멋진 대안을 제시한다 해도 한낱 구상에만 그쳐 버린다면 유토피아에 머물고 말 것이기 때문이다. 이 문제는 길드인들이 제시하는 방법론을 검토함으로써 해명되어야 할 부분이라고 생각된다. 길드인들의 이행전략이 갖는 타당성이 길드 사상의 현실성을 담보할 것이라고 생각되기 때문이다. 이 부분에 대한 논의는 또 다른 지면을 필요로 할 것이라 생각된다.

길드 사회주의의 성격과 방법론

제3의 민주화운동

톰 만 Tom Mann (1856~1941)

영국 신디칼리즘 사상과 운동에서 가장 중요한 역할을 맡았던 사람이다. 노동불안기에 발생한 리버풀 총파업을 주도한 인물이기도 했다. 그는 프랑스의 생디칼리즘과 미국의 산별노조주의 이론을 자신의 사상과 융합시켜, 프랑스나 미국의 호전적 노동조합주의와는 다소 다른 영국적 사상과 운동으로 변형시켰다. 길드 사회주의는 신디칼리즘 사상과 운동에 큰 영향을 받았다. 그러므로 길드 사회주의는 페이비언 사회주의와 신디칼리즘 사상의 중간쯤에 존재하는 사상이라고 볼 수 있다.

1. 머리말

길드 사회주의는 1910년대의 영국에서 나타났다. 이 시기에 영국은 대인저필드G. Dangerfield가 지적한 것처럼 자유주의 영국의 이상한 죽음을 맞으며[1] 에드워드 시대를 마감했다. 또한 이 시기는 영국 노동자들의 편에서 보자면 갓 출범한 노동당에 대한 기대가 현실정치의 냉혹함 속에서 차츰 깨어져 나가던 시대이기도 했다. 사회주의 지식인들의 쪽에서 본다면 1880년대의 봇물처럼 터져 나온 사회주의 지식인들의 여러가지 대안들이 어느 정도의 실험기간을 거치고 난 후 얻은 것과 잃은 것을 저울질하며 그 현실성을 가늠해 볼 무렵이기도 했다.

그러나 이런 기존의 노동운동과 사회주의에 대한 반성의 시기는 새로운 개혁 이념에 대한 기회의 시기이기도 했다. 라이트A. Wright의 표현을 빌면, 영국의 1910년대는 "20세기 영국 사회주의 사상에서 가장 창조적인 시기"였으며, 그는 바로 이 시기에 이미 자리를 굳힌 페이비언 사회주의와 갓 태어난 길드 사회주의 간에 사상적 공방이 벌어진 것을 특히 의미있는 현상으로 간주했다.[2] 더욱이 코울Cole은 이 시기에 신자유주의의 이데올로기적 기초가 붕괴되었는데 그것은 노동당의 대두에 기인했다기보다는 길드 사회주의를 위시하여 새롭게 나타난 도전세력들에 기인했다고 주장했다.[3]

모건K. O. Morgan은 에드워드 시대 이후 영국 국내사를 두 가지 형태의 사회주의 간의 갈등의 역사로 보았으며, 거기에 대한 논의는 노동당 내에서 논쟁의 형태로 지속되는 것으로 보았다.[4] 두 가지 형태의 사회주의 중 하나가 페이비언 협회와 독립노동당에서 드러나는 의회적, 점진적 사회주의 형태의 사회주의라면, 다른 하나는 노동자 권력에 대한 전망을 가진 사회주의라고 할 수 있을 것이다. 그 중 두 번째 경향이 뚜렷한 형태를 갖춘 것이 1910년대였으며 길드 사회주의는 이 경향에 속하는 사회주의의 하나인 것이다.

중간계급으로부터 나온 또 하나의 이 사회주의 사상은 페이비언 협회 내의 일부 회원들이 반발하는 과정 속에서 본격적으로 그 틀이 형성되고 윤곽이 잡히게 되었다.5) 하지만 1912년경부터 서서히 나타나 1915년까지 계속된 투쟁은 주류 페이비언들의 승리로 끝났고 여기에 반발하여 페이비언 협회로부터 500명 정도의 회원들이 탈퇴했다. 반발자들은 주로 대학지부에 소속된 사람들이었다.

그런 과정을 거친 후 치열한 논쟁을 통해서 길드 사회주의의 중요한 원칙이 정리된 스토링턴 보고서*Storrington Document*가6) 작성되었으며, 곧 멜러Mellor를 서기로 하는 '전국길드연맹'National Guilds League이란 운동단체가 조직되었다.7)

길드 사회주의자들의 이러한 도전은 페이비언 협회를 장악하거나 페이비언 사회주의를 수정시키는 데 실패했다. 그러나 라이트Wright에 의하면, 길드 사회주의는 페이비언들의 이론 자체뿐만 아니라, 그들이 노동운동에 대해 가졌던 지적 헤게모니에 대하여 지속적 도전세력으로 작용했다.8) 길드인들의 주장과 페이비언들에 대한 그들의 비판을 함께 살펴보는 것은 당시 중산층 지식인들이 영국사회에 대해 가졌던 공통된 문제의식과 함께 그들 사이에서 나타난 서로 다른 전망의 차이를 우리들에게 극명히 보여줄 것이다.

길드 사회주의에 대하여도 비판과 평가는 시각에 따라 다양하다.

독립노동당(Independent Labour Party) 1893년 브랫포드Bradford
에서 케어 하디Keir Hardie가 중심이 되어 세운 노동자 정당이다. 노동자들은
1884년 선거법 개정으로 투표권을 갖게 되자 자유당에 대해 기대를 가졌지
만 이 기대는 곧 무너지기 시작했다. 이러한 상황 속에서 노동계급은 독자적
정치세력화를 모색하게 되었다. 1880년대의 사회주의의 부활과 1890년대
의 신조합주의 운동이 이러한 움직임에 힘을 실어 주었다. 1892년 선거에서
당선된 케어 하디가 노동자들의 세력이 강한 잉글랜드 북부지방에서 노동계
급 정당 결성을 주도했다. 사회주의적 강령을 채택했지만 실제 활동의 측면
에서 보면 독립노동당은 8시간 노동제 등 구체적이고 실용적인 사회 개혁을
추구했다. 독립노동당은 이후 노동당 창건 과정에 참여한다.

길드라는 용어에서 배어 나오는 느낌이 그러하듯 한쪽 발을 중세에
푹 빠트리고 있는 유토피아적 몽상가들의 사상이라는 평가가 있을
수 있다.9) 그런가 하면 생산이 수행되는 조건들에 집중함으로써 길드
사회주의는 조잡한 유물론적 교리가 되어 버린다고 지적되기도 한
다.10) 또 길드 사회주의를 노동계급의 조직된 부문에만 구원책을
제시하는, 1848년의 생산자협동조합 작업장에 불과한 것으로 보는
견해가 있는가 하면,11) 길드 사회주의는 유토피아주의를 담고 있고,
계급투쟁의 현실을 호도하는 쁘띠부르주아 교리의 형태이거나12) 반
혁명적 경향의 부르주아운동이라고13) 보는 공산주의 이론가들의 평
가절하적인 비판적 관점이 있다. 이에 비해 한 때 길드인이었던 멜러W.
Mellor는 길드 사회주의를 중세주의자와 혁명가 사이에서 불안한 균형
을 유지하려 한 사상으로 보기도 했다.14)

또 길드인들이 한 때 몸을 담았던 페이비언 협회의 이론가들은

길드인들을 원시시대의 무정부적이고 소박한 상태를 무작정 요구하는 성급한 민주주의자들로 규정했다.15) 그러면서 웹Webb은 길드인들의 대안은 가능하지도 않고 바람직하지도 않다고 평가했다.16) 역시 페이비언이었던 쇼B. Shaw는 길드 사회주의는 길드가 전부이며 사회주의는 없다는 식으로 빈정거리기도 했다.17) 그런가 하면 푸트G. Foote는 혁명적 사회주의에서 조합사회주의corporate socialism로 나가는 도정에서 중요한 발판을 제공한 사상으로, 뉴먼O. Newman은 조합주의corporatism의 이론적 개념으로 평가하기도 한다.18)

여기서는 1910년대 영국의 한 지식인 집단이 자본주의의 발전과정 속에서 나타난 여러 문제들에 대해 그들 나름대로 내린 하나의 답변을 통해 그들이 제기했던 문제의식과 전망을 살펴보고 이러한 여러 가지 평가들 속에서 길드 사회주의 사상의 적절한 위치를 자리매김해 보고자 한다.19)

2. 사회적 배경

길드 사회주의가 나타난 시기는 1910년대의 초반기며 이 시기는 소위 노동불안기라고 알려져 있다. 길드 사회주의 사상은 이런 시대적 조류를 타고 형성되었으므로 이 시기의 성격이 어떠했나 하는 것을 살펴보는 것은 매우 중요하다. 우선 노동불안기가 시작되기 몇 년 전(1906년), 1886년부터 시작된 보수당의 오랜 집권을 깨고 자유당이 집권을 했다는 점을 지적할 수 있다. 자유당의 집권에 더해, 태프 베일Taff Vale 사건으로 인해 잔뜩 움츠려 있던 노동자들은 노동대표위원회를 전신으로 하는 노동당을 창건하여 정치세력화하였다. 노동당은 50명의 입후보자를 내세워 그 중 29명이 당선되는 개가를 올렸다. 자유당의 집권과 노동당의 대두는 노동자들에게 의회를 통한 사회변혁에 대한 기대를 가지게 했다. 그러한 기대는 곧바로 노사분규법Trade Dispute Act과 같은 것에서 반영되었다.

그러나 그러한 개혁의 발걸음은 계속되지 않았으며, 1907년 이후 노동자들의 실질임금은 계속 떨어졌고 경제상황은 악화되어 나갔다. 이러한 가운데서 자유당이 일련의 복지입법을 통해 개혁을 시도한 것은 사실이다. 그 결과 1906년의 교육법에서부터 1911년의 국민보험법에 이르기까지의 제 입법을 통해 학교에서의 무료급식, 의료검진, 노인들에 대한 연금지급, 실업자들에 대한 수당지급, 의료보험의 실시 등 여러 가지 새로운 조처들이 나타났다. 하지만 이런 조처들은 그 구체적인 내용을 살펴보면 여러 가지 제한사항들로 인해 가중되는 경제불안과 누적되는 사회모순에 대해 모두 속시원한 해결책이 되지 못했던 것이다.

노동자들의 실질임금이 떨어지고 빈곤의 문제가 제기되는 가운데

1906년 교육법 이 법은 학생들에 대한 무료급식을 가능하게 한 법이다. 1906년 총선에서 자유당이 승리한 후 처음으로 시행된 사회 개혁이다. 브랫포드 선거구에서 당선된 프레드 조웻 등의 노력에 의해 입안된 법으로 자치단체가 무료급식을 제공할 수 있게 만들었다. 하지만 자치단체의 미온적인 태도로 인해 1939년까지 50% 정도만 무료급식이 이루어졌다. 1889년의 보고서에 따르면 런던의 학생들 중 5만 명 가량이 결식아동이었다고 한다.

서 자유당 개혁의 목표는 노자간의 새로운 균형을 모색하려는 것이라기보다는 자본의 패권을 유지한 채 국가효율을 증진시키려는 것이었다.[20] 그리고 그 전략은 노동자들에 대한 억압을 강화하기보다는 불만을 누그러뜨리는 유화책이었고, 전술은 1906년의 교육법에서부터 1911년의 국민보험법을 포괄하는 각종 복지입법이었던 것이다. 그리고 이런 정책을 밑받침하는 세련된 이론체계는 신자유주의에서 빌려 왔다. 그러나 개혁의 현실은 비록 1914년까지 그 고삐가 늦추어지지 않았다고 하지만[21] 신자유주의의 이상에 미치지 못했으며 본래의 의도를 달성하는 데에도 성공적이지 못했다고 볼 수 있을 것이다.

노동당은 의회에 진출했으나 무력했고 일관된 정책도 없었다.[22] 노동자들의 의사나 요구가 의회를 통해 반영될 수 있다는 믿음은 사라졌다. 노동자들은 노동당 성립 초기의 기쁨에 만족하는 것으로 그쳐야 했다. 그런가 하면 노조의 관리들은 점차 정부의 행정직을 맡으면서 이들이 국가기구에 흡수되어 간다는 의구심을 낳게 되었고 1911년의 국민보험법의 통과 후로는 노동조합이 국가기구로 전락하는 것이 아닌가 하는 두려움이 제기되기 시작했다.[23]

이런 상황에서 정치적 행위에 의존하는 사회주의전략을 불신한다는 점에서 신디칼리스트라고 불릴 수 있는 움직임이 1910년까지는 크게 몇 갈래로 나뉘어 나타났다. 특히 톰 만은 프랑스의 노동총동맹CGT, 미국의 산별노조운동IWW에 자극을 받아 전국적인 신디칼리스트 운동을 벌여 나가기 시작했다. 톰 만은 각 산업에서 하나의 노조를 만들려는 병합운동을 벌여 나갔으며, 이 와중에『산업신디칼리스트Industrial Syndicalist』,『신디칼리스트 철도원Syndicalist Railwayman』같은 잡지

1911년 국민보험법 독일의 의료보험에 깊은 인상을 받은 영국의 재무장 관 로이드 조지가 제안한 법으로 이 법은 두 개로 구성되었다. 하나는 의료보 험법이고 다른 하나는 실업보험법이었다. 이 법에 따르면 16세부터 70세까 지의 모든 임금노동자들이 보험에 가입해야 했으며, 노사정 삼자가 일정 부분 기금을 갹출해야 했다. 보험 기금은 노동자가 주당 4펜스, 고용주가 주당 3펜스, 정부가 주당 2펜스를 적립하여 마련되었다. 이 보험의 도입으로 약값을 포함하여 노동자들은 무상으로 치료를 받을 수 있었다. 그리고 노동 자들은 실직했을 경우 직업소개소Labour Exchange에서 직장을 구하는 동안 1년 안에 주당 7실링씩 15주 동안 보조금을 지급받을 수 있었다. 이 법으로 말미암아 노동자들은 오랜 빈민법의 적용에서 벗어날 수 있게 되었다. 이 법이 복지국가를 지향한 정책이었는지 사회통제를 위한 정책이었는지에 대해서는 의견이 다를 수 있다.

들이 차례로 발간되었다.

1911년에 들어서면서부터 스트라이크가 발생하기 시작했다. 선원 과 선적장 인부들의 거대한 스트라이크와 함께 전국적인 철도 스트라 이크도 일어났다.[24] 또 남부웨일즈에선 석탄광부의 파업이 일어났는 데, 1889년 부두파업의 재현이라 규정할 수 있을 정도로 큰 의미를 가졌다.[25] 같은 해 노동계급 및 사회주의 일간지로 『데일리 해럴드 *Daily Herald*』도 창간되었다. 1912년엔 광부들의 전국적 스트라이크가 발생했고 1914년엔 철도, 광부, 운수노동자들의 삼자동맹이 체결되어 연대투쟁이 벌어졌다.[26] 더욱이 이런 과정에서 나타난 노동자투쟁은 임금인상과 같은 해묵은 쟁점을 넘어서서 사회적 평등에 대한 개인적, 집단적 요구를 담은 새로운 정신을 드러내었다.[27]

1910년대의 영국 신디칼리즘, 길드 사회주의 등이 등장한 시대이다. 1910년부터 영국은 노동당에 대한 실망감을 바탕으로 노동불안기라는 유례 없는 혼란기를 맞았다. 신디칼리즘은 노동불안기를 배경으로 하여 발생했다. 노동운동은 이전보다 호전적이 되었으며 노동운동에도 새로운 성격이 가미된다. 런던, 리버풀, 헐, 토니팬디 등 영국의 동서남북 전역에서 호전적 파업이 발생하였다. 길드 사회주의는 신디칼리즘에 자극을 받아 출현한 사상이다. 이 사상은 이미 출현한 페이비언 사회주의와 새로 출현한 신디칼리즘의 절충점을 찾으려는 노력을 하였다. 1914년부터 시작된 1차 세계대전은 노동불안을 잠재웠지만, 집단주의는 오히려 광범위하게 확대되었고 여성의 역할에도 커다란 변화가 나타나게 되었다.

길드 사회주의가 나타난 것은 바로 이러한 영국 에드워드 시대 계급사회의 위기가 시작되는 상황에서였다.[28] 즉 의회와 기존 노동운동 지도부의 행동에 대한 불신이 만연한 가운데서 의회를 수단으로 하지 않고, 기존의 노동운동의 틀에도 기대지 않는 독자적인 노동운동을 찾으려는 시도가 나타났고, 그런 가운데에서 길드 사회주의는 새로운 노동운동에 하나의 이론적 기초를 제공할 수 있는 사상으로 등장했던 것이다.

이런 사회적 맥락은 대단히 중요한 의미를 지녔다고 생각된다. 왜냐하면 노동운동의 거센 기운이 가라앉아, 1930년대에 노동운동의 약체성이 드러나고 특정 사업들에서 노동조합 자체가 사라지는 상황이 되자, 길드운동의 지도자 코울Cole은 직접 행동보다 정치행위의 수단을 중시하는 '태도변화'를 일으켰기 때문이다.[29]

3. 길드민주주의론

1) 경제적 민주주의에서 정치적 민주주의로

그러면 길드 사회주의가 당시 영국사회에 대하여 가진 기본적 입장은 무엇이었을까? 그들이 제기한 길드란 무엇이며 이것이 사회구조에서 갖는 의미는 무엇인가? 또 이를 기초로 하여 길드 사회주의자들이 페이비어니즘Fabianism을 반박하며 제시한 산업통제에 대한 대안은 어떤 것이었을까? 이런 문제들에 대하여 하나씩 검토해 나가면서 길드 사회주의의 진정한 의미를 찾아보도록 하겠다.

길드 사회주의자들의 민주주의는 현실의 모순을 인식하는 것으로부터 출발한다. 길드 사회주의자들은 영국의 자본주의체제를 부패한 자본주의로 간주했다. 자본주의체제는 빈부의 격차를 벌이고, 노동력의 상품화 현상을 낳으며, 소수의 손에 경제력을 집중시키고, 심각한 노동문제를 야기한다고 보았던 것이다. 그래서 그들은 자본가계급이 산업을 경영할 좋은 기회를 살리지 못하고 참담하게 실패했다고 지적했다.[30)]

이 모든 부패의 원인은 독점에 있었다. 러슬Russell은 자신을 길드인으로 고백하는 글에서 당시 영국의 자본주의체제는 정치 권력과 경제력이 소수의 손에 집중되어 있는 근본적인 문제점을 안고 있다고 지적했다. 그는 소수가 경제력을 독점하는 한 민주주의는 한낱 사기행각에 불과하다고 본 것이다. 독점은 경제력의 독점에 그치지 않고 교육과 언론으로 확대되었다. 교육은 독점적 질서를 정당화하는 사고를 재생산했고, 언론은 여론이 진보적 변화에 기울지 않도록 정보를

조작했다. 이런 상황에서 민주주의는 결코 이루어질 수 없었다.[31]

게다가 당대의 국가는 당시 사회의 계급구조를 충실히 반영하는 기구일 따름이었다. 국가는 정치 권력과 경제력의 독점이 만들어 낸 계급특권을 유지하고 보호하는 정치활동을 하고 있었다. 그뿐만 아니라 국가는 고급공무원, 신문사 사장, 신흥 부유층nouveau riche 등을 새로운 귀족층에 편입시키는가 하면, 특정 계급에게 특권을 부여하는 법률을 만들어 내기도 했다.[32] 길드인들의 눈에 사회는 적대적인 사회세력들간의 전쟁터였지만,[33] 국가는 조정자 역할을 하기보다는 경제적 지배계급의 정치적 도구 역할을 하고 있었던 것이다.[34] 이러한 경쟁과 독점, 착취로 이어지는 고리는 국제적으로도 확대되어, 해외투자의 방식으로 한 국가가 다른 국가들을 착취하기에 이르렀다.[35]

이런 모순에서 벗어나기 위해 당시의 여러 개혁그룹들이 공통적으로 추구한 목표는 일단 정치 권력을 장악하는 것이었다.[36] 정권을 장악하기만 한다면 국가 권력을 이용하여 여러 가지 개혁들을 실현시키겠다는 것이었다. 그러기 위해서 정당을 조직하고 확대시켜 나가며, 각종 정치조직들을 만들어 낼 필요가 있었던 것이다.[37] 그러나 길드인들의 생각은 달랐다. 길드인들은 국가 권력을 장악하고 그 기구를 이용해 현실을 개혁하려는 노력은 정치 권력과 경제력의 집중이란 근본적인 문제를 해결하지 못한다고 보았다.

길드인들은 자신들의 의도를 '한 사회에 진정한 민주주의를 실현시키려는 것'이라고 주장했다.[38] 스토링턴 보고서에서는 "길드 사회주의자는 자신을 산업과 정치에서의 민주주의자로 공언한다"고 명시하고 있다.[39] 그런데 길드인들의 시각의 특이성은 그 민주주의가 정치적 민주주의의 토대 위에서 경제적 민주주의가 실현되어 나가는 방식으로 진행될 것이라고 보지 않았다는 점이다. 그와는 반대로 경제적 민주주의가 먼저 실현되어야 진정한 정치적 민주주의가 실현될 수 있을 것이라고 생각했다. 즉 민주적 경제체제가 민주적 정치체제를 선행한다고 본 것이다.[40] 왜냐하면 진정한 권력의 기반은 부가 생산되는 곳에 있었기 때문이다.[41] 스토링턴 보고서에서는 다음과 같이 주장했다.

경제적 조건들이 노예적 상황이라면 정치체제는 노예적 상황이 될 것이다. 자유의 기초는 경제적인 것이다. 그리고 노동자들이 산업의 자유를 갖기 전에는 그들은 정치적으로 자유로울 수 없다. 산업의 지배계급은 정치에서의 지배계급을 의미한다.[42]

그러므로 경제적 민주주의를 실현시키는 과정 즉 산업을 민주적 기초 위에 세우는 과정이[43] 먼저 필요했고 이 과정을 거치고 난 후에야 정치적 민주주의가 탄탄한 기반 위에 설 수 있을 것으로 보았던 것이다. 즉 산업에서 민주적 제도가 정착되지 않으면 정치적 제도의 민주성은 확보될 수 없다고 보았던 것이다.[44] 산업민주주의가 성취되지 않은 정치적 민주주의는 위장된 민주주의에 불과했다.[45] 길드인들에게 민주화의 방향은 정치에서 경제로가 아니라 경제에서 정치로 나가는 수순을 밟아야 마땅한 것이었다.

그래서 길드인들은 이제까지의 정치적 민주주의는 실패했다고 보았다. 왜냐하면 정치적 민주주의의 바탕인 경제적 민주주의가 선행되지 않은 가운데서 진정한 정치적 민주주의가 실현될 수는 없었기 때문이다. 문제를 해결하기 위해서 자연히 눈은 당시의 경제체제로 돌려졌다. 길드인들이 보기에는 정치적 민주주의의 실패를 야기해 왔고, 또 앞으로도 그 실현을 불가능하게 만드는 데에는 당시의 경제체제 즉 산업에 민주적 제도를 도입하기를 거부하는 당시의 자본주의에 큰 원인이 있었다.[46]

물론 길드인들에게 민주주의가 특정분야에서만 중요했던 것은 아니다. 그들에게 정치와 경제는 결국 결합되어 있는 것으로 보여졌으므로 민주주의는 정치와 산업 두 부분에서 함께 실현되어야 했다. 그들의 표현을 빌자면 "산업민주주의 없는 정치적 민주주의는 공허하고, 정치적 민주주의 없는 산업민주주의는 불완전한 것"이었다.[47] 단지 그들에게 자유의 기초는 경제적인 것으로 비쳐졌고 권력의 진정한 기반은 경제적 영역에 놓여 있는 것으로 보였으므로 민주주의의 우선 단계로서 경제적 민주주의가 강조되었던 것이다.

2) 민주주의의 내용-자치와 분권화

여기서 민주주의의 문제가 제기된다. 길드인들은 정치적 민주주의와 경제적 민주주의를 구분했으나 그 원리는 동일했다. 정치적 민주주의는 민주주의가 시민사회의 권력을 세우는 과정에서 관철된 것이다. 그 첫 번째 단추는 중앙권력을 민주적으로 세우는 것이었고 두 번째, 세 번째 단추는 권력이 지방으로까지 분산되게 하고 하부단계에서부터 민주적으로 권력을 세우는 것이었다. 이는 국민이나 주민의 의사에 따라 의사결정을 하는 것을 의미했다. 이 원리는 다름 아닌 자치의 원리로 귀결된다. 그러므로 길드인들에게 민주주의는 곧 자치를 의미하는 것이었다.

그러니 길드인들에게 경제적 민주주의를 실현시킨다는 것은 이런 원리가 경제적 영역으로 확대되는 것 곧 경제적 영역에서의 의사결정을 민주적으로 하는 것, 이 과정에서 노동자의 의사가 반영되게끔 처리해야 하는 것을 의미했던 것이다. 이것이 바로 경제적 영역으로 자유를 확대시키려는 요구이며 투쟁이었던 것이다.[48]

이러한 근거에서 길드인들은 산업에서의 노동자 자치를 요구하였다. 길드인들은 경제적 영역으로 자치를 확대시키자는 주장에 이의가 제기될 수 있겠지만, 여기에 반대하는 것은 역사적으로 볼 때 정당화될 수 없다고 보았다. 왜냐하면 여기에 반대하는 것은 과거에 전제정이나 귀족정의 옹호자들이 정치적 기득권을 유지하기 위하여 정치적 민주주의에 대하여 반대논리를 펴는 것과도 같았기 때문이다.[49] 산업에서의 투쟁은 프랑스 혁명의 삼부회를 산업현장으로 옮겨 놓은 것과 다름없었던 것이다. 이와 같은 산업에서의 자치를 실현하기 위한 구체적인 기구로 제안된 것이 바로 길드였던 것이다.

이와 같이 강조되는 자치는 실질적이고 진정한 자치여야 했다. 따라서 자치의 원리는 분권화의 원리로 연결될 수밖에 없었다. 왜냐하면 자치는 규모가 작을수록 구성원들의 직접적인 접촉을 통하여 효과적으로 실현될 수 있었기 때문이다. 사실 명목적으로 전체국가를 대표할 뿐인 멀리 떨어져 있는 의회보다는, 관계집단 내에서 뽑힌 사람들에 의한 대의체가 더욱 그 구성원들과 접촉이 잦을 것이고,

그들의 이해관계를 잘 파악할 것이라는 지적은[50] 당연한 것이다. 그래서 권력은 기능적으로 지역적으로 그것이 통제가능할 정도까지 분산되어야 했다.[51]

먼저 국가 권력의 경우 길드인들은 권력이 비대해지거나 중앙정부에 집중되는 것을 경계했다. 국가 권력은 여러 개의 층위로 나뉘어져야 했으며 그것은 국가, 주, 시, 읍 등의 차원에서 각기 대표기구를 갖는 형식이 되어야 했다.[52] 정치적 분야에서 볼 때 코울Cole은 기능적으로 조직된 사회에서 대부분의 행정은 지역적인regional 단위에서 가장 잘 수행될 것이라 생각했다. 이는 국가보다는 작은 단위지만 당시의 지방정부보다는 큰 단위였는데 구체적으로는 영국을 20~30개의 지역으로 분할할 수 있을 것이라고 생각했다.[53] 권력분산은 권력에 대한 시민통제를 가능하게 할 것이고 진정한 자치를 실현시킬 것이다. 코울은 다음과 같이 지적했다.

> 진정한 통제를 위해서는 선거인 모두가 지역사회의식을 가져야 하며, 대표들에게 압력을 가하기 위해 단결할 수 있어야 한다.……선거인 전부가 그들의 이상을 서로 논의할 수 있다면 또 그들이 자신을 분명히 정의된 사회적 단위의 시민들로 간주한다면 진정한 통제는 확보될 수 있을 것이다.[54]

나아가 권력분산의 원리는 경제적 영역에도 동일하게 적용될 것이 요구되었다.[55] 구체적으로는 정치적 영역에서의 권력분산이 지방자치의 형태로 구현된다면 경제적 영역에서는 작업장에서의 자치의 형태로 실현될 것이다. 길드조직 역시 분권화된 단위들을 기초로 할 때만 민주성이 담보되는 것이다.

분권화를 토대로 할 때 모든 조직의 기본원칙은 철저하게 의사결정이 아래에서 위로 올라가는 형식이 되어야 했다. 이 원칙은 생산자조직이든 소비자조직이든 마찬가지로 적용되어야 했으며, 구체적으로는 길드든 협동조합이든 자치시조직이든 모두 그 조직은 분권화를 기초로 하여 가장 작은 자연적인 단위에서부터 출발하여 위로 올라가며 강화되는 형식을 갖추어야 한다.56) 작은 단위의 자치로부터 시작하여 전국적인 조직으로 나아가는 것 이것이 진정한 민주주의였다.57) 러슬Russell은 서로 다른 이해관계를 갖는 집단들 사이로 이런 식의 권력분산이 이루어질 때 대의민주제가 갖는 해악들이 극복될 수 있을 것이라는 믿음을 피력했다.58)

길드인들은 특히 산업에서의 민주주의는 정치적 민주주의보다 그 실현가능성이 높을 것이라고 생각했다. 왜냐하면 사람들은 정치의 영역에서는 근대정치의 방대한 기구 속에 매몰되어 정치 권력에 대한 통제력을 발휘하기 어렵지만, 산업에서는 바로 자신들이 가장 잘 알고 있는 것들을 다루므로 언제든지 통제력을 행사할 수 있기 때문이었다. 그러므로 산업자치가 실현될 경우 길드의 관리들은 정치가들과는 달리 항시 길드회원들의 통제 하에 놓이게 될 것이 당연했다.59) 정치적 민주주의의 장에서 정치가들은 선거구민들을 쉽게 기만하면서 당선될 수 있으며, 임기동안 별로 한 일이 없다 해도 선거에서 대중을 잘 조작하기만 하면 얼마든지 다시 당선되는 일이 허다하다.60) 그러나 산업민주주의의 장에서는 결코 그런 일이 벌어질 수 없는 것이다. 이곳은 진정한 자치의 가능성이 확보될 수 있는 공간이었기 때문이다.

3) 길드—자치와 분권화의 장치

길드에 대해서는 앞 장에서 상세히 설명한 바 있으나, 여기서 다시 간략하게 설명해 보기로 한다.

길드인들은 경제적 영역에서 민주주의를 실현시키기 위해 "길드"라는 조직을 제시했다. 길드에 대한 정의 자체가 민주주의와 길드의 연관성을 잘 보여 준다. 길드는 '산업에 적용된 민주주의의 구체적 표현'으로 간주되고 있으며, 1921년 시작된 건축길드의 활동은 산업에서의 민주적 실험으로 평가되었던 것이다.[61] 이는 또 길드인들이 민주주의에 부여한 내용으로 보건대, 길드를 통해 자치와 분권화의 원리를 실현시키려 했다는 의미이기도 하다.

길드는 중세의 동업조합을 의미하는 용어로 쓰였지만 길드인들은 이 용어를 산업사회라는 조건 속에서 부활시켰다.[62] 따라서 길드에는 산업사회의 조건들이 고려되어야 했으며 길드인들이 가진 다원주의적 관점도 반영되었다. 홉슨Hobson은 길드를 두고 "길드는 사회의 특정 기능을 책임있게 수행하기 위해 조직된 서로 의존적인 인간들의 자치단체"라고 정의했는데 이런 생각은 민주적인 사회에는 각 기능들의 단위에 대응하는 각기 분리되어 선출된 대표집단들이 존재해야 한다는 길드인들의 독특한 관심을 배경으로 하고 있다.

이와 같은 길드는 노동조합과는 다른 성격을 지니는 조직이었다.

그 차이점으로 우선 길드는 직종별로 조직되는 것이 아니라 산업별로 조직된다는 점을 지적할 수 있다. 이 점에서는 산별노조와 유사한 측면이 있다는 것을 지적해 볼 수도 있겠다. 그런데 더 나아가 길드조직은 육체노동자들로만 구성되지 않는다는 두 번째 차이는 길드와 노동조합의 차이를 더욱 뚜렷이 드러낸다. 즉 길드는 산업의 운영에 필수적인 모든 사람들을 포함하고 있는 것이다. 여기서 길드를 구성하는 사람들은 육체노동자와 함께 사무직노동자들 전부라는 것을 알 수 있고 나아가 산업을 경영하는 사람들까지도 포함될 수 있다는 점을 지적해 볼 수 있다.[63]

길드는 노동조합과는 달리 직접 산업을 운영해 나가는데 관심을 가지고 있다는 점에서도 특이하다.[64] 바로 이를 두고 스토링턴 보고서에서는 산업에 민주주의를 도입하는 것이라고 규정했으며,[65] 무엇보다도 이 점이 과거에 존재했던 노동조합과 미래에 존재하게 될 길드조직 사이의 큰 차이점으로 지적되고 있다.[66]

코울Cole은 노동자들이 현실의 진정한 사실들에 대해 눈뜨게 되고, 교육을 통하여 계급의식적이 되어감에 따라 현재의 조건하에서 운영되는 산업에 대해서는 그 산업운영에 대해 점점 더 협조하려 하지 않을 것이라고 보았다. 그렇다면 고용주들이 노동자들의 협조를 얻지 못하는 한 많은 공장들이 문을 닫고 산업이 점점 더 비효율적이 되어가는 현상은 당연한 귀결이 될 것이다. 따라서 고용주들은 산업을 효과적으로 운영하기 위해 결국 노동자들의 협조를 얻어내어야만 할 것이고,[67] 그 결과 산업이 발달할수록 노동자들이 산업통제에 참여하려는 경향은 점증하게 될 것이다. 예를 들어 철도노동자와 광부들은 직접 철도산업과 광산업의 통제문제에 참여하게 되기를 점차 기대한다는 것이다. 그런데 길드야말로 한 산업에 종사하는 사람들의 의지가 집약된 기구였기 때문에 산업의 통제를 길드가 떠맡으려는 경향이 나타날 수밖에 없다는 것이다.[68]

길드조직의 원리는 노동하는 사람들이 스스로 자신을 통제하며 경제적 주인이 되어야 한다는 것이며 이 점에서 신디칼리즘과의 공통점을 지적해 볼 수 있을 것이다.[69] 여기서 길드인들은 길드구성원들이 아닌 다른 기구나 사람들에 의해 지명된 감독자들을 받아들이지 않았다. 길드인들은 노동자들이 선택한 감독과 경영자 아래서 노동할 권리를 요구했던 것이다.

길드인들은 설사 국가가 자본가의 자리를 대신한다 해도 상황은 크게 달라질 것이 없다고 보았다. 노동자들의 임금이 다소 나아질지는 모르나 그들의 수동적 지위에는 아무 변함이 없다는 것이다. 그래서 길드인들은 산업을 국가가 경영하는 것은 자본가들이 지배의 형태를 변형시킨 것일 수도 있다고 생각하며, 노동조합이 약한 곳 즉 노동자들이 준비되지 않은 곳에서 국유화를 위험한 것으로 간주했다.[70] 자본가든 국가든 위로부터의 감독은 배격되는 것이다. 그것은 당이나 다른 중앙기구로부터의 감독도 마찬가지였다.[71] 철저한 자치적 조직이라는 것이 길드인들이 길드에 부과한 핵심적 성격이었다.

길드의 단위에 대하여는 지역적 조직을 기반으로 하자는 주장도 있으나[72] 홉슨Hobson, 코울Cole 등은 광산, 철도 등 특정산업의 경우 산업사회에서의 대규모 생산조건을 충족시킬 수 있는 전국적 조직이 필요하다는 점을 인정했으며,[73] 길드회원들은 여기서 그가 고용된 것의 여부에 관계없이 길드회원으로서 급여를 받을 것이고[74] 이러한 급여의 메커니즘이 당시에 나타난 노동의 상품화 현상을 종식시킬 수 있을 것이라고[75] 전망했다. 나아가 홉슨Hobson은 이런 과정 속에서 노동의 성격 자체가 양적 증대를 지향하는 것에서 질적 생산을 추구하는 것으로 전환해 나갈 것이라는 생각을 피력했다.[76]

4. 길드인들의 방법론-노동조합에서 길드로

어떤 사상의 성격을 규정짓는 요인들 중 상당한 부분은 방법론에 있다고 생각된다. 특히 이 부분의 검토를 통해 길드 사회주의에 대해 흔히 제기되는 '현실성'의 문제를 가늠해 볼 수 있을 것이라 생각된다.

길드인들이 가졌던 사회변동에 대한 생각은 혁명적이기보다는 진화론적이었다. 코울Cole은 사회구조가 급격히 몰락한다거나 급진적으로 바뀌어진다는 생각은 갖지 않았다. 변화는 낡은 사회적 형태로부터 새로운 사회적 형태가 나타나는 것으로 진행되며, 사회적으로 그 효용을 잃어버린 제도들을 추방하고 새로운 제도가 대체되는 방식으로 완성될 것이다. 이 과정에서 구체적인 주역을 맡게 될 것들이 바로 여러 기능적 결사체들인 것이다.[77] 코울은 다음과 같이 주장했다.

일단의 물질적 조건들은 일단의 결사체들과 사회조직의 형태 속에서 자신을 드러낸다. 그러므로 일련의 결사체들은 원시사회, 중세, 산업혁명 이후 우리의 시대에 각기 상응하는 것이다. 그래서 자본주의 안에서 일련의 새로운 결사들이 나타나 자본주의를 대체하게 될 것이

다.[78]

그런데 이런 과정이 자동적으로 나타날 것으로 보지는 않았다. 코울은 경제적 지배계급이 자신보다 강한 경제계급의 압력에 의해 자신의 이익을 양보한 경우를 제외하고 스스로 양보를 한 경우는 역사상 단 한번도 없었음을 지적했다.[79] 역사에서 변화를 야기하는 힘은 인간의 힘이요 의지라고 보았던 것이다.[80]

이러한 역사인식의 바탕 위에서 길드인들은 스토링턴 보고서에서 그들의 방법론으로 노동조합운동과 여기서 나오게 될 혁명적 사회주의운동의 공동행위를 중시했다.[81] 또 코울은 자신이 사회혁명을 지향하고 있다고 표현하기도 했다.[82]

하지만 길드인들에게 혁명이 추구되었다 하더라도 방법론으로 볼 때 그 의미는 문자 그대로의 "혁명"적 의미를 담고 있는 것 같지는 않다. 왜냐하면 길드 사회주의를 실현하는 방법론으로 제시되는 혁명은 모든 과정을 무시하고 인위적으로 변화를 강요한다기보다는, "혁명"을 일구어 낼 의도를 가지고서 점진적 발전의 노선에 서 있는 모든 세력들을 강화한다는 의미가 강했기 때문이다. 여기서 혁명은 내란을 의미하는 것이라기보다는, 성취된 사실들을 기록하고 이미 작용하고 있는 경향들이 절정을 이루는 것으로서 나타나는 현상을 의미했다.[83] 코울은 신디칼리스트들의 혁명적 총파업 주장을 혁명을 어떻게 수행할지에 대해 '바보'들이 내놓은 방법이라고 비아냥조로 평가하기도 했다.[84] 그러므로 길드인들은 현재의 사회질서를 폭력적으로 전복한다는 의미에서 혁명적이지는 않았다고 볼 수 있다.[85]

그러나 변화는 결코 느려서는 안 되었다. 변화는 점진적이어야 하나 빠른 속도로 진행되어야 했다.[86] 역설적이지만 혁명을 향해 천천히 서두르는 방식이 되어야 했다. 또 이런 변화는 현재의 체제를 그냥 내버려 두게 될 때 그 체제가 완전히 붕괴되어 버리고 혼란에 빠져 버리는 파국을 막기 위한 예방적 성격을 지니는 것이기도 했다.[87] 이것이 길드 사회주의자들의 방법론의 요체였다.

코울Cole은 혁명이 영국이나 미국에서 실제적으로 일어날 가능성에 대해서도 회의적이었다. 혁명이 일어나기 위해선 혁명의 양 세력이 모두 무장을 해야 했지만 영국에서 노동자들이 무장하는 것은 자본주의체제가 더욱 부패해서 그 정치기구들이 해체되는 과정이 더 깊숙이 진행되지 않는 한 불가능하다고 보았던 것이다.[88]

혁명을 확대된 "직접 행동"Direct Action으로 볼 때 혁명은 보다 가능성이 있어 보이기는 하나, 코울Cole은 그것도 지금보다 훨씬 약화된 자본주의체제에서, 또 1917년 러시아에서 조성되었던 것과 같은 매우 유리한 시점에서만 가능할 것이라고 보았다.[89] 그러므로 혁명적 방법으로 인한 사회변화의 가능성은 희박하다는 결론이 내려지는 것이다.

대안은 혁명적 목표를 설정하고 점진적인 방법을 이용하는 것이었다.[90] 노동자들이 각각의 영역에서 권력을 장악해 나가는 것, 특히 산업과 지방정부에서 권력을 점진적으로 장악하는 것, 노동조합의 회원수를 늘려 나가고 교육을 확대하는 것, 협동조합을 발전시켜 나가는 것, 노동조합의 통제력을 확대시켜 나가는 것 등의 단계적인 방법을 통해서 였다.[91] 즉 철저한 변화에 대한 의지를 갖고 있으면서 그러한 변화에 대한 접근은 단계적으로 진행시키려 했던 것이다.

코울Cole이 자신을 '양식있는 극단주의자'sensible extremist라고 부른 것은 이런 의미에서였을 것이다.92) 또 그가 길드 사회주의가 '혁명적으로 도' '온건하게도' 해석될 소지가 있다고 했을 때도 바로 이런 이유에서 였을 것이다.93)

정치에 대해서는 강력한 불신이 표명되었다. 1917년의 전국길드회의에서는 '사회주의자'라는 용어가 정치적 의미를 띠었다는 이유로 이 기구를 특별히 사회주의 단체로 만들자는 제안이 거부될 정도였다.94) 이런 불신의 이유는 요구되는 변화가 근본적으로는 정치적인 것이 아니라 경제적인 성격을 띤다는 점 때문이기도 했고, 산업이나 경제적 상황이 정치적 행위에 의해 별로 변화되지 않는다는 것을 경험적으로 알아 차렸기 때문이기도 했다.95) 게다가 자본주의체제에서 경제력은 정치력을 우선한다고 생각되었으므로 변화를 위해 필요한 것은 정치적 힘보다는 경제적인 힘이었던 것이다.96) 즉 노동계급조직들이 조직원들에 대하여 갖는 통제력에 기반을 둔 노동계급의 경제적인 힘의 직접적인 표명이 더욱 중요했다.97) 이런 생각은 코울이 국가를 타도하기 위하여 혁명적 행동을 강조하는 맑스적 산별노조주의와 길드 사회주의와의 차이를 밝히는 과정에서 두드러졌다. 그는 길드인들은 혁명의 정치적 측면에 대해서는 관심이 덜하다고 지적하면서, 그보다는 노동조합운동을 산업에 대하여 진정하고도 확실한 통제력을 얻을 수 있는 조직으로 키워 나가는 것에 더 많은 관심을 가지고 있다고 밝혔다.98)

그뿐만 아니라 코울은 현재의 상태에서 합헌적 정치행위도 여러가지 면에서 부적합하다는 것을 제시했다. 그런 이유들로 그는 설사 계급의식적인 정부가 들어선다 하더라도 의회적 방법으로 개혁을 달성하려 한다면 적어도 1세기는 걸릴 것이라는 점,[99] 현존 국가조직은 근본적인 구조적 변화를 성취하기엔 부적합하다는 점, 정치적 수단으로 변화를 야기시키려 한다면 이는 곧 경제력에 바탕을 둔 지배계급에 의한 반동을 불러일으킬 것이라는 점, 변화의 본질은 정치적인 것이 아니라 경제적인 것이며 자본주의체제 하에선 경제력이 정치 권력에 선행한다는 점[100] 등을 들었다.

정치행위에 대한 그의 생각들을 놓고 볼 때 코울Cole은 다음과 같은 점을 분명히 하고 있다. 첫째, 그는 '자본가들의 능숙한 제도조작능력'을 인정하는 한편 조직되지 않은 노동자들에 대한 불신을 표명한다. 둘째, 그는 '의회적 방법이 갖는 비효율성'과 보수세력의 저항을 의식해야 한다는 것을 지적한다. 셋째, 그는 '국가의 역할에 한계가 있음'을 즉 국가가 건드릴 수 있는 부분은 제한적이라는 생각을 보여 준다. 넷째, 그는 정치보다 경제력이 더욱 강력한 보루라는 것을 강조해 '자본가들의 경제적 기반이 살아 있는 한 언제든 정치적 역전은 가능하다'고 보고 있다. 다섯째, '역사변동의 밑바닥에 존재하는 추동력은 물질적인 측면에 있음'을 인정한다는 것을 보여 준다. 요컨대 현재의 정치기구를 통해 자본주의체제의 변화를 유도해 낸다는 것은 지극히 어렵다는 것이다.

단지 길드 사회주의에서는 신디칼리즘에서처럼 정치적 민주주의가 완전히 거부되지는 않았으며, 보완되어야 할 하나의 제도로 간주되었다는[101] 점은 지적되어야 할 것이다. 즉 정치적 방법은 비록 불신되기는 했지만 보조적인 방법으로 일정한 의미를 지녔던 것이다.[102]

단지 이 방법은 사회의 경제구조가 바뀌어 나가는 과정과 함께 갈 때만 의미가 있었다.103)

　합헌적 정치행위든 비합헌적 정치행위든 정치행위에 대신하여 강조되었던 것은 노동자들의 직접 행동과, 노동조합의 사회적 힘을 키우는 것이었다. 직접 행동을 반대하는 사람들은 직접 행동이 민주적인 원칙에 위배되며, 노동조합은 경제적인 문제에만 관심을 가져야 하고 다른 문제에 대해서는 관여하지 말아야 한다고 주장했지만 이런 것은 길드인들이 보기에는 사회의 여러 장치들이 제대로 작동한다는 전제하에서나 가능한 주장이었던 것이다. 길드 사회주의가 나타났을 당대의 국가와 의회의 성격은 압도적으로 대기업의 이해를 대표하는 것이라 간주되었으므로 보통선거로 민주주의를 보장할 수는 없다는 주장이 가능했던 것이다.104) 결국 정치에 대신하여 직접 행동을 주장하는 밑바탕에는 '보통선거를 통해 구성된 의회가 과연 민주적이며 국민의 의지를 대변하는 기구라 할 수 있는가?' 하는 정치적 민주주의에 대한 의문이 짙게 깔려 있었던 것이라고 볼 수 있다.105)

　그러므로 위로부터의 개혁을 의미하는 정치적 개혁을 통해서보다는 노동자들의 지성과 끈기를 발전시킴으로써 그들의 역량을 통해 개혁을 끌어내야 했던 것이다.106) 결국 의회보다는 노동조합이 중요한 수단이 될 것이라는 데 의견이 모아졌다.107) 그래서 전국길드연맹이 선전활동을 벌인 중요한 대상도 바로 노동조합이었다.108) 현실적으로 길드인들의 생각이 반영된 곳도 **광부동맹**과 **전국 철도원노조, 전국 철도서기노조, 전국 교원노조** 같은 곳들이었다.109) 또 산업 내의 노동조합은 하나로 결합하거나 서로 연대할 것이 기대되어졌다.110)

노동조합은 그 능력을 끊임없이 신장시켜 나가야 할 하나의 법인체 corporation가 되어야 했고,111) 단순히 노동자들의 이익단체로 그쳐서는 안되며 하나의 산업조직을 만들어 내야 했다. 현재의 노동조합도 상당한 정도의 통제력을 행사한다는 것을 인정하지만 그 통제력은 기껏해야 고용주의 결정을 거부하는 식의 소극적인 것이며 이런 방식 보다는 보다 적극적이고 지도적인 방향을 택해야 한다고 보는 것이다.112) 그런 측면에서 길드인들은 당시의 작업장 대표자운동과 같은 노력을 매우 긍정적인 눈으로 보고 있는 것이다.113) 결국 길드운동은 노동조합운동을 새로운 방법 위에 세우려는 노력인 것이다.114) 노동조합을 단순한 임금협상기구가 아닌 생산의 유기적 단위로 재창조해 내려는 노력이었던 것이다.115) 이런 가운데서 미래 산업조직의 핵심이 노동조합들에서 발견될 수 있을 것이라는 믿음도 나타났다.116) 여기서 노동조합은 투쟁기구로서만이 아니라 새로운 체제 내에서 기능할 새로운 제도로서의 의미를 갖게 되는 것이다.117)

노동조합을 전국길드로 변화시켜야 했으므로118) 오늘의 노동조합 조직은 내일의 길드조직의 기초가 되어야 했다.119) 그러기 위해서는 현재의 노동조합은 다음과 같은 방향으로 재조직되어야 했다. 첫째, 조합원의 기초가 효율적으로 확대되어야 했다. 그러기 위해서는 노동조합은 문을 활짝 열어야 했다.120) 육체노동자뿐만 아니라 다양한 부류의 비육체노동자들 즉 여러 종류의 봉급생활자들을 포함시켜야 했다. 노동조합을 넘겨 받게 될 전국길드는 "산업의 전 요원personnel을 포함한다"121)고 했으니 기술자, 전문가, 경영자, 감독 등이 모두 여기에 연루되어야 했다.122) 기술자나 전문인들의 중요성을 인정하지 않고 이들을 "자본주의의 옹호자"로 간주해 프롤레타리아 독재가 낳을 새로운 질서에 대비해 이들을 몰아내야 한다는 생각은 단연코 배격되었다.123) 산업을 수행하는 과정에서 이들의 지위는 공식적으로 인정되고 있다.

둘째, 노동조합은 그 조직의 기초가 안정되어야만 하고, 상호 의심의 눈초리를 던지고 때때로 갈등을 빚는 단위들의 집합으로부터 벗어나 합리적으로 조직된 기구로 변화되어야 했다.124) 노동조합의 노동자들 전체를 효율적으로 지도되는 하나의 단일한 세력으로 묶어 공동의 관심사에 대하여 통일된 행동을 취할 수 있게 하여야 했다.125) 보다 구체적으로는 당시의 혼란스럽고 분파적인 노동조합조직에서 벗어나 산업별 노조를 구성할 것이 요구되었다.126) 코울Cole은 우선 1,100개 가량의 현존하는 직종별 조합들을 20개 가량의 산업노조로 전환할 것을 기대했다.127) 여기서 나아가 전체노동자들의 연대까지 이루어낼 것을 기대했던 것이다.128)

셋째, 노동조합이 작업장이나 그와 같은 종류의 것을 조직의 본질적 기초로서 인정함으로써 노동조합 자체가 그 내부운영을 민주화해야 한다는 것이다. 노동조합도 평조합원들의 직접통제를 통해서 민주화되어야 한다는 점을 지적함으로써 길드인들은 노동조합에서 나타나는 관료화와 부패현상에 대해 경계했고 여기서 벗어나야 할 것을 강조했다.

넷째, 노동조합운동이 분명한 정책을 필요로 한다는 것이다. 각 산업의 성격과 환경에 관련해서는 광범위한 차이를 인정한다 하더라도129) 사회변화를 위한 책임이 우선 현실적으로 노동조합에 지워진만큼 노동조합은 장기적인 목표를 가져야 했다. 노동조합은 임금인상이나 조합원들의 노동조건을 향상시키는 것을 목표로 하는 데에 그쳐선 안 되며 임금제도 자체를 폐지하도록 노력해야 하며,[130] 임금노동자나 봉급생활자들의 보호기구로서가 아니라 산업의 통제조직으로 바뀌어야 했다.[131]

이상의 주장은 결국 생산직과 사무직의 결합, 노조의 조직화, 노조의 민주화, 노조의 분명한 정책 설정이란 것으로 요약된다. 이런 노선으로 재조직된 노동조합은 노동시장을 파고 들어가며 역량을 확대해 나가야 했다.

한편으로는 그들의 조직을 강화하면서 노동자들은 "통제의 잠식" encroaching control이라는 정책을 추구해야 했다. 이런 방법론은 작업장 대표자운동shop steward's movement에 참여했던 패튼J. M. Paton과 함께 홉슨 Sam Hobson, 코울G. D. H. Cole 등에 의해 제안된 것으로,[132] 소유계급이 장악하고 있는 산업에 대한 통제력에 점진적으로 파고 들어간다는 주장이었다.[133] 코울은 이 방법이 혁명의 전 단계와 이후 단계의 사이에 연속성을 부여할 수 있는 이행전략이라고 언급했다.[134]

이 전략은 1차대전 중 노동조합대표들이 정부기구에 자문역을 맡는 것을 노동자들이 그들의 눈으로 보게 되면서 현실성 있는 방법으로 인식되었다. 예를 들자면 노동조합대표들이 생산위원회와 나아가 전시내각에 관여한 것들을 지적할 수 있다.[135]

이런 정책은 노동계급의 대표자들에게 소유계급의 손아귀에 장악되어 있는 사회 기존의 여러 기능들을 꾸준히 이전시킴으로써 가능했다.[136] 코울Cole은 노동자들이 직접 감독을 뽑는 방법과, 작업장 조직

을 노동조합기구의 필수적 부분으로 발전시키는 방법을 구체적인 예로 제시했다.137)

잠식의 정책은 단순히 자본가들의 '경제적 자원'을 넘겨받는 것을 의미하는 것이 아니었으며 자본가들이 가진 '경제적 기능'을 넘겨받는 것을 의미했다. 길드 사회주의의 본질적 방법은 산업분야든, 상업분야든, 정부부처이든 모든 전략적 요충지에서 중요한 기능들을 자본가로부터 길드회원들에게로 넘기는 것에 있었다.138) 잠식의 정책은 1920년 5월 상당히 좌파적 영향을 많이 받은 '길드 사회주의자 행동강령'이 채택되었을 때에도 그대로 받아들여질 만큼 길드인들의 독특하고도 중요한 전략이었다고 할 수 있겠다.139)

이러한 길드화과정은 사적 부문의 사업에서만이 아니라 공공소유 기업에서도 수행되어야 했다. 예를 들면 우체국이나 시영기업과 같은 부문에서도 길드화가 진행되어야 했다. 공유화의 진정한 의미는 길드화되는 과정에서 찾아져야 했다.

그러나 이 모든 훌륭한 계획의 성패는 노동자들, 보다 정확하게는 산업구성원들의 역량을 계발하는 데 달려 있을 수밖에 없다고 생각된다. 그것이 이 방법론의 성공과 실패를 가를 것이다.

5. 맺음말

이상의 논의에서 몇 가지를 정리해 볼 수 있겠다.

1. 우선 신디칼리즘이나 산별노조주의와 구별되는 길드 사회주의의 차별성을 부각시켜 볼 수 있겠다. 앞에서 살펴본 바에 따르면

길드 사회주의는 분명 프랑스의 생디칼리즘과 미국의 산별노조운동에 영향을 받기는 했지만 이들과는 구별되는 내용을 담고 있다는 것을 알 수 있다. 아래로부터의 힘을 강조하고 위로부터의 명령 수행에 따라 운동이 진행되어서는 안 된다고 주장하는 점에서 프랑스 생디칼리즘과 유사성을 가지지만, 길드가 산업구성원 전체를 끌어안는 개방적 조직이라는 점, 방법론에서 프랑스 생디칼리즘이 채택한 혁명적 총파업을 거부했다는 점 등에서 분명한 차이가 드러난다. 또 산별노조를 지향한다는 점에서는 미국의 산별노조주의와 유사하나 미국 산별노조주의운동이 보여 주는 철저한 중앙집권적인 체제에 대해서는 반대한다는 점에서 미국 산별노조주의와도 상이한 측면이 있다. 영국의 신디칼리즘과는 노동조합의 바탕 위에서 운동해 나가며 산업의 노동자통제를 강조한다는 점에서 유사한 면이 있으나 새로운 길드조직을 고안해 내었다는 점에서 차이를 지적해 볼 수 있다.

2. 길드 사회주의는 민주화운동의 연장선상에 서 있다는 점이다.

정치적 민주화가 국가 권력을 민주적으로 수립하고자 하는 민주화운동을 통해 이룩되었다면, 경제적 민주화는 작업장내 권력의 민주적 수립을 위한 작업장 민주화운동을 통해 이룩될 것이다. 이런 의미에서 길드운동은 노동운동을 급여, 노동시간, 작업조건에 대하여 관심을 가졌던 단계에서 경제적 민주주의를 향한 단계로 끌어 올렸다고 할 수 있다. 절대 권력과 독재권력을 타도하고 보통선거권을 획득하며 공정선거를 통한 정통성 있는 권력을 창출하는 것이 제1의 민주화운동이라고 한다면, 제2의 민주화운동은 지방자치를 통해 정치적 권력을 진정으로 주민통제가 가능하게끔 만드는 것이다. 여기에서 나아가 구체적인 삶의 현장인 작업장에서의 민주적 작업통제를 확보하려는 길드인들의 노력은 제3의 민주화운동이라 규정해 볼 수 있다. 길드인들은 이러한 노력을 통해 시민생활에서만이 아니라 노동하는 삶의 영역으로 확대된 참여 민주주의를 지향했으며 여기서의 참여는 일시적이고 우발적인 참여가 아니라 그가 일하는 공간에서 이루어지는 자연스럽고 지속적인 참여를 의미했다.

이러한 민주화운동은 노동운동을 매개로 해서 진행되며 노동자 개개인의 주인의식을 회복시키는 차원으로 치닫는다. 그 결과 노동운동과 사회주의를 모두 고양시키게 된다. 여기서 노동운동은 자기 집단만의 이익추구라는 차원에서 벗어나게 되고, 사회주의는 그저 나누어 갖는 것에 관심을 갖는 이념이 아니라는 점이 분명해진다.140) 그런 생각은 집단 이기주의나 천민 사회주의에 불과한 것이다.

3. 길드 사회주의는 자유를 통해 평등으로 나아가려 한다는 점이다. 길드 사회주의에는 자유와 평등을 추구하는 주장이 다 들어 있다.141) 그런데 이 중에서도 더욱 중요한 부분은 자유였다. 이 자유는 실업의 공포로부터의 자유, 노동을 할 자유, 자신이 뽑은 감독 아래서 노동할 자유를 의미했다.142) 이러한 자유를 실현하기 위해 민주적 원리를 도입해야 한다면, 그리고 민주적 원리가 자치를 의미한다면, 기득권자들은 모든 의사 결정과정에서 독점적 지위를 상실하게 될 것이고 여러 부분에서의 기득권을 포기해야 할 것이다. 따라서 길드인들은 자유의 실현 과정에서 경제적 평등이 따라서 해결될 것이라고 보았다. 하지만 그러한 자유가 산업사회의 가장 중요한 무대인 작업장에서는 성취되지 않았던 것이 당시의 현실이었다. 길드인들에겐 자유와 평등

은 대립개념이 아니었으며 서로 연결되는 것으로 보였다. 19세기에 부르주아가 주장한 경제적 자유는 경제적 불평등을 초래했고 자유와 평등의 대립관계를 조장했다. 그러나 길드인들이 주장하는 경제적 자유는 그 무게중심이 노동자들에게 옮겨져 있고 경제적 평등과 연결되는 것이다.143)

4. 길드인들이 추구하는 자유의 중심에는 개인이 놓여 있다. 길드인들에게 자유는 개인과의 연관성을 제외해 버리면 아무 의미가 없어지는 그런 자유였다.144) 길드인들은 전체에 대하여 개인을 보호하려고 했고 개인이 전체 속에 매몰되지 않도록 주의를 기울였다. 개인이 거대한 사회유기체의 손아귀에 잡혀 있는 단순한 난쟁이에 불과하게 되지 않도록 유의해야 했다.145)

러슬Russell은 길드 사회주의의 궁극적 목적이 개인의 자유를 향해 있음을 지적하며 길드인들이 소비자조직이나 생산자조직 어느 하나에 전적으로 기대지 않은 이유를 전체사회를 대표하는 기구가 단독으로 개인의 자유를 충분히 보호할 수 없기 때문이라고 주장했다.146) 훌륭한 사회는 국가의 영광으로부터 나오는 것이 아니라 개인의 자유로운 발전에서 비롯되는 것이고 개인의 자유로운 발전이 세계를 개조해야 할 정치체제의 최고목적이었던 것이다.147)

그리고 이러한 개인의 존중과 참여를 보장하는 안전한 수단이 바로 자치였다. 페이비언들이 분권화된 지방자치단위에서의 주민들의 자치, 소비자들의 통제를 추구했다면,148) 길드인들은 주민자치에 덧붙여 노동과 생산현장의 자치를 추가함으로써 자치의 영역을 확대시켰다. 그리고 궁극적으로는 모든 사회조직에서 자치의 원리가 실현될 것을 기대했다.149) 그래서 "사회조직의 목적은……본질적으로 모든 사회구성원들의 완전한 자기표현에 있고……자기표현은 자치를 연루한다고 생각되고……우리는 투표권만이 아니라 공동사회의 문제들에 대해 사람들이 완전히 참여할 것을 촉구하는 것을 목표로 해야 하는"150) 것이다. 여기서 길드조직이야말로 자치의 예술을 점진적으로 배우는 실험장이요,151) 또 깨어 있는 민주주의의 장으로 간주되었던 것이다.152)

5. 산업통제에 대한 대안은 소비자와 생산자의 공동통제이다.

길드 사회주의자들은 페이비언들이 소비자들에 의한 산업통제를 제시했을 때, 노동자들이 작업장에서 그들 스스로의 주인이 되지 못하고 관료들의 통제하에서 노동하게 되는 노예적 노동환경이 도래할 것을 우려했다.153) 반면 생산자들에 의한 산업통제도 커다란 위험 요소를 안고 있었다. 생산자들이 오로지 자기 직종에 종사하는 사람들만의 이익을 도모하려는 집단적 이기주의에 빠져 버릴 수도 있었기 때문이다. 길드인들은 일견 노동자들 쪽에 서 있는 것으로 보이지만 노동자의 지위가 전적으로 우월해서 인간의 다른 지위를 지배할 수 있는 것으로 보지는 않았다.154) 즉 생산자기구들이 사회를 착취하는 것을 용인치 않았던 것이다.155) 이렇게 산업통제를 소비자 쪽에서 접근할 때나 생산자 쪽에서 접근할 때나 모두 해결하기 어려운 난점이 있다는 것을 알게 되었을 때 길드 사회주의자들은 이 양쪽의 어느 한 편을 택하기보다 양쪽 모두를 화해시킬 수 있는 방법156) 즉 "노동자와 대중the workers and the public의 협력체제"를157) 찾으려 했던 것으로 보인다. 길드회의와 의회를 통해 생산자와 소비자 모두의 의사가

196

대표될 수 있는 사회적 장치를 고려하려는 노력 즉 소비자 민주주의와 생산자 민주주의를 조화시켜 보려는 노력이었던 것이다.

6. 길드인들의 방법론을 면밀하게 살펴 볼 때 길드사상을 허구적 사상으로 치부할 수는 없다는 점이다. 길드인들은 매우 현실적 사회조직인 노조를 바탕으로 하되 그 한계를 깨뜨리고 새로운 조직으로 발전시켜 나갈 것을 지향하고 있는 것이다.158)

7. 마지막으로 길드 사회주의가 안고 있는 문제점들도 지적해 볼 수 있겠다. 먼저 법률에 의한 제약을 너무 가볍게 보고 있다는 점이다. 여기서는 산업에 대한 노동자통제로의 이행과정에서 공권력에 의한 간섭이 일어난다면, 정치적 민주주의에 의해 정통성을 부여받은 공권력의 정당성에 어떻게 대항할 것인가 하는 문제가 바로 제기되는 것이다. 따라서 길드인들이 추구하는 진정한 민주화는 호의적인 권력기구가 길드인들의 방법론을 작동할 수 있게 도와줄 때에만 가능해지는 것이다. 이런 점에서 본다면 길드인들이 의회를 상대적으로 경시한 것은 비판받아야 할 것이다.

또 길드 사회주의가 실현되었을 때 효율성의 문제를 과연 해결할 수 있는가 하는 문제도 생각해 보아야 할 것이다. 코울Cole은 작업장의 자치야말로 효율과 관련이 있다고 강변하지만,159) 효율성의 문제가 해결되려면 노동자들이 자신이 원하는 노동을 한다는 전제가 충족되어야 하며 꼭 금전적인 것이 아닐지라도 반대급부에 대한 분명한 기대가 있어야 한다는 의문이 제기되는 것이다.

고용주들의 대응에 따라서는 길드 사회주의자들의 목표가 중간에서 좌절되거나 실종될 가능성도 있다. 산업민주주의를 실현하기 위해 길드인들이 추구하는 작업장에서의 자율적인 노동자통제는 인간적인 노동통제를 하는 것이 좋다는 경영자측의 전략으로 변형되어 핵심적 권력은 장악하면서 어느 정도의 통제권을 하부조직에 위임하는 식의 새로운 노동통제의 한 형태로 귀결될 수도 있을 것이다.

그리고 국가의 문제이다. 길드인들은 국가의 자율성을 너무 가볍게 보고 있으며 사회를 기능적으로만 본 나머지 국가가 안고 있는 민족주의적 요소에 대해서는 간과하고 있다. 그 뿐만 아니라 국가의 역할조차 지나치게 가볍게 보는데 이것은 1920년 맨체스터에서부터 조직되기 시작한 건축길드가 정부의 지원으로 움직이기 시작했다는 점을 고려해 보면 다소 역설적이다.

그러나 정작 제기될 수 있는 근본적인 질문은 길드인들이 생각하는 인간관에 대해서이다. 그들의 눈에 노동자들은 자율적인 존재로 비쳐졌지만, 과연 자신의 노동을 스스로 통제하고 거기에 책임을 지려는 인간을 가정하는 것은 타당한 것일까? 여기에 대해 길드인들은 사람들이 점점 더 교육을 많이 받게 됨에 따라, 인간은 주인의식을 가지고 자기의 운명을 스스로 책임진다는 그들의 인간관에 따른 모습에 유사해질 것이라고 생각하는 것 같다.[160]

지금까지 논의된 바탕 위에서 앞서 길드 사회주의에 대해 제기된 여러 평가들로 다시 돌아가 보자.

길드 사회주의를 유토피아주의를 담고 있고, 계급투쟁의 현실을 호도하는, 쁘띠부르주아 교리의 형태라고 일축해 버릴 수 있을까? 길드 사회주의를 특징짓는 관료제에 대한 적의, 의회에 대한 실망, 국가에 대한 혐오 등은 현실을 넘어선 미래에 대한 비전에서 나왔다는 점에서—이 점에서 유토피아적이지 않은 사회주의가 어디 있는가?—유토피아적인 발상이라고 볼 수 있을지 모르나, 이론적인 운동보다는 조직을 통한 운동을 강조하며[161] 산업에 직접 관여하는 사람들에게서 변화의 추진력을 얻으려 한 그들의 방법론마저 유토피아적이라고 할 수는 없을 것이다.

계급투쟁의 현실을 은폐하려 하고 있는가? 길드 사회주의만큼 분명히 작업장 내의 이해관계의 대립을 간파한 경우도 드물다고 생각된다. 단지 그 대립의 해소를 위해 폭력적인 투쟁을 주장하지 않았을 따름이다. 그렇다고 의회적 방법에 큰 기대를 걸지도 않았다. 그들은 폭력적 투쟁에는 못미치나 선거라는 제도보다는 강력한 수단이라고 생각한 산업 구성원들의 직접적인 여러 행동들에 호소했던 것이다. 그들만큼 인간의 손으로 역사를 바꿀 수 있다는 인간의 의지에 대한 믿음을 보이는 경우도 흔치 않을 것이다.[162]

쁘띠부르주아의 교리라는 주장은 타당하다. 하지만 길드 사회주의자들이 '손과 머리의 노동자'라는 말을 썼을 때 이미 노동자와 쁘띠부르주아는 하나로 결합되고 있는 것이다. 즉 길드 사회주의는 쁘띠부르주아의 교리인 만큼 노동자의 교리였던 것이다. 만약 길드 사회주의이론이 쁘띠부르주아의 머리에서 나왔기 때문에 쁘띠부르주아의 교리라고 한다면 그런 주장의 그물망을 과연 어떤 사회주의가 빠져 나갈 수 있을까? 아마 어떤 사회주의도 빠져 나가기 어려울 것이다.

또 길드 사회주의는 페이비언들의 주장처럼 무정부적이고 소박한 상태를 무작정 요구한 사상이라기보다는 관료제 국가와 관련해 페이비언들이 종종 비판받았던 취약점을 지적하고 보강한 측면이 있다고

1920년대의 영국 노동당이 제1야당으로 부상하였을 뿐 아니라 집권당의 자리를 차지한 시대이다. 이 과정에서 자유당은 몰락했다. 노동당은 1924년과 1929년 두 번이나 집권하게 된다. 노동당은 1918년 웹의 『노동과 새로운 사회질서』라는 사회주의 강령을 이미 채택해 사회민주주의 정당으로 자신의 정체성을 확보했다.

생각된다. 길드인들은 집산주의는 강력한 노조의 힘에 의해 지지되지 않으면 국가관료제로 빠져 들어갈 것이며, 또 국가가 없는 노조는 집단적 무정부상태로 빠져 들어갈 것이라고 보았기 때문이다.[163] 중세지향적이라는 지적은 길드인들의 길드가 중세의 길드와 다른 의미와 구조를 갖는다는 점에서 타당하지 않다. 또 길드는 노조를 바탕으로 하지만 경영자들까지 포괄하게 된다는 점에서 권력에 대해 정부·기업·노조의 삼자 분점을 지향하는 것과는 약간 다르다고 생각되는 것이다.

1917년 러시아에서 소비에트정권이 출현하면서 길드 사회주의는 공산주의운동에 많은 추종자들을 잃게 되었다.[164] 왜냐하면 레닌주의가 진정한 노동자들의 민주주의를 대표하는 것처럼 보였기 때문이다. 그러나 레닌주의는 바로 길드 사회주의가 가장 혐오하던 관료제로 치달았고 권력의 중앙집권화를 초래했다. 진정한 민주주의는 길드 사회주의의 기본적 전제하에서 본다면 전혀 실현되지 않았던 것이다.

그러나 산업사회의 발달 속에서 노동자들의 지적 수준이 높아지고, 전문성이 강화되며, 육체노동자와 정신노동자의 이질성이 좁혀져 가고, 그들의 연대가 가능해 지는 상황이 조성되는 등의 현상들은 작업장에서 노동자들의 자치가 가능해질 수 있는 타당한 조건을 만들어 내고 있는 것이 아닐까.

"민주주의는 정치라고 알려진 특별한 사회행위의 영역에만 적용되는 것이 아니라 모든 형태의 사회적 행위에 적용되어야 하는 것"이란[165] 의미에서의 민주주의를 실현시키기 위해 노력한 길드인들의 이념은 민주화의 도정에 하나의 중요한 방향을 제시한 이념으로 자리매김해 볼 수 있을 것이다.

부

록

1. 스토링턴 보고서

　다음의 문서는 1914년 12월말 일단의 길드 사회주의자들이 가진 일련의 토론의 결과이다. 이 토론은 서섹스의 스토링턴에서 함께 모여 1주일간 계속되었다. 이런 점 때문에 이 보고서는 '스토링턴 보고서'라고 알려지게 되었다. 토론의 방식은 각각의 모임에서 하나의 특별한 주제가 논의되는 방식이었다. [모인 사람들은] 충분히 의견이 개진되고 난 후, 모든 차이점들에 대해 합의할 수 있는 방안을 찾으려고 노력했다. 열띤 토론이 충분히 진행된 다음, 이 합의는 이루어졌다. 모임의 말미에 합의된 사항이 기록되었다.

　보고서는 1915년 초로 연기되었던 옥스퍼드에서 가진 모임에서 약간 수정되었다. 이 보고서는 마가렛 코울 여사가 소장하고 있던 필사본을 바탕으로 출판된 것이다. 또 다른 원본은 옥스퍼드 대학 너필드 칼리지의 코울 컬렉션과 헐 대학의 도서관에 있다.(헐 대학 도서관의 원본은 헨리 로이드 여사가 소장하고 있는 것을 복사한 것이다.)

길드 사회주의자들은 그들이 산업과 정치 양 부문 모두에서 민주주의자라고 공언한다. 그들은 정치적 민주주의가 이제까지 시도된 한도 내에서는 실패했다는 점을 받아들인다. 그러나 노동자들을 열등한 경제적 지위로 몰아내는 자본주의가 정치적 민주주의를 불가능하게 만든다. 그 이유는 경제적 상황이 노예상황이라면, 정치적 체제도 노예상황이 될 것이기 때문이다. 자유의 기초는 경제적인 것이다. 노동자들이 산업의 자유를 얻지 못한다면 그들은 정치적으로 자유로울 수 없다. 산업의 지배계급은 정치의 지배계급을 의미한다. 그러나 산업의 민주주의가 없는 정치적 민주주의가 환상에 불과하다면, 정치적 민주주의가 없는 산업의 민주주의는 근본적으로 불완전한 것이다.

민족

한 민족의 구성원은 공동의 목적을 가진 하나의 공동체를 구성한다. 그 공동체의 정치기구는 모든 시민들에게 똑같이 영향을 미치는 문제들을 다루기 위해 존재하는 것이다. 공동체의 공적 생활과 관련되는 모든 문제들이 궁극적으로 모든 시민들에게 영향을 주는 반면, 관련된 사람들만의 특별한 관심을 요구하는 많은 문제들이 존재한다. 이런 문제들은 여기에 관련된 사람들로 구성된 특별한 단체가 맡아야 할 영역이 될 것이다.

국가

1. 산업 이외의 문제들이 있다. 이런 문제들에 대해서는 지리적

기초 위에서 선출된 기구들이 요구된다:

① 법과 정의의 문제

② 조직된 종교에 대한 공동사회의 태도의 문제

③ 일반적 교육에 대한 일반적 정책의 문제

④ 지역적, 전국적 공공시설의 문제

⑤ 지방과 지방 사이의 관계의 문제

2. 국가는 시민들의 삶을 위에서 규제하는 고도로 중앙집권화되고 보편적 주권이 있는 기구가 되어서는 안 된다. 국가는 지리적 기초 위에 있는 사람들의 모임이 되어야만 한다. 그러한 모임의 단위가 국가이든, 도이든, 군이든 혹은 읍면이든 말이다. 이들 각각의 단위에서 지리적 기초 위에서 선출된 대표기구가 있어야만 한다. 그리고 권력과 기능은 다음과 같이 배분되어야 한다. 국가는 국가의 공동이익을 표현하는 것이어야 한다. 자치단체는 그 영역 안에 사는 사람들의 공동의 목적을 표현하는 것이어야 한다. 그리고 그 중간의(도와 같은) 단체는 그 영역 안에 포함되는 여러 지역들의 공동의 목적을 표현해야 한다. 이러한 구분은 산업조직 안에서 일어나는 유사한 구분과 아마도 동일할 것이다.

3. 외교문제를 다루기 위해 지리적 국가State와 산업의 길드들Guilds을 대표하는 기구가 필요할 것이다. 왜냐하면 외교관계에서 경제적인 문제와 국민적인 문제를 구분하는 것이 불가능하기 때문이다. 그리고 이 두 문제간의 관계는 민주체제 안에서는 더욱 밀접해질 것이기 때문이다.

4. 지리적 기초 위에 서 있는 소비자 조직으로서 국가가 다루어야

할 산업의 문제들이 역시 존재할 것이다.

① 길드체제 하에서 국가의 수입은 개인에 대한 과세를 수단으로 하여 마련되지 않을 것이다. 오히려 길드들에 대한 과세로 마련될 것이다. 공동사회의 목적을 위하여 어느 정도의 수입이 요구되는가를 결정하는 것이 국가의 기능이 될 것이다. 그리고 국가는 길드들에 대해 부과할 과세에 대해 발언권을 가져야만 할 것이다.

② 조직된 소비자들은 상품이 팔리는 가격이 정해지는 데 관심을 가지고 있다. 이 '사회적' 가격은 상품 생산의 경제적 비용과 일치할 필요는 없으며, 조직된 소비자들만을 위한 문제인 것이다. 생산비용 즉 경제적 가격의 결정은 길드인의 관점에서 더욱 중요하다. 왜냐하면 거기에 따라 과세액이 결정되기 때문이다. 그러므로 과세와 과세가 결정되는 추정 생산비는 생산자와 소비자가 공동으로 대표되는 어떤 기구에 의해 결정되어야만 한다.

③ 국가의 모든 요구사항들이 확인된 후, 각각의 길드에 부과되는 세금은 길드의 순 수익에 비례해야 하고, 각각의 길드가 감가상각 등을 제한 후 그 회원 수에 비례해 총액을 보유할 수 있도록 하는 기초 위에서 평가되어야 한다.

④ 과세는 정기적으로 부과되어야 하고, 여기에 책임이 있는 기구들은

ⓐ 첫 번째 기구로서, 조직된 소비자-예를 들면 국가-와 조직된 생산자-예를 들면 길드회의 및 관련된 특정 길드-가 동일 비율로 구성되어, 소비자와 생산자를 함께 대표하는 합동위원회를 들 수 있다. 이 합동위원회는 특정한 길드에 부과되어야

할 과세의 양과 관련되는 결정을 내려야 한다. 그런 위원회들은 각 길드의 경우를 각각 고찰해야만 한다.

(b) 최종 기구로서, 이러한 결정들은 여기서 승인받게 된다. 이 합동위원회는 절반은 이 목적을 위해 길드회의에서 지명되는 대표로 구성되고(각각의 길드가 대표될 것이다.), 나머지 반은 의회의 산업위원회에서 지명될 것이다. 이 합동위원회가 최종 결정을 내릴 것이다.

길드조직

1. 길드의 지도 원리는 산업 민주주의Industrial Democracy인데 다음과 같은 사항을 담고 있다. (a) 궁극적인 권력은 길드 회원들에게 있어야만 한다. (b) 길드의 관리들은 길드 그 자체에서 나와야만 한다. 길드회원이 아닌 어떤 사람도 관리를 뽑는 데 발언권을 가질 수 없다. 유권자들은 선출될 사람의 기능에 따라 달라질 것이다. 직위를 맡기에 적합하냐 여부는 자격 시험에 의해 확인된 기준을 충족시키는 것에 달려 있다.

2. 산업운영의 변화를 향한 첫 번째 단계는 민주주의의 도입과 통제를 노동자 자신들에게로 이전시키는 것이다. 전국길드National Guilds를 수립하는 것은 노동자들로 하여금 기계생산을 시험대 위에 올려 놓도록 할 것이다. 그리고 이 문제에 대해 생산자와 소비자 모두가 만족스럽게 해결하는 방법을 찾는 보다 나은 기회가 나타나게 될 것이다.

3. 전국길드체제는 고도로 중앙집권화되고 보편적 주권을 가진 국가 권력을 연루하지 않는다. 그리고 생산방식에서 침체를 피하고, 생산의 과도한 표준화를 피하는 것이 필수적이다. 각 길드의 지부는 새로운 발명을 채택하고 적용하는 데, 특별한 상품을 전문화하는 데, 생산을 고유한 방식으로 채택하고 지역의 수요에 맞추는 데 자유로워야 할 것이다. 그러나 이러한 자유는 전국길드에 의해 세워진 규정과 일반적 조건의 전국적 규정—예를 들면 노동시간과 공장시설 등—에 제한받을 것이다.

길드의 지방자치의 한도는 관련된 산업의 유형에 따라 달라질 것이다. 예를 들자면 운수와 철도 제도는 지역 시장을 겨냥하는 건설 산업에 비해 훨씬 더 중앙집중적이 될 것이다. 비록 지시와 재정을 상당한 정도로 지방길드가 담당한다 해도, 지방길드들은 전국길드의 수령자로서 행동한다. 모든 수입은 전국길드에 속한다. 품질의 경쟁은 다양한 길드 지부들 사이에서 계속될 것이지만, 보다 나은 노동에 대한 자극제는 금전적인 것이 아니다.

급여와 재산

인간의 노동은 상품이 아니며 시장가치로 평가될 수 없다. 급여가 결정되는 기초는 인간의 노동이 만들어 내는 것이나, 인간이 필요로 하는 것이나, 인간의 봉사가 국가에 도움이 될 것으로 추정되는 가치 같은 것이 아니다. 그 기초는 그가 길드의 구성원이라는 것이다. 그러한 존재로서 그는 그가 노동하고 있을 때와 그가 실직 상태에 있을 때 모두 완전한 급여를 받을 권리를 가지게 될 것이며, 그가 더 이상 생산하지 못할 때는 연금을 받게 될 권리를 가지게 것이다.

길드체제의 기초인 민주적 원칙은 궁극적으로 모든 "개인 성인 생산자"들에 대한 소득의 평등과 관련된다. 그러나 그 평등은 길드로부터 자발적으로 나와야만 한다. 그리고 외부로부터의 지시의 결과가 되어서는 안 된다. 이 소득의 평등은 직업의 성격에 따른 노동시간과 노동조건의 차이를 배제하지 않는다.

개인의 재산은 길드체제 안에서 존속할 것이다. 단지 진정한 개인적 재산의 형태에서만 그러하다. 개인은 그의 수입을 그가 원하는 대로 자유롭게 저축할 수 있을 것이지만, 저축에 대해 어떤 이자도 주어지지 않을 것이다. 현재의 (개인)저축 방법은 자본의 재생산에 더 이상 필수적이지 않게 될 것이다. 왜냐하면 이러한 재생산은 길드들 자체에 의해 준비될 것이기 때문이다. 그리고 특별한 산업의 발전을 위해 많은 양의 새로운 자본이 필요할 경우, 그러한 자본은 문제가 되는 길드에 대해 면세함으로서 제공되거나, 혹 자본이 불충분할 경우 국가가 관련된 길드에 대해 자금을 제공하는 것으로 해결될 것이다. 사업확장에 대한 정상적인 자극은 수요로부터 나올 것이다. 그리고 다양한 길드들에 세금을 책정하는 합동위원회가 각 길드가 정상적인 발전을 위해 적합하게 투자하고 있는지를 주시할 것이다.

대외무역과 투자

국제무역은 길드들의 기능이 될 것이다. 대외무역 부문은 현재

콤바인(기업합동)에 의해 움직여지는 것보다 훨씬 더 효율적으로 수행될 수 있을 것이다. 상품과 서비스의 직접 교역이 아니라 국부의 일부를 투자하는 의미에서의 대외무역 부문은 그것이 국가에 의해 계속되는 동안 수행될 것이다. 그러나 내수의 증가와 경제적 후진국들이 산업을 발전시켜 나감에 따라 잉여자본의 그런 해외투자는 점차 줄어들 것이다. 사회주의자는 교환으로서의 국제무역에 반대하지 않는다. 왜냐하면 이것은 각 국가가 자신에게 가장 적합한 상품을 생산하는 것을 의미하기 때문이다. 한편 해외투자는 한 나라에 의한 다른 나라의 착취를 연루한다. 그리고 이것은 개인이 개인을 착취하는 것 못지않게 혐오스런 것이다.

길드들 간의 관계

1. 길드조직의 원칙은 산업적이거나 수직적이 되어야 하며, 직업적이거나 수평적이 되어서는 안 된다. 다시 말하자면 그것은 사람들이 무엇을 만드느냐에 따라 이루어져야지, 사람들이 무엇을 하느냐에 따라 이루어져서는 안 된다는 것이다. 왜냐하면 산업의 통제는 각 산업 안에 종사하는 모든 종류의 노동자들을 완전히 포함하는 단일 기구에 의해 이루어져야 하기 때문이다.

이 원칙이 일반적 지침을 부여한다. 그러나 정확히 무엇이 산업을 구성하느냐를 말하기는 쉽지 않다. 다양한 범위를 가지는 수직적인 그룹들이 존재한다. 그래서 산업 그룹들 사이에는 조선업 노동자들의 작은 그룹이 있는가 하면, 모든 종류의 금속산업을 포함하는 보다 큰 그룹이 있는 것이다.

정확하게 길드 범주의 한도를 정하는 것은 불가능하다. 그러나 일반적으로 길드들의 수는 독립적인 산업 그룹들의 자치의 필요와 부합하는 정도로 작아야만 한다. 그룹을 나누는 원칙은 산업을 기준으로 해야 하지만, 그룹의 수와 그 범위는 원칙의 문제가 아니라 세부적인 내용과 편의상의 문제이다.

2. 어떤 경우에는 밀접하게 연관된 산업에 속한 길드들이 그들 모두에게 공통된 문제를 해결하기 위해 연합체를 구성할 필요가 생길 것이다.

3. 많은 경우에 한 길드가 다른 길드의 생산물을 소비할 것이고, 길드 간의 경계 및 회원의 이전 등과 연관된 많은 문제들이 발생할 것이므로 그러한 문제들을 논의할 어떤 기구가 필요해질 것이다. 이 목적을 위해 길드들은 지역적이든 전국적이든, 잠정적이든 영구적이든 두 개 이상의 관련된 길드들의 집행부에 책임지는 합동소위원회를 세우게 될 것이다.

구매자로서 국가와 자치시에 대한 관계

1. 길드들은 다른 길드들에 대해서만 판매자로서의 관계에 있는 것이 아니라 국가와 자치시 그리고 다른 조직된 단체들에 대해서도 그러하므로, 구매자와 판매자가 논의할 기회를 갖기 위해 이런 경우에 합동소위원회가 필요해질 것이다.

2. 길드든, 국가든, 자치시든 혹은 다른 조직된 단체든 길드에 대해

구매자의 관계에 놓여 있는 어떤 연합체도 길드의 일을 이해하는 전문가를 갖는 것이 필요하다는 점을 발견하게 될 것이다. 그러한 전문가들은 대부분의 경우에 판매 길드로부터 나올 것이다. 그러나 그들은 구매자에 대해 봉사하게 될 때 길드 안에서 공식적 지위를 가질 자격은 없게 될 것이다.

길드회의(The Guild Congress)

1. 모든 길드들은 길드회의 안에서 연결될 것이다. 길드회의 안에서 각각의 길드는 대표를 갖게 될 것이다. 길드회의는 항상 존재할 것이며, 정기적으로 연례회의를 가질 것이다. 아울러 필요할 때 특별회의를 가질 것이다. 연례회의는 각 길드가 대표를 보내는 상임집행위원회를 선출할 것이다. 집행위원회는 길드회의의 통제 하에 놓여 있게 될 것이다.

2. 길드회의는 길드들과 관련된 모든 문제들에 대해 최종적 주권기구가 될 것이며, 길드와 길드 사이의 관계 속에서 발생하게 되는 차이들을 결정하게 될 것이다.

3. 집행위원회 혹은 길드회의가 지명하는 사람들이 국가와의 합동위원회에 참석하게 될 것이다. 아울러 각 길드에 대한 과세를 책정하는 것과 관련하여 합동소위원회에 참석하게 될 것이다.

4. 각 지역에는 길드위원회들Guild Councils이 존재할 것이다. 여기에는 모든 지역길드 지부들이 대표를 보낼 것이다. 그리고 여기서 지역의 길드 문제들이 해결될 것이다.

5. 판매 길드와 구매자로서의 국가 혹은 자치시 간의 불화가 지역 차원에서 생길 경우 이 문제는 판매자, 구매자, 노동위원회Trade Council)를 동수로 대표하는 합동소위원회에서 다루어질 것이다. 혹은 전국적 차원의 불화라면 일차로 판매 길드Selling Guild, 길드회의Guild Congress, 국가State가 협의하는 방식으로 다루어질 것이고, 이 3자 중 어느 일방이 항의하면 길드회의와 국가가 협의해 해결할 것이다.

길드 가입

1. 산업 길드에 가입하는 것은 어떤 자격시험도 요구하지 않을 것이다. 사람들은 자신의 길드를 자유롭게 선택할 수 있을 것이다. 실제로 가입하는 것은 노동에 대한 수요에 달려 있다. 사실상 [가입의] 원칙은 먼저 오는 사람이 먼저 차지한다는 것이다. 빈자리가 없을 경우에 신청자는 다른 길드에 가입할 것을 신청하거나 그동안에 잠정적 성격의 직업을 차지할 수 있을 것이다. 그리고 그는 공석이 생겼을 때 자신이 선택한 길드에 가입할 수 있을 것이다.

2. 기술적 지식을 요구하는 직업에 대해서는 이중의 가입방법이 있게 될 것이다. 하나는 기술 대학에서 견습교육을 받은 후 가입을 위한 자격시험을 치르는 것이다. 그러나 견습교육을 받지 않더라도 자격시험에 통과하면 길드의 회원이 될 수 있는 길이 역시 열려 있다. 그리고 어떤 방식으로 길드에 가입하더라도 그 안에서 어떤 직책으로든 올라갈 수 있다.

3. '불쾌한 산업'(청소부 등등)에 종사하는 노동은 대체로 잠정적

성격을 띠게 될 것이다. 그리고 당분간 다른 곳에 가입할 수 없는 사람들이 맡을 것이다. 불쾌하거나 힘든 직업에 종사하는 노동자들은 보다 짧은 노동시간, 보다 긴 휴가 등등으로 보상받게 될 것이다. 그러나 급여의 차이로 보상받지는 않을 것이다. 민주적 산업체제의 기능들 중 하나는 생산비를 싸게 하기 위해서만이 아니라 불쾌한 노동을 제거하기 위해서 기계를 발명하는 것이다.

4. 개인 생산자들은 장인이든, 작가든, 저널리스트이든, 어떤 종류의 예술가이든, 혹은 그런 생산자들의 연합이든 모두 길드 조직의 바깥에 자유롭게 남아 있을 것이다. 그리고 개인적으로든 집단적으로든 그들의 생산물을 판매하여 살아갈 수 있을 것이다. 그러한 개인들이나 단체들은 산업 길드들과 동일한 기초에서 과세될 것이다.

분배

1. 소매업은 일부는 생산 길드producing Guilds 안에, 일부는 분배 길드 Distributive Guild 안에 있게 될 것이다.

재화 생산자가 상품의 성격상 자연적으로 소매상인 경우, 직물의 경우처럼 생산 길드는 자신의 가게를 통해 분배를 조직해야 한다.

소매상이 자연적으로 생산자로부터 구분되는 경우, 소매업은 모든 지역에 가게를 가진 분배 길드에 의해 통제되어야만 한다.(이 길드는 개인 소매업자와 협동조합 상점의 기능을 이어받을 것이다.)

분배 길드는 생산을 하지 않는데, 즉 생산 길드나 해외 생산자들로부터 상품을 구입하여 그 가격으로 판매하게 될 것이다. 이런 방식은 수입품의 경우처럼 상이한 판매가가 소비자와 생산자의 합동위원회에 의해 결정되는 경우를 제외하고서 적용될 것이다. 하나는 도매상 길드에 대한 것, 그리고 기타 비생산 길드에 대한 것과 같이 가격에 대한 두 개의 기준은 없을 것이다. 그리고 길드들은 국가로부터 그들이 채용하는 사람의 수에 따라 총액을 받게 될 것이다.

2. 생산 길드들과 분배 길드는 도매 창고를 가지게 될 것이다.(이 점에서, 분배 길드는 도매 협동조합의 분배 기능을 이어받을 것이다.)

3. 생산 길드들의 상품과 경쟁을 벌이는 외국 상품들은 분배 길드를 통해 수입될 것이다. 여기서 길드회의는 부당한 조건에서 만들어지는 어떤 상품도 배제할 권리를 가지고 있다.

원자재나 생산도구와 같은 물건들은 관련 길드에 의해 수입될 것이다.

4. 개인 소비자들이 자신의 수요를 유효하게 만들기 위한 기회를 갖기 위해 분배 길드의 지방 지부들과 연관된 구매자들 사이에서 소비자협회와 같은 것이 존재하게 될 것이다.

5. 모든 승객과 화물에 대한 요금은 국내 교통에 대해서는 폐지될 것이다. 따라서 수송비에 따른 가격의 차이는 나타나지 않을 것이다.

6. 해외로 재화를 수송하는 것이나 두 나라 사이에서 수송하는 것에 대한 비용은 남게 될 것이다. 그런 재화의 경우 수송비는 가격에 반영될 것이다. 승객에 대한 운임도 남게 될 것이다.

여성

1. 성의 문제는 민주적 원칙과 관련되지는 않는다.

2. 민주적 제도에서 남성과 여성의 권리는 완전히 평등해야 한다. 사회는 개인들의 의지로 조직된 것이다. 모든 성인은 의지의 소유자로서 나라의 문제에 대하여 그것이 정치적이든 산업적이든간에 동일한 발언권과 투표권을 가져야 한다.

3. 이것은 모든 사람이 남자든 여자든 모두 어떤 직업에든 취업할 권리를 가져야 한다는 사실을 연루한다.

4. 민주주의는 남자든 여자든 사회내의 모든 성인이 경제적 독립을 이룰 것을 추구한다. 그러한 독립은 어떤 상품을 생산하거나 어떤 서비스를 제공하는 것으로 확보될 것이다. 아내나 가정주부로서 여성들은 서비스를 제공하고 있다. 거기에 대해 그들은 국가로부터 직접적인 보상을 받아야 할 것이다. 혹은 비생산적 길드의 위치에 있는 연합을 통하여 보상을 받아야 하는데 이 연합은 국가로부터 회원을 기초로 하여 총액을 받아야 할 것이다.

교육

1. 일반적으로는, '소비자들'이 제공될 교육의 유형을 결정해야 한다. 중요 과목들, 달성해야 할 최소 기준 같은 것들이 포함된다. 다른 한편으로 교육 길드Educational Guild는 '소비자'가 요구하는 결과를 만들어 낼 방법을 결정해야 한다. 이러한 구분은 사실상 산업 길드들의 경우와 동일하다. 여기서 소비자들은 수요를 결정하고 생산자들은 그것을 충족시키는 방법을 결정하는 것이다. 교육 길드와 교육 '소비

자들'의 관계는 산업 길드와 상품 소비자들의 관계와 정확히 평행선을 긋고 있는 것이다.

2. 모든 교육은 무상이어야 하며, 고등교육 기관에 들어가는 것은 부모가 학비를 낼 수 있는 능력이 아니라 적합성에 의해 결정되어야 한다.

3. 모든 교사직은 기술교육을 제외하고는 단일 길드를 구성해야 한다. 그 집행부는 교사들과 대학 인문학 교수들의 대표가 동수로 구성되어야 한다. 전자는 지역의 기초에서 선출되어야 하며, 후자는 '학과'의 기초에서 선출되어야 한다. 이 두 부문은 양자 모두에게 영향을 미치는 문제를 논의하기 위해 함께 모여야 한다.

4. 기술교육은 교육제도의 필수적인 부분이 될 것이다. 기술교육은 대학 행정에서 인문대학과 함께 그 몫을 갖게 될 것이다. 그러한 기술대학은 학생들이 들어가고자 하는 길드나 장인 연합Craft Association 에 의해 통제될 것이다.

5. 각 종합대학 내의 몇몇 학과들은 교육 길드Teaching Guild 바깥에 존재하게 될 것이다. 그러나 종합대학은 인문학과 기술 양자 모두에서 학과와 단과대학 간의 관계를 조정하는 역할을 할 것이다.

6. 기술 교사들은 그들이 가르치는 과목을 통제하는 길드의 구성원이 될 것이지만, 교사 길드와 연합한 자신들의 협의체를 가지게 될 것이다.

7. 학교교육은 통일된 제도를 갖출 것인데 모든 학생들이 그 제도를 거칠 것이다. 이 전국적 교육정책은 교육할 과목들에 대하여는 광범위한 표준화를 추구하지만 방법은 그러하지 않다.

8. 학교교육은 18세 혹은 19세까지 계속될 것이다. 그러나 후기로 갈수록 기술교육 혹은 특별한 교육이 부가될 것이다.

9. 교사 길드는 전국적 기준이 준수되는지를 확인하는 순회 감독관을 가지게 될 것이다.

10. 중앙국가교육부Central State Education Department와 지방의 특별교육국School Board이 설치될 것이다. 지방의 교육국은 그들과 중앙교육부에 보고할 감독관을 지명할 것이다. 감독관은 지방교육국에 의해 해임될 수 있지만 중앙교육부에 제청할 권리를 가진다.

11. 기술 및 인문학에 대한 종합대학 교육은 대체로 선택이 가능할 것이며, 자격을 충족시킨 모든 사람들에게 개방될 것이다.

12. 대학의 학생들은 대체로 두 종류가 될 것이다. 전업 학생과 파트타임 학생으로 나뉘는데 전업 학생은 다음의 세 범주로 구분된다.

    a. 인문학부 학생들

    b. 전문직에 들어가려는 의도를 가진 기술 전공 학생들

    c. 장인이 되려는 학생으로 그들은 동시에 길드에서 견습활동을
       할 것이다.

야간 학생은 다음의 두 범주에 들어간다.

    a. 숙련의 정도가 덜한 직업에 종사하는 학생들로 그들이 공부를
       더 하고 싶다면 약간의 시간을 내도록 허락될 것이다.

    b. 나이가 든 학생들로 그들의 여가 시간에 수업을 들으려는
       학생들이다.

13. 종합대학의 중요한 기능 하나는 과학과 인문학 분야에 연구를 제공하는 것이다. 기술 연구의 더욱 실천적인 분과들이 길드의 생산

작업과 연관하여 여러 길드들에 의해 운영될 것이다.

이행

1. 길드 사회주의는 산업통제를 노동자들의 손에 옮겨 놓는 것만이 아니라 잉여가치를 사회의 수중에 옮겨 놓는 것을 추구한다.

2. 자본가들에 대한 수용이 잉여가치를 사회의 수중으로 옮기는 방식으로 일어나기는 불가능하다. 그렇게 하기 위해서는 의회나 지방 의회에서 다수를 확보해야만 한다.

3. 자본 소유에 대한 혁명적 변화는 강력하고 혁명적인 노동조합운 동 없이는 결코 실현되지 않을 것이다. 그러한 운동의 일차적 기능은 산업에서의 변화를 일으키는 것이다. 그러나 비록 이 운동과 독립적이 기는 하지만 정치에서 혁명적 사회주의운동이 나타날 것이다.

4. 길드 사회주의는 공적 소유와 생산자 통제를 추구하는데, 오직 이 두 운동의 협동 행위에 의해서만 길드 사회주의가 실현될 수 있을 것이다.

5. 산별노조주의는 산업 길드로 나아가는 데 필수적이다. 그것은 자본가와 싸우고 산업통제를 확보하는 데 역시 필수적이다. 산별노조 주의는 각 산업 안에 만들어진 수직적 형태의 조직만을 의미하지 않고 노동자들 전체의 완전한 연대를 의미한다. 그것은 현존하는 노동조합들의 연합과 지금 조직되어 있지 않은 노동자들을 완전히 조직하는 것에 의해서 이루어질 것이다.

6. 같은 산업에 종사하는 남성과 여성이 성에 관계없이 동일 산별노

조와 길드에 조직되는 것은 노동조합을 유지하고 생산자에 의해 산업을 통제하기 위해 필수적이다.

7. 각 산업의 노동조합들이 고용주들에 의해 인정받고, 그러한 인정이 규율과 경영의 문제들에 개입할 권리를 포함해야 한다는 점이 필수적이다.

8. (노동조합을) 인정받도록 하기 위해 노동조합은 지속적으로 개입할 수 있는 기구를 확보해야 한다. 그러한 기구는 많은 경우 지금의 협상기구로부터 나올 것이다. 노동자들을 제약하고 그들에게 '부당한' 판결을 부과한 조정 및 중재국은 외부의 힘으로부터 자유로운 협상국 Negotiation Boards으로 변경될 것이다. 이 협상의 목적은 임금wage, 노동조건condition, 규율discipline 문제만이 아니라 점증하는 경영통제control of management의 문제를 다루는 것이 될 것이다.

9. 동시에 모든 산업과 작업장의 노동자들은 우선 그들의 작업을 감독할 십장, 보좌관 등등을 뽑는 권리를 요구해야 한다. 그리고 다음에는 하급관리자를, 마지막으로는 수석관리자와 고위 경영자를 뽑을 권리를 요구해야 한다.

10. 이러한 방법으로 노동조합은 고용주와 공동경영을 확보할 것이다. 그러나 그들은 어떤 경우에도 이윤을 나누어 갖는 식이 되어서는 안 된다. 노동조합은 그 회원들이 더 이상 개인을 기초로 하여 임금이 지급되지 않을 것을 요구해야 한다. 노동조합은 고용주로부터 총액을 지급받아 회원들 사이에 분배하게 될 것이다. 그러나 이 총액은 상품이 판매되는 가격에 따라 혹은 자본가가 확보한 이윤에 따라 정해져서는 안 되며, 현재 개인의 생활 수준에 따라 정해져야 한다.

11. 통제를 획득하는 것은 비숙련노동자들의 노동조합이 가능한 빠른 시일 내에 현재의 사무원, 십장, 보좌관, 하급관리자 등등을 그들의 진영으로 끌어들일 것을 필요로 한다. 이것이 이루어지고, 노동자들이 통제에서 보다 큰 몫을 차지하게 되었을 때 고위관리자나 경영자들을 이 조직에 참여하게 하는 것이 가능해질 것이다. 산별노조나 전국길드는 사실상 산업과 관련된 모든 사람들을 포함해야만 한다.

12. 나아가 노동조합은 다양한 산업과 관련된 전문가들을 조직해야만 한다. 지금 전문적 '기관들'Institutes에 조직되어 있는 이 두뇌노동자들은 대체로 두 부류이다. 한 회사에 혹은 회사 그룹에 의해 고용된 전업 전문가들과 특별한 경우에 고용주들이 부르게 되는 독립 자문역들이다. 노동조합이 상층 경영자들을 자신의 진영에 끌어 들임에 따라 노동조합은 전업전문가들에 대해 동일한 정책을 채택할 수 있게 될 것이다. 동시에 노동조합이 경영에 점차 많이 개입하게 됨에 따라 그들 자신의 전문가를 채용하게 될 것이다. 이들은 그들을 고용한 노동조합의 회원인 동시에 그들의 전문 기관professional institute의 회원이기도 할 것이다. 이러한 방식으로 전문가들은 길드 원칙에 합류하게 될 것이다. 그리고 점진적인 전환conversion 과정이 일어나게 될 것이다.

13. 어떤 특별한 산업이 전국 혹은 자치시 경영 단계national or municipal management를 거치는 것은 불필요하지만, 노동자들이 상당한 통제를 확보한 산업들이 이미 그런 경영 상태에 놓여 있다든지 혹은 그런 경영 단계를 거칠 가능성은 있다. 그러한 이전이 제안될 경우에는 언제나, 관련된 노동조합은 산업통제에서 보다 큰 몫을 요구해야 한다. 노동조합운동은 국가나 자치시에 대한 모든 제안들에 대해

이러한 태도를 가져야만 하고, 직접적으로 관련된 노동조합을 전적으로 지원해야 한다.

14. 산업이 국유화될 때마다, 주주들은 만기가 정해졌거나 정해지지 않은 확정금리의 정부채권을 받게 될 것이다. 이 채권의 이자는 국가의 전체수입에서 나올 것이며 국유화된 산업에서 나와서는 안 된다.

15. 국가와의 이윤 공동분배profiteering co-partnership는 고용주와의 이윤분배만큼이나 거부된다.

16. 국유화나 시영화 만으로는, 노동자에 대해 부과되는 지대나 이자, 이윤의 부담을 감소시키지 못한다. 그러므로 모든 조처들이 자본가계급을 직접 수용하는 상응조처를 수반할 것이 필요해진다. 이것은 과세를 누진적으로 크게 증가시키고, 고율의 상속세와 토지세를 부과하고, 그런 과세와 결합된 기한부 연금제도를 도입하는 것에 의해 시작될 수 있다.

17. 토지와 산업자본의 소유를 완전히 이전하는 것은 노동자들이 산업적, 정치적으로 충분히 강력해지기 전에는 일어나지 않을 것이다.

18. 사업을 시작하며 전차, 철도 등등에서처럼 정부나 자치시의 허가를 필요로 하는 경우, 이것은 기한을 정해 운영되어야 하며 기한이 다 된 후에는 그 기업은 자동적으로 보상 없이 사회의 재산이 되어야 한다. 사적 기업이 정부의 허가를 요구하는 제도는 점차 산업 전체로 확대되어 나가야 한다.

2. 스토링턴 소수 보고서

다음은 여성 문제에 대한 소수 보고서이다. 이 보고서는 원안에 대해 이의를 제기한 일단의 사람들에 의해 준비되었다. 이 경우를 제외하고는 보고서는 만장일치로 채택되었다.

길드 사회주의 국가에서의 여성

1. 어떤 사회에서 여성의 지위는 결혼과 가족이라는 두 개의 제도가 그 사회Society에 의해 받아들여지는 방식에 크게 의존한다. 만약 가족을 잠정적이거나 혹은 전적으로 효용주의적 성격의 사회적 고안물로 간주하는 개념이 채택된다면, 가족은 여성에 대해 특별한 봉사나 헌신을 요구하지 않을 것이다. 그래서 여성은 남성과 동일한 직업에 종사할 수 있게 될 것이다. 만약 그와 달리 가족이 사회에서 필수적이고 영구적인 것으로 간주된다면, 가족은 비록 반드시 모든 여성의 '영역'sphere은 아니라 해도 계속 여성 다수의 중요한 영역으로 남게 될 것이다.

비록 많은 점에서 변화와 수정의 가능성을 거부하지 않지만, 길드 사회주의자들은(연합의 원칙에 가치를 두는) 가족에 대한 후자의 견해를 받아들일 것이다.

2. 가족은 정상적인 경우에 동질적 성격을 지닌 단위로 간주되어야 한다. 그리고 가족 내 여성의 '경제적 독립'은 강제된 바람직하지 못한 조건이기보다는 궁극적 가능성이 되어야 한다. 그래서 길드인들은 그의 가족 내 여성의 수를 고려한 기초 위에서 급여를 받아야 한다. 부인의 경우 그녀의 몫은 그녀가 원한다면 길드로부터 직접 받을 수 있어야 한다. 그러나 정상적으로는 금액은 그렇게 나누어지지는 않을 것이다. 그녀의 남편이 사망한 경우, 급여는 동일한 기초 위에서 길드로부터 그녀에게 직접 지급되어야 한다.

자녀들은 그들이 길드나 다른 단체에 들어가기 전까지 가족에게 지급되는 급여에서 유사하게 보살펴져야 한다.

외부의 어떤 직업도 갖지 않고 집에 남아 있는 **딸들**은 '사회적 기생물'로 간주되어서는 안 된다. 가사일로부터 벗어나서도, 가정에서 여성들은—비록 곧바로 명백한 것은 아니지만—실질적인 봉사를 행할 수 있다. 그들은 길드인들의 가족에게 할당된 급여를 통해 보살펴져야 한다. 사회에 불합리한 부담을 지우지 않도록 하기 위해, 한 가족 내에 (말하자면) 3명 이상의 여성이 있을 경우 급여는 삭감될 수 있을 것이다.

3. 가정에 머물기를 원하는 여성에 대한 배려가 이루어졌으므로, 가정을 떠나기를 원하는 여성에 대한 배려도 필요하다. 인위적인 경제적 제약들이 철회된다면 결혼에 대한 가장 일반적인 장애물은 사라지게 될 것이라는 점을 기억할 필요가 있다. 그러나 많은 여성들이

의심할 여지없이 그들의 관심을 다른 영역으로 돌리려 할 것이다. 그리고 여성들이 가족을 유지하는 것에 해가 되고 사회 전체의 이익에 반대되는 방향으로 가지 않는다면, 여성들의 활동에 어떤 제한도 가해져서는 안될 것이다.

일반적으로 여성들의 봉사는 다음과 같은 경우에 가치있고 바람직하다고 간주된다.

  a. 전문가들의 연합체

  b. 분배 길드

  c. 소규모의 혹은 보조적인 산업들

이러한 경우에 여성의 봉사는 남성의 노동과 동일한 가치를 지니므로 남성과 동일한 조건, 동일한 급여에서 수행될 것이다.

4. 여성들이 전체로서 지금 길드 사회주의 국가의 산업에 들어가기를 원하지 않는다는 사실을 믿을 이유가 있다. 특히 여성들이 산업에 들어가는 것이 사회의 이익에 불리하다는 것이 명백할 때는 더욱 그러하다. 그래서 산업에서 여성들이 배제되는 것이 어떤 마찰을 야기할 것 같지 않다.

5. 산업에 여성들이 들어가는 것은 바람직하지 않다. 그 이유는 다음과 같다.

  ① 근대 산업주의의 해악이 자녀들을 낳는 여성들에게 손상을 줄 가능성이 있다.

  ② 여성들에게 계속 가정을 비울 것을 요구함으로써 어머니에게서 자녀들을 훈련하고 교육하는 기회를 박탈하게 할 것이다. 그리고 가정을 보살피는 데 적절한 관심을 갖지 못하게 할

것이다.

③ 여성들의 특별한 약점들에 맞추기 위해 길드 작업장의 수준을 낮추어야 할 것이다. 그러나 이러한 기준을 정하는 것은 어떤 개별 길드의 관심이 아니라 길드회의와 국가 간의 합동회의의 관심인 것이다. 이 조직된 생산자와 조직된 소비자의 합동회의가 소수 여성집단의 요구를 충족시키기 위해 길드의 표준을 낮추도록 허용하는 것은 불가능하다. 따라서 여성들이 산업에 들어가는 것은 길드뿐만 아니라 사회 전체의 이익에 명백히 반하는 것이다.

6. 국가에 대한 여성의 관계는 엄밀한 의미에서 길드 사회주의 교리의 본질적 부분은 아니다.

그러나 국가는 그것의 정치적 기능을 넘어서서 소비자의 이익을 보호하는 수단으로 산업에 대한 관계를 가지고 있다. 여성들은 대부분의 경우 본질적으로 소비자들이므로, 소비자의 관점을 대표하는 조직으로부터 여성들을 배제하는 것은 전적으로 불합리하다.

어느 정도로 여성을 국가에서 남성의 지위와 같은 것으로 만드는 것이 자연스럽고 바람직한가 하는 문제는 개인이 결정할 문제로 남아야 한다. 왜냐하면 정치적 민주주의 개념에 대한 특별한 해석은 길드 사회주의의 원칙에 본질적으로 연루되어 있지는 않기 때문이다.

3. 길드 사회주의와 관련된 중요 인물들

버나드 보상케 Bernard Bosanquet (1848~1923)

신헤겔주의운동의 지도자이며 신자유주의 이론을 제시한 사상가로, 정치·사회철학에 중요한 영향을 미친 영국의 철학자이자 정치이론가이다. 그의 사상은 그린T. H. Green과 함께 자유주의가 자유방임주의와는 달리 집단주의Collectivism적 요소를 가질 수 있는 근거를 제공했다. 그의 연구는 버트란드 러셀과 존 듀이 등에 영향을 미쳤다. 해로우스쿨Harrow School을 거쳐 옥스퍼드의 밸리올 칼리지Balliol College에서 교육을 받았다. 학업성적이 뛰어났고, 졸업하면서 옥스퍼드 대학칼리지University College의 연구원Fellow 자리를 제안받았다. 아버지가 죽은 뒤 1881년 런던으로 옮겼는데, 여기서 성인교육과 사회운동에 관여하게 되었다. 그리하여 런던윤리협회London Ethical Society와 자선협회Charity Organization Society의 회원이 되었다.

논리학, 형이상학, 미학, 정치학 등 광범위한 주제들에 대해 저작을 남겼는데, 주요 저작으로는 『국가에 대한 철학 이론The Philosophical Theory of the State』(1899)이 있다. 그의 정치이론은 벤담이나 밀의 효용주의에 대한 응답으로 쓰여진 것이었는데, 비록 그의 사상이 자유주의 전통 위에 놓여 있다 해도 자유주의의 중요한 가정, 특히 개인주의에 대한 공약을 버릴 것을 주장했다. 보상케는 헤겔의 추종자였는데, 그의 이상주의의 핵심은 모든 유한한 존재는 필연적으로 자신을 초월하여 다른 존재를 지향하고 결국 전체에 도달하게 된다는 것이었다. 그는 『국가에 대한 철학 이론』에서 유한한 개인이 그가 살고 있는 국가(전체)와 가지는 관계에 대해 기술했다. 여기서 국가가 진정한 개인이며 여기에 비교하면 개인은 실제적이지 않다고 주장했다. 그러나 그는 국가가 개인들에게 사회주의적 통제를 부과할 권리를 가진다고는 생각하지 않았다. 법이 공동의 선을 증진시키는 데 필요하다고 보기는 했지만, 법이 사람을 선하게 만들지는 않는다고 보았다. 사회 발전은 사람들의 자발적 행위에 의해 실현될 수 있었다. 그가 자선협회에서 활동한 것은 이런 생각과 무관하지 않다. 하지만 국가의 역할을 적극적으로 평가한 보상케에 대해 비판자들은 그가 개인의 가치를 손상시킨다고 공격하기도 했다.

존 번즈 John Burns(1858~1941)

노동조합주의자, 자유-노동주의Lib-Labism의 지지자, 탁월한 연설가로서 하원의원과 각료직을 수행했다. 그는 런던 남부의 복스홀Vauxhall에서 기계공engineer의 아들로 태어났다. 10살이 될 때까지 초등학교에 다니다가 양초공장에서 급사 일을 하기 시작했고, 14살 때부터 7년간 기계공 도제생활을 하였다. 야학을 다니며 공부를 계속하고 폭넓게 독서를 했는데, 이 과정에서 페인, 오웬, 밀, 코벳 등의 책을 접하게 되었다. 한 프랑스인 동료 노동자가 사회주의에 대해 소개했는데, 그는 사회주의에 반대하는 밀의 논지가 충분하지 않다고 생각해 사회주의를 받아들였다. 연설 연습을 하기 시작하여 1878년에는 클랩함 공원에서 야외 연설을 한 것으로 체포되기도 했다. 1879년에는 연합기계공협회Amalgamated Society of Engineers에 가입했다. 1881년에는 사회민주동맹의 바터시Battersea 지부를 조직했다. 그는 1년간 서아프리카 지역에서 기계공 십장으로 일하면서, 아프리카 노동자들의 비참한 모습에 경악했고, 사회주의가 인종과 계급의 차별을 없앨 수 있다는 생각을 가지게 되었다. 이후 아프리카에서 번 돈으로 6개월 동안 프랑스, 독일, 오스트리아를 돌아보며 각국의 정치경제 상황을 살펴보았다.

영국으로 돌아온 후, 1884년 사회민주동맹의 집행부에 선출되었고 호전적인 사회주의자로서 명성을 얻게 되었다. 1885년에는 선거전에 나갔으나 실패했다. 이듬해인 1886년 실업에 항의하는 가두집회에 나갔으나 이 행사는 웨스트엔드의 칼톤 클럽Carlton Club(1832년 토리귀족들이 세운 클럽으로 이후 보수당의 정책을 조율하는 기구로 기능했다)을 비롯한 여러 클럽들의 창문을 다 깨뜨리는 결과를 낳았고, 그는 체포되었다. 1887년 11월에는 트라팔가 광장에서 벌어진 집회에서 경찰의 해산 요구를 거부한 것으로 다시 체포되었다. 1889년 8월 런던부두파업에서 톰 만, 벤 틸렛 등과 함께 신조합주의 노동운동의 지도자로서 부두노동자들의 파업을 성공적으로 이끌었다. 1889년 바터시 노동자들의 후원 속에 런던 시의회 의원으로 당선되었다. 시의회 의원으로 활동하면서 라치미어 주택단지Latchmere Estate로 불린 최초의 자치시 임대주택을 건설하는 노력을 했다.

1892년 선거에서 런던의 바터시에서 하원의원으로 당선되었고 1918년까지 의원직을 유지했다. 그의 정치적 입장은 이 기간 동안 바뀌었는데, 맑시즘과 결별하였으며 대신 자유당 안에서 노동계급의 이익을 추구하는 입장을 가지게 되었다. 케어 하디가 노동계급을 대변하는 독립적인 정당을 만들 것을 주장한 반면, 번즈는 자유당을 통해 노동계급의 이익을 대변하려고 했다. 1905년에는 캄벨 배너만이 그를 각료로 입각시켰는데, 노동계급으로서는 브로드허스트Henry Broadhurst에 이어 두 번째로 장관직을 맡는 사람이 되었다. 하지만 연 5천 파운드의 급여를 받는 의원이 된 후, 빈민들에게 원외부조를 해서는 안 된다는 입장을 표명해 동료 노동운동가들로부터 격렬한 비판을 받기도 했다. 번즈는 1914년 세계대전에 반대하여 각료직을 사임했고 1918년 의회에서도 물러났다.

에드워드 카펜터 Edward Carpenter (1844~1929)

영국의 시인이자 사회주의자. 사회주의와 성의 자유, 여권운동을 결합시킨 사상가이기도 했다. 페이비언 협회에서 활동했으며 노동당에도 관여했다. 브라이튼에서 안락한 중간계급의 아들로 태어났다. 그의 가계는 할아버지 중 한 명이 제독에까지 오른 해군 집안이기도 했다. 브라이튼 칼리지Brighton College를 거쳐 케임브리지 트리니티 홀 Trinity Hall에서 수학했다. 졸업 후 국교회the Church of St. Edward의 부목사 curate로 활동했는데, 여기서 당시 기독교사회주의운동의 지도자였던 프레드릭 모리스Frederick Denison Maurice에게 크게 영향을 받았다. 하지만 점차 교회생활에 흥미를 잃게 되었으며 휘트먼Walt Whitman을 읽으면서 노동계급에 대해 관심을 가지게 되었다.

　1874년 교회를 떠나 잉글랜드 북부의 공업도시였던 리즈Leeds에서 대학개방운동University Extension Movement에 참여했다. 이 운동은 학자들에 의해 주도된 것으로 하층계급에게도 고등교육을 제공하려는 의도를 가지고 있었다. 리즈에서 철강산업으로 유명한 또 다른 공업도시 세필드로 옮기면서 그는 노동계급 학생들을 만날 수 있게 되었다. 그는 세필드에서 점점 급진적이 되어 갔으며 하인드만의 영향을 받아 1883년에는 사회민주동맹에 가입하게 되었다. 세필드에서 사회민주동맹 지부를 결성하려고 시도하다가 세필드 사회주의협회Sheffield Socialist Society라는 독립적인 조직을 만들었다. 그 해에 『민주주의를 향하여Towards Democracy』(1883)라는 유명한 서사시집을 출판했으며, 「영국이여, 일어나라!England Arise!」라는 사회주의 행진곡을 작곡하기도 했다. 이 노래들은 1890년대에 노동자교회 운동에서 쓰였다. 1884년 사회민주동맹 내에서 불화가 일었을 때, 윌리엄 모리스 등과 함께 사회민주동맹을 탈퇴해 사회주의연맹에 참여했다.

　이후 그는 자연적 삶에 점점 끌렸으며, 그의 사회주의 사상은 러스킨Ruskin의 영향을 받아 빅토리아 시대의 산업사회를 거부하면서 원시적 공산주의를 동경하게 되었다. 그의 사회론에서 상호부조와 협동은 자연발생적이며 본능적인 것이었다. 아버지로부터 물려받은 유산으로 더비셔Derbyshire의 밀쏘프Millthorpe에서 채소재배 농장market garden을 차리고 여기서 일하는 생활을 시작했다. 1880년대에 인도 사상, 특히 바가밧기타the Bhagavad-Gita에 큰 영향을 받았다. 1890년 인도로 여행을 갔으며 이 여행은 그의 사상에 커다란 영향을 주어, 동방종교와 사회주의를 결합하려 했다. 그의 사회주의 사상에 '신비적 사회주의mystic socialism'라는 명칭이 생기게 된 계기이기도 했다. 그는 사회주의는 경제적 조건에 대해서만 관심을 가질 것이 아니라 인간 의식의 변화에도 관심을 가져야 한다는 점을 발견했다. 이러한 생각 속에서 공기 오염을 우려하는 환경운동, 생체해부에 대한 반대, 채식주의에 대한 주장 등이 나오게 된다.

1892년에는 왈살 무정부주의자Walsall Anarchists 체포 사건 — 1892년 런던 중심가인 토텐함코트가Tottenham Court Road에서 버밍엄 북부 왈살 출신의 조 디킨Joe Deakin이 폭탄제조 혐의로 체포되면서 왈살에서 무정부주의자 빅터 카일Victor Cails, 프레드 찰스Fred Charles 등이 체포된 사건을 가리킨다. 이 사건은 경찰이 80년 동안 증거를 은폐했지만 결국 경감 멜빌Melville의 사주에 의해 일어난 사건이란 것이 밝혀졌다. 멜빌은 후에 영국의 국내정보국MI5을 세운 사람이다. — 이 일어났을 때 프레드 찰스를 지지하였으며 1893년에는 독립노동당 창건에 참가했다. 카펜터는 평화주의자로 보어전쟁과 1차대전에 반대했으며 전쟁의 원인이 계급 독점과 사회적 불평등에 있다는 주장을 제시했다. 노동운동과 사회주의에 관여했지만 어떤 특정 정당 활동에 관여하기보다는 오히려 무정부주의적 경향에 서서 발언했다.

그는 성적 평등과 동성애에 대한 관심을 보여준 사회주의자이기도 했다. 1893년 동성애를 옹호한 급진주의자 시몬즈John Addington Symonds 가 사망한 이후, 그는 성적 취향을 차별화시켜 동성애를 금기시하는 당시의 경향을 비판하는 글을 썼다. 성 지향성의 평등에 대한 생각은 여성의 권리에 대한 주장으로 이어져 평등한 사회는 여성의 경제적 자유와 함께 성적 자유를 함께 증진시켜야 한다고 주장했다. 이런 생각은 당시의 결혼제도에 대한 부정적 생각으로 이어져, 그는 영국의 결혼제도를 강제된 금욕주의일 뿐 아니라 일종의 매춘제도라고 생각했다. 그는 영국에 사회주의 사회가 수립될 때까지 여성들은 자유로워질 수 없을 것이라고 주장했다. 이런 생각이 그로 하여금 남성노동자들은 여성해방을 지지해야 한다는 입장을 견지하게 만들었다. 그는 『자유로운 사회에서의 성과 사랑 그리고 그것의 자리Sex, Love and Its Place in a Free Society』(1894), 『자유로운 사회에서의 결혼Marriage in a Free Society』(1894) 같은 책들을 펴냈다. 1914년 로렌스 하우스만과 함께 "성심리학 연구를 위한 영국 협회the British Society for the Study of Sex Psychology"를 설립하기도 했다.

카펜터는 자본주의와 토지귀족에 대해 비판하고 새로운 시대의 민주주의와 사회주의를 옹호하는 활동을 했다. 아울러 그는 성적 자유, 여성해방, 환경운동, 채식주의, 생체해부 반대 등 사회주의의 영역을 정치·경제문제로부터 개인적 삶과 환경의 문제로 확대시켰다. 그의 사상은 당시의 많은 사회주의자들로부터 거부당했지만 사회주의가 정치·경제제도의 개혁을 넘어선 여러 차원의 문제와 관계하고 있음을 보여준 경우라고 할 수 있다. 페미니스트인 세일라 로우보탐Sheila Rowbotham이 2008년에 그에 관한 전기를 펴내었다.

조지 더글라스 하워드 코올 George Douglas Howard Cole (1889~1959)

웹이나 쇼보다 한 세대 뒤의 인물로 영국의 정치이론가며 역사가이다. 그는 세인트 폴 스쿨St. Paul's School을 거쳐 옥스퍼드의 벨리올 칼리지

Balliol College에서 수학한 후, 1925년 옥스퍼드의 유니버시티 칼리지의 리더Reader (영국 대학에서 전임강사와 교수 사이의 직위. 우리로 치면 부교수 정도에 해당한다.)가 되었다. 1944년 옥스퍼드 대학에서 최초의 치첼Chichele 사회정치이론 교수직─켄터베리 대주교이자 올소울즈 칼리지를 창건한 치첼을 기념하여 만든 교수직으로 현재 다섯 분야의 교수직이 있다. 사회정치이론 분야에서는 코울이 최초의 교수였으며, 이자이아 벌린, 존 플라메나츠, 찰스 테일러 등이 뒤를 이었고, 현재는 제럴드 코헨이 1985년부터 이 직위를 가지고 있다.─을 맡게 되었다. 그는 페이비언 협회의 회원이었으며 협동조합운동의 지지자였다. 1918년 마가렛 포스트게이트와 결혼하였으며 1924년 옥스퍼드로 이사했다.

코울은 옥스퍼드의 밸리올 칼리지에서 수학하는 동안 페이비언 사회주의에 관심을 가지게 되었다. 그는 시드니 웹의 후원 하에 페비이언 협회의 집행부에 참여하게 되었다. 그러나 이후 노동불안기Labour Unrest의 사회현상을 관찰하게 되면서 페이비언 사회주의이론에 대해 문제를 제기하며 길드 사회주의 이론을 제시하였다. 이후 길드 사회주의 이론에 기반하여 맑시즘적 정치경제론에 대신하여 자유주의적 사회주의 이론을 제시하였다. 그는 이러한 사상들을 1차 세계대전 이전 『새로운 시대*The New Age*』와 『새로운 정치가*The New Statesman*』 등의 잡지에서 제시했다. 비에트리스 웹은 코울과 시드니 웹이 서로 다른 견해로 상대를 자극했다고 일기에 기록했다.

그는 맑시스트가 아니었으며, 독일식 사회민주주의자 혹은 페이비언식의 국가사회주의자도 아니었다. 그는 참여현상이 활발하게 일어

236

나는 방식으로 민주주의가 실현되는, 분산된 조직들의 사회주의를 추구했다. 민주주의가 실현되는 기본적 단위는 중앙집권적 국가와 같은 거대한 조직이 아니라 작업장이나 지역사회 같은 작은 공간이라고 보았다. 그는 피기스Figgis와 영국 다원주의pluralism 사상가들에게 큰 영향을 받아 사회는 자치적인 자발적 결사들의 복합체로서 조직되어야 한다는 생각을 가졌고, 사회의 여러 기능적 영역들은 자율적으로 규제되어야 한다고 주장했다. 코울의 사상은 그가 가르친 해럴드 윌슨Harold Wilson에게 커다란 영향을 미쳤다. 윌슨은 두 번이나 노동당 정부의 수상(1964~1970, 1974~1976)을 지냈는데, 그는 코울을 노동당이 가야 할 방향을 가르쳐 준 사람으로 기억했다. 윌슨 이전의 노동당 당수(1955~1963)였던 휴 게이츠켈Hugh Gaitskell도 코울의 제자였다.

코울은 협동조합운동의 이론가이기도 했다. 그는 협동조합의 이론과 역사에 커다란 공헌을 했다. 그의 책『사회주의 사회에서 영국의 협동조합운동The British Co-operative Movement in a Socialist Society』은 잉글랜드의 도매협동조합CWS: Co-operative Wholesale Society(협동조합의 전신에 해당한다)에 대해 상세하게 연구한 책이다. 그는 이 조직을 국가의 도움 없이 협동조합 국가를 성취할 능력이 있는 기구로 평가했다.『협동조합의 세기A Century of Co-operation』에서는 로치데일의 선구자들로부터 그 이후 협동조합의 발전과정까지 협동조합운동의 역사를 상세히 조사, 서술했다.

주요 저서로는『산업의 자치운영Self-Government in Industry』(1917),『다시 쓰는 길드 사회주의Guild Socialism Restated』(1920),『노동의 세계The

World of Labour』(1923), 『로버트 오웬*Robert Owen*』(1923), 『윌리엄 코벳의 생애*The Life of William Cobbett*』(1925), 『평민들, 1746~1946*The Common People, 1746~1946*』(1946), 『영국노동계급운동에 대한 간단한 역사, 1789 ~1947*A Short History of the British Working Class Movement, 1789~1947*』(1947), 『1914년 이후의 노동당의 역사*A History of the Labour Party from 1914*』(1948), 『맑스주의의 의미*The Meaning of Marxism*』(1950), 『사회주의 사상사*A History of Socialist Thought: 7 Volumes*』(2003) 등이 있다. 이외에도 그의 부인 인 마가렛 코울과 함께 다수의 추리소설들을 남겼다.

데이빗 로이드 조지David Lloyd George, 1st Earl Lloyd-George of Dwyfor (1863~1945)

1916~1922년 영국 수상. 웨일즈어를 하는 웨일즈인으로 맨체스터 에서 태어났다. 아버지는 교사였지만 일찍 사망했고 웨일즈에서 자랐 다. 1884년 변호사 자격을 땄으며 1890년 웨일즈 북부의 카에나어폰 선거구Caernarfon Borough에 자유당으로 출마해 하원에 들어갔다. 이후 1945년 그가 백작 작위를 받을 때까지 의석을 유지했다. 1890년대 초에는 아일랜드 국민당Irish National Party과 같은 정당을 웨일즈에서 만들려는 시도를 하였으나 곧 이러한 시도를 포기했다. 1899년 그는 급진적 자유주의의 지도자로서 명성을 얻게 되는데, 2차 보어전쟁에 대해서는 분명하게 반대의사를 표명했다.

1906년 자유당의 캄벨 배너만Henry Campbell-Bannerman 내각에서는 상 무성 의장President of the Board of Trade으로서(1905~08) 활동했으며, 상선 법Merchant Shipping Act, 특허법Patent Act 등을 주관했다. 특히 그는 철도노

조의 총파업을 막기 위해 철도회사가 노조 대표들을 인정하도록 중재하는 노력을 폈다. 1908년 수상이 된 애스퀴쓰 하에서는 재무장관으로 (1908~1915) 활동했는데, 이때 기득권층으로부터 격렬한 반대를 받게 된다. 그가 제안한 1909년의 인민예산People's Budget은 특히 커다란 논란을 야기했다. 의료보험과 실업보험과 같은 사회개혁 정책 및 해군력 증강은 토지세, 고율의 상속세, 3천 파운드 이상의 수입에 대한 수퍼택스Super Tax로 충당될 예정이었다. 상원은 이 예산을 부결했으며 귀족들의 격렬한 반대가 이어졌다. 1910년 두 번의 선거가 치러 졌고 1911년 결국 의회법Parliament Act이 통과되어 상원의 권력은 축소 되었다.

애스퀴쓰의 전시내각에서는 군수장관minister of munitions으로 활동했다. 그러나 1916년 잠시 전쟁장관secretary for war을 맡은 후 애스퀴쓰의 지도노선에 환멸을 갖게 되었는데, 이는 애스퀴쓰의 실각으로 이어졌다. 애스퀴쓰에 뒤이어 연립내각의 수상이 되었지만 애스퀴쓰를 따라 자유당 각료가 대거 사직했으므로, 연립내각에서 그는 보수당 각료들과 활동해야 했다. 헤이그나 로버트슨 같은 장군들과 갈등을 빚었지만 1차 세계대전을 승리로 이끌었다. 그는 즉각 새로운 선거를 실시했으며(이 선거는 수상 로이드 조지와 보수당 당수 보나어 로가 후보들에게 신임장을 주었으므로 쿠폰 선거라고 불렸다.) 선거 결과 압도적으로 보수당이 다수인 연립내각이 수립되었다.

그는 전후 4백 만의 제대군인을 다시 일터로 복귀시키는 과정에서 나타난 경제적 어려움을 안게 되었다. 아일랜드 문제는 계속 폭력사태를 야기했고, 1921년에는 아일랜드 자유국Irish Free State의 수립으로 이어졌다. 1922년 보수당은 그에 대한 지지를 철회했고 그 결과 사임하게 된다. 자유당은 애스퀴쓰와 로이드 조지가 이어서 지도자로 등장하면서 단결했지만 선거에서는 계속 패배했다. 그는 이후 다시는 내각에 들어가지 못했다. 그는 복지국가의 기초를 놓은 위대한 급진 개혁가로 기억되고 있으며, 1차 세계대전을 승리로 이끈 사람으로 기억되고 있다. 그럼에도 불구하고 1916년 애스퀴쓰를 축출한 것으로 인해 계속하여 자유당원들의 불신을 받게 된 인물이기도 했다.

토마스 힐 그린 Thomas Hill Green (1836~1882)

신자유주의New Liberalism 이론을 제시한 사상가. 요크셔Yorkshire에서 태어나 럭비 스쿨을 거쳐 옥스퍼드의 밸리올 칼리지에서 공부했다. 1878년 옥스퍼드 대학에서 도덕철학 교수가 되었다. 그는 당시에 널리 퍼져 있었던 효용주의Utilitarianism 사상가들의 물질주의와 경험주의를 비판함으로써 정치철학에 크게 기여했다. 헤겔 사상에서처럼 국가는 공동의 선을 증진시켜야 할 의무가 있다고 주장했다. 그의 이상은 인간이 자기완성에 도달하는 것이었다. 이것은 사람들이 행동하는 시민으로서 그들의 잠재력을 자발적으로 발전시킬 수 있는 조건을 의미했다. 이러한 조건을 제공하는데 국가는 중요한 역할을 해야 했다. 그는 「자유 입법과 계약의 자유」(1881)라는 글에서 고용주와 노동자 사이의 힘의 불평등은 노동계약의 자유를 손상시키며, 노동자가 자기 완성을 성취하는 것을 막는다고 주장했다. 그린은 국가의 역할을 인정하였지만, 일상적 삶의 문제를 위해 자치시와 시의회의 역할이 보다 중요하다고 생각했다. 그린은 매우 활동적인 학자였는데 정치와 사회문제에 적극적인 관심을 보여, 1865~1866년 교육에 관련된 왕립위원회의 활동에 참가하기도 했다.

제임스 케어 하디 James Keir Hardie (1856~1915)

스코틀랜드 출신의 사회주의자. 버나드 쇼, 시드니 웹 등과 거의 비슷한 시기에 태어났지만 그들과는 달리, 빈곤한 노동계급 가정 출신이다. 케어 하디는 스코틀랜드의 글래스고우와 가까운 북라낙셔 North Lanarkshire 지역의 작은 마을에서 태어나 매우 가난한 환경 속에서 어린 시절을 보냈다. 8살 때부터 빵집 배달부로 일하면서 성장했다. 당시에는 그가 가족의 유일한 수입원이었는데 하루 12시간 이상 일하면서 받은 급여가 주 3실링 6펜스에 불과했다. 병든 동생을 보살피느라 빵 배달이 늦은 것으로 인해 해고당하는 경험을 했고, 11살 때부터는 라낙셔의 광산 막장에서 노동을 하기 시작했다. 정규 교육을 받지는 못했으나 야학을 다니면서 독학으로 공부했는데, 여기서 그는 로버트 번즈Robert Burns의 책을 읽게 되었다. 신문을 읽으면서 노동조합을 알게 되었고 라낙셔Lanarkshire에서 1880년 최초의 파업을 이끌었다. 이 일로 인해 일자리를 잃었고 저널리스트가 되기 위해 아이어셔Ayrshire로 옮기게 된다.

저널리스트로 일하는 동안 라낙셔와 아이어셔의 광부들을 조직하는 일을 했다. 1886년에는 아이어셔 광산노조 서기를 거쳐 스코틀랜드 광부동맹the Scottish Miners' Federation의 서기가 되었고, 1887년에는 스코틀랜드 노동당the Scottish Labour Party의 의장이 되었다. 다음 해 『광부The Miner』라는 잡지를 발간했는데 이 잡지는 후에 『노동지도자Labour leader』

로 잡지명을 바꾸게 된다.

하디의 정치적 입장은 처음에는 자유당을 지지하는 것이었다. 그러나 글래드스톤의 경제정책에 실망하면서 자유당은 노동자들의 이해를 대변하지 못하며, 단지 노동자들의 표만을 원하고 있다고 생각했다. 때문에 자신이 직접 의회에 나가기로 마음먹고, 1888년 4월 미드라낙Mid Lanark에서 노동계급 후보로 출마했다. 표를 얻는데 실패했지만 그는 좌절하지 않고 오히려 그해 8월 글래스고우에서 스코틀랜드노동당Scottish Labour Party(1888~1893)을 창건해 초대 서기가 되었다.

1892년 사우스 웨스트 햄South West Ham에서 노동계급 출신의 후보로 독자적으로 당선되었다. 보수당 후보를 상대로 한 선거전에서 그는 5268표를 얻어 4036표를 얻은 보수당 후보를 따돌렸다. 그는 웨스트민스터에 참석하면서 다른 노동계급 의원들이 받아들였던 검정색 프록코트와 검정색 실크모자 같은 정형화된 의원 복장을 거부했다. 그 대신 그는 트위드 재킷과 노동자들이 쓰는 모자를 쓰고 의사당에 들어섰다. 의회에서 그는 톰 페인Tom Paine이 인간의 권리Rights of Man에서 제시했던 정책들을 주장했다. 연 1천 파운드 이상의 소득을 가진 사람들에게 누진 소득세를 부과하고, 여기서 조성된 기금으로 양로연금과 무상교육을 실시할 것을 주장했다. 아울러 상원폐지, 여성투표권 등도 주장했다.

하디는 1893년 독립노동당the Independent Labour Party을 조직했는데, 이는 독립노동당이 노동자들의 표를 뺏어 갈 것이라는 자유당의 우려를 낳았다. 1894년 251명의 목숨을 앗아간 폰티프리드Pontypridd 광산 사고 이후 이들에 대한 애도의 표시를 둘러싸고 빚어진 갈등으로 하디는 왕정을 공격했고 이 행위는 하원을 매우 소란스럽게 만들었다. 그 여파로 1895년 의원직을 잃게 되었다. 5년 동안 노동운동을 강화하는 노력 이후, 1900년 노동조합들과 사회주의 단체 등 여러 조직들을 규합하여 노동대표위원회Labour Representation Committee를 조직하게 되었다. 1900년 선거에서 남웨일즈의 머서 티드필 및 아버대어Merthyr Tydfil and Aberdare 선거구에서 의원으로 당선되었다. 하디가 조직한 정당은 이 해의 선거에서 단 두 명이 당선되었을 뿐이지만 25년 뒤 집권당으로 성장하게 된다. 원래 무신론자였던 하디는 1897년 기독교로 개종했는데 종교는 그의 정치사상에 커다란 영향을 미쳤다.

1903년에는 보수당에 대항하기 위한 전략으로 반反보수당 표를 분산시키지 않기 위해 자유-노동 연합Lib-Lab pact이 이루어졌다. 이러한 협약은 맥도널드와 글래드스톤(윌리엄 글래드스톤의 아들)의 노력으로 이루어졌는데 30개의 선거구에서 자유당은 노동대표위원회와 대결하지 않기로 약속했다. 1906년 노동대표위원회는 노동당으로 이름을 바꾸었고 그 해 치러진 선거에서 29석의 의석을 얻는 쾌거를 거두었다.

1908년 하디는 노동당 당수직을 아더 헨더슨Arthur Henderson에게 넘겨주었다. 이후 그는 여성참정권 운동을 지지하는 활동을 폈으며 실비아 팡크허스트Sylvia Pankhurst와 긴밀한 관계를 유지했다. 그는 여권운동에서 유권자로서만이 아니라, 어머니, 노동자, 인간으로서의 여성의 권리를 주장하였다. 인도의 자치를 옹호하는 입장도 견지했다. 평화주의자로서 1차 세계대전에 반대했으며 다른 나라의 노동운동 지도자들과 함께 전쟁을 종식시키기 위해 국제적 총파업을 시도하려

하기도 했다. 케어 하디는 영국에서 사회주의를 맑시즘적 사회주의에서 노동조합주의적 사회주의로 이끌어 낸 사람이었다. 이 사회주의는 실용적이고 유연했으며 영국에서 사회주의 정당을 만들어 내었다. 1915년 글래스고우에서 사망했다.

새무얼 조지 홉슨 Samuel George Hobson (1870~1940)

아일랜드 얼스터Ulster 지방의 아르마Armagh주에서 출생. 케임브리지 남부의 사프론 월든Saffron Walden에서 퀘이커 교육을 받았으며 웨일즈의 카디프Cardiff로 이사를 간 후 열성적인 사회주의자가 되었다. 처음에는 페이비언 협회에 가입했다가 이후 독립노동당의 창립멤버가 되었다. 독립노동당의 기관지였던 『노동지도자*Labour Leader*』에 기고하기 시작했으며, 1900년에는 페이비언 협회의 집행부에 선출되기도 했다. 1895년 총선에서 브리스톨Bristol East에서 독립노동당의 대표로 입후보하기도 했으며, 이후 몇 년간 브리스톨 사회주의협회Bristol Socialist Society의 회원이 되기도 했다. 1906년에는 현재 맨체스터 광역시에 속하는 로치데일Rochdale 선거구에서 독자적으로 입후보했으며 이 때쯤 이르면 그는 노동당의 의회활동을 넘어서서 활동하는 것에 관심을 갖게 된다.

1906년 이후 길드에 기초한 사회주의 이론을 발전시키게 되는데, 이것은 중세 길드조직에 영감을 받아 노동자 자치운영을 추구하는 내용을 가졌다. 그는 1910년 페이비언 협회에서 이탈했으며 곧 알프레드 리차드 오라지가 편집하는 『새로운 시대The New Age』에 기고하기 시작했다. 그는 "길드 사회주의Guild Socialism"라는 용어를 만들어 내었으며 그의 글들은 1914년 『전국길드: 임금제와 해결방법에 대한 연구 *National Guilds: an Inquiry into the Wage System and a Way Out*』라는 책으로 출판되었다. 그는 전국길드연맹National Guild League을 창립하는데 일조했지만 전략과 관련해 코울과 불화를 빚었으며, 사회 대부Social Credit를 지지하는 『새로운 시대』와도 불화를 빚으면서 이론적 작업을 중단하게 된다. 이후 건설길드builllders' guild를 조직하려는 시도를 했으나 결국은 실패하였다. 1938년 『좌파로의 여정 – 한 근대 혁명가의 비망록』이라는 책을 출판했다.

헨리 마이어스 하인드만 Henry Mayers Hyndman (1842~1921)

사회민주동맹의 창건자. 부유한 사업가의 아들로 런던에서 태어났다. 케임브리지 대학의 트리니티 칼리지Trinity College에서 공부했으며 저널리스트가 되기로 결심했다. 『팰맬가젯*Pall Mall Gazette*』에 오스트리아와 이탈리아의 전쟁에 대한 기사를 쓰는 과정에서(1866) 전쟁의 실상에 큰 충격을 받았다. 하인드만은 이탈리아 민족주의 운동의 지도자들과 대화할 기회가 있었는데 그들의 이야기에 공감했다. 이후 『팰맬가젯』에 계속 기사를 썼는데, 영국의 제국주의를 찬양하며 아일랜드 자치운동과 미국의 민주주의에 대해서는 비판적인 성향을 보였다. 그는 라쌀Lassale에 관한 책을 읽으면서 그에게 매료되었으며 부유한 사회주의자였던 라쌀이 맑스를 재정적으로 후원했다는 사실을 알게 되었다. 그는 라쌀에 이어 칼 맑스의 저작을 읽게 되었으며 맑스의 자본주의 비판에 공감을 하게 되었다.

그는 최초로 영국에서 사회주의 정당을 만들기로 결심한다. 사회민주동맹은 1881년 6월 최초로 모임을 가졌다. 그가 초기에 사회주의에 반대했으므로 우려도 있었으나 그는 자신의 생각이 바뀌었음을 알렸고, 이 모임에는 윌리엄 모리스, 어니스트 박스, 에드워드 아벨링, 헨리 하이드 챔피온, 조지 란스베리, 엘레아노 맑스(맑스의 딸) 등이 참석했다. 그러나 엥겔스는 참석하지 않았다. 하인드만은 곧『모든 사람을 위한 영국*England for All*』(1881)이라는 책을 출판했고, 사회민주동맹은 챔피온H. H. Champion이 편집을 맡은 『정의*Justice*』라는 잡지를 출판했다. 사회민주동맹은 보통선거와 생산수단의 국유화를 주장했다. 그러나 하인드만은 매우 권위주의적이었으므로 사회민주동맹의 노선에 대한 민주적 토론을 무시했다. 1884년 12월 집행부 모임에서 10대 8로 불신임 당했으나 사임을 거부하였으므로 윌리엄 모리스와 엘레아노 맑스 등이 사회민주동맹을 탈퇴하는 사태가 빚어졌다.

하인드만은 1887년 트라팔가 광장에서 집회를 조직하고 주도했는데 이 집회는 '피의 일요일'이라고 불린 사건을 낳았다. 엥겔스는 이 집회와 그 결과를 두고 하인드만을 비판했다. 엥겔스는 하인드만이 아직 지적으로 준비되지 않은 노동자들을 이용해 혁명을 이끌어 내려 한다고 보았다. 1890년 다시 한번 사회민주동맹 내에서 내분이 발생해 톰 만과 존 번즈가 탈퇴했다. 이들은 사회민주동맹이 노동조합 활동에 보다 적극적일 것을 희망했지만 하인드만은 사회혁명에 보다 관심이 컸다.

사회민주동맹은 1900년 노동대표위원회를 창건하는데 참여했고 12명의 위원 중 2명의 위원을(노동조합이 7명, 독립노동당과 사회민주동맹이 2명, 페이비언 협회가 1명을 대표했다) 차지했지만 이 조직이 자신들의 노선과 다르다는 점을 발견한 후 결별했다. 그는 1911년 영국사회당British Socialist Party을 창건했다. 그러나 1차대전이 발발하자 전쟁을 찬성해 당원들을 놀라게 했다. 정당은 갈라졌고 하인드만은 다시 국가사회당National Socialist Party을 조직했다.

조지 란스베리 George Lansbury (1859~1940)

기독교 사회주의자이자 평화주의자. 서포크Suffolk의 헤일즈워쓰 Halesworth에서 노동자의 아들로 태어났다. 그의 집은 그가 9세 때에 런던의 이스트엔드East End로 이사했다. 1884년 오스트레일리아로 이민을 갔지만 그곳의 환경에 실망하고 다시 영국으로 돌아왔다. 그는 이민에 대한 잘못된 선전에 분개하게 되는데 그의 정치의식은 이런 과정에서 시작되었다. 그는 사회운동에 관심을 가지게 되면서 처음에는 런던의 이스트엔드에서 자유당원들과 어울렸다. 1889년에는 런던 시의회에 자유당 후보로 출마하기도 했다. 이 시기에 그는 8시간 노동제를 관철시키려고 노력했지만 자유당의 지지를 얻는데 실패하면서 차츰 자유당에 대해 환멸을 갖게 되었다. 그 대신 그는 사회민주동맹과 접촉하면서 차츰 사회주의 정치에 관여하게 되었다. 1889년 부두파업을 지지하였으며 1892년에는 자유당을 탈당하고 이스트엔드East End에서 사회민주동맹의 보우 및 브롬리Bow and Bromley 지부를 조직했다.

그는 무신론자였지만 1890년대에 필립 스노우든Philip Snowden 등의 영향을 받아 기독교 사회주의자가 되었으며, 이후 케어 하디에게 기독교를 소개하는 데 중요한 역할을 했다. 1892년에는 포플러 빈민원

Poplar Workhouse의 빈민감독관Guardian이 되었는데, 그는 빈민들에 대한 접근을 달리 했다. 그는 가혹한 조건이 빈민들을 자립하게 할 것이라는 생각에 반대해, 빈민원을 개선하는 사업을 펼쳤으며 빈민들에게 채소 재배농원market gardening 교육을 시키기도 했다.

1903년에는 독립노동당에 가입하였고, 1910년에는 런던의 노동자 지구인 보우 및 브롬리Bow and Bromley 선거구에서 처음으로 의원에 당선되었다. 의회에서 그는 여성참정권운동을 지지하였으며, 노동불안기에 파업진압에 동원된 군인들을 향해 쓰여진 톰 만의『쏘지 마Don't Shoot』라는 소책자를 옹호하는 활동을 했다. 1912년에는 사회주의 신문인『일간 소식Daily Herald』을 발간하는 데 일조했다.

1921년에는 포플러 구의회Poplar Borough Council(포플러는 해크니, 스텝니, 베쓰날 그린 등과 함께 이스트엔드의 행정구 중 하나이다. 보움 및 브롬리는 포플러구에 속한 지역이다.)의 다른 의원들과 함께 런던 시의회London County Council에 세 지급을 거부한 것으로 투옥되기도 했다. 이 사건은 포플러 세금 반란Poplar Rates Rebellion으로 알려져 있기도 한데, 그는 런던시의회의 지시에 반대하여 세금을 빈곤한 사람들에게 부조 형식으로 지급해 버렸다. 이 일로 인해 36명의 구의회 의원들이 6주 동안 구금되는 사태가 빚어졌다. 이러한 이유로 란스베리는 1924년 노동당 정부에서 배제되기도 했다. 1929년 2차 노동당내각이 성립되었을 때 그는 대규모 공공사업을 주도하는 일을 맡았다. 하이드 파크 안의 호수Serpentine에 야외수영장을 조성하기도 했다. 1931년 총선에서 아더 핸더슨을 비롯한 주요 노동당 인사들이 패배했지만 그는 보우-브롬리Bow and Bromley 선거구에서 당선되었고 다음 해 의회에서

248

노동당 당수로 선출되었다. 1932년에서 1935년에 걸쳐 그는 노동당 당수로 활동했다. 하지만 평화주의에 대한 그의 과도한 집착은 1930년 대 무솔리니가 아비시니아를 침공했을 때조차 제재를 가하는 것에 반대하는 결과를 낳았으며 결국 그의 사임으로 귀결되었다. 그의 뒤를 이어 애틀리Attlee가 노동당 당수로 선출되었다.

톰 만 Tom Mann(1856~1941)

잉글랜드 중부지방의 코벤트리Coventry 근교에서 광산 서기의 아들 로 출생했다. 6~9세에 학교교육을 받았을 뿐, 이후 곧 광산에서 일을 하기 시작했다. 1870년 광산이 폐쇄되자 버밍엄으로 이사를 갔으며 여기서 엔지니어로서 7년간 도제수업을 받았다. 그는 버밍엄에서 아니 베산트Annie Besant와 존 브라이트John Bright의 연설을 듣게 되는데, 이것이 그의 정치의식을 각성시켰다. 이후 사회주의자 및 노동조합 지도자로 성장하였다. 도제수업이 끝난 뒤, 1877년 런던으로 이주했 는데, 여기서 사회주의자였던 그의 십장 샘 매인웨어링Sam Mainwaring을 통해 윌리엄 모리스에 대해 알게 되었다. 그는 1884년부터 하인드만의 사회민주동맹the Social Democratic Federation에서 활동하면서, 특히 8시간 노동제를 적극적으로 지지하는 활동을 폈다. 이 단체에서 그는 존 번즈John Burns와 헨리 하이드 챔피온Henry Hyde Champion을 만나게 되었다. 이들과 함께 1888년 『노동자 유권자Labour Elector』라는 잡지를 발간했 다.

1889년 런던부두파업에서 존 번즈, 벤 틸렛 등과 함께 노동운동 지도자로서 명성을 얻었다. 런던부두파업은 구세군Salvation Army과 노동자 교회Labour Church 및 오스트레일리아 노동조합 등의 도움으로 5주 만에 고용주의 양보를 끌어내며 종결되었다. 부두파업 이후 그는 일반노동자조합General Labourers' Union을 조직했고 2만 명이 가입한 이 기구의 초대 의장이 되었다. 아울러 틸렛과 함께『신조합주의*New Unionism*』라는, 협동조합 공화국cooperative commonwealth의 이상을 주장한 소책자를 출간했다. 이후 1894년 독립노동당의 서기로 선출되었다. 1890년대에는 독립노동당의 후보로 세 번이나 의회에 진출하려 했으나 번번이 좌절했다. 1898년 노동자연합the Workers' Union을 창설했다.

만은 1901년 오스트레일리아로 건너갔다. 멜버른에 정착해 노조에서 활동하면서 오스트레일리아 노동당과 오스트레일리아 사회당을 조직했다. 그러나 선거에서의 의석 획득에만 관심을 가진 부패 정당에 곧 환멸을 갖게 되었고, 이에 빅토리아 사회당the Victorian Socialist Party을 새로이 조직하였다. 1910년 영국으로 귀국 후, 곧 산업 신디칼리스트 교육연맹the Industrialial Syndicalist Education League을 조직하고, 잡지『산업 신디칼리스트*The Industrial Syndicalist*』를 발간하면서 신디칼리스트 운동의 지도자로 부상한다. 그는 노동불안기Labour Unrest에 발생한 1911년의 리버풀 운수노동자 총파업을 72일 동안 성공적으로 이끌었다. 1차 세계대전에 대해서는 이념적, 종교적 이유를 근거로 하여 반대하였으며 평화주의를 주창했다. 1916년 영국 사회당the British Socialist Party에 가입했으며 1919년에는 연합기사동맹the Amalgamated Engineering Union의 첫 번째 서기가 되었다. 전간기에는 공산당의 지도적 인물로 활동했다. 다른 사람들과는 달리 그는 결코 노동계급의 정체성을 상실하지 않았으며 노년에도 보수주의로 빠져 들지 않았다.

윌리엄 모리스 William Morris (1834~1896)

건축가, 디자이너, 시인, 미술가, 장인, 사회주의자였던 윌리엄 모리스는 런던 북부의 월탐스타우Walthamstow에서 어음중개인의 아들로 태어났다. 그는 말버러 스쿨Marlborough School을 거친 후 옥스퍼드의 엑시터 칼리지Exeter College에서 교육받았다. 처음에 성직으로 나갈 생각이었으나 마음을 바꾸어 건축을 공부한 후, 로제티Dante Gabriel Rossetti의 영향 아래 미술가가 되었다. 그는 곧 자신이 회화에 이렇다 할 소질이 없지만 디자인에는 소질이 있음을 깨달았다. 이후 1861년 회사를 창립해 벽지와 스테인드 글라스 등을 제작하기 시작했다. 이 과정에서 그는 영국 디자인의 수준을 한 단계 높이게 된다.

그와 그의 딸 메이May는 맑스의 딸인 엘레아노 맑스와 엥겔스 등과 직접 접촉하면서 사회주의에 관심을 가지게 되었다. 그는 1870년대부터 정치에 관심을 가지게 되었는데, 1881년 사회민주동맹이 영국에서 결성된 후 그가 1883년 옥스퍼드의 엑시터 칼리지의 명예 펠로우로 선출되자마자 사회민주동맹에 가입했다. 이때부터 2년 동안 문학과 예술을 젖혀 두고 사회주의 사상에 몰두했다. 1883년에는 대학 강당에서 옥스퍼드 대학생들을 상대로 하여 사회주의를 옹호하는 연설을 해서 당국을 놀라게 했다.

그러나 그는 사회민주동맹 내에서의 분열로 인해 1884년 사회민주동맹을 탈퇴해 사회주의연맹Socialist League을 조직했다. 1885년에는 기관지 『공공복지Commonweal』가 창간되어 그의 글을 싣기 시작했다. 그러나 분열은 계속되었고 1886년 트라팔가 소요 사태 이후에는 무정부주의 사상과 관련하여 그의 사상에 대해 비판이 쏟아지기 시작했다.

1889년 그는『공공복지』의 운영에서 멀어지게 되었고 점차 운동에서 영향력을 상실하게 되었다. 사회주의연맹에서 영향력을 상실하면서, 켈름스코트 출판사의 활동에 몰두하게 된다. 그러나 그의 사상은 계속 영향을 미쳤는데, 그의 후기 저작들 중 상당수는 반反산업주의 경향을 띠었다. 여기서 그는 장인정신을 높이 평가하며 생산이 산업사회 이전의 생산방식으로 돌아갈 것을 제안하고 있다.

사회주의와 관련된 그의 주요 저작으로는 1381년 영국 농민소요를 다룬『존 볼의 꿈*A Dream of John Ball*』(1888: 원래는『공공복지』에 1886년부터 1887년에 걸쳐 연재된 글이었다)과, 주인공이 사회주의연맹 모임에서 돌아와 잠들었다가 깨어난 후 만나게 되는, 미래의 처음 보는 마을의 모습을 그린『낯선 곳으로부터의 편지*News from Nowhere*』(1890)가 있다. 여기서 주인공 윌리엄 게스트는 대도시들, 권력, 법정, 감옥 등이 존재하지 않는 이상적인 사회를 묘사하고 있다. 이 책은 벨아미Bellamy의『과거를 돌아보며*Looking Backward*』(1888)에 대한 응답으로 씌어진 책이었다. 모리스는 벨아미의 사회주의를 좋아하지 않았다. 모리스는 산업혁명과 기계에 대한 선호, 도시적 삶, 강력한 국가를 통한 문제해결 등을 싫어했다. 그는 장인기술에 의해 만들어진 생산물, 개성적이고 창조적인 노동, 목가적 삶, 작은 단위의 공동사회를 선호했다. 이 책에서 모리스는 사회주의 사회에서 일어나는 노동에 대하여 쓰고 있는데 그가 구상한 노동은 창조적이며 즐거운 노동이었다. 즉 노동과 예술과 삶은 분리되지 않았다.

시드니 할대인 올리비에 Sir Sidney Haldane Olivier, 1st Baron Olivier
(1859~1943)

잉글랜드 남동부 에식스 주의 콜체스터Colchester에서 엄격한 국교도 목사 아놀드 올리비에Arnold Olivier의 10명의 자녀 중 8번째로 태어났다. 톤브리지 스쿨Tonbridge School에서 교육을 받은 후 옥스퍼드의 코퍼스 크리스티 칼리지Corpus Christi College에서 철학과 신학을 공부했다. 옥스퍼드 대학에서 평생 친구로 지낸 그래엄 왈라스를 알게 되었다. 졸업 후 공무원 시험에 응시했는데, 그가 수석으로 합격했고, 시드니 웹이 차석을 차지했다. 그는 1882년 식민성 관리로 들어갔으며 시드니 웹이 곧 뒤따라 들어왔다. 두 사람은 곧 절친한 친구가 되었다. 이때 올리비에는 화이트채펄의 슬럼가에 살면서, 노동자학교에서 라틴어를 가르치고 이스트엔드의 토인비 홀에서 활동했다. 그는 토지개혁연합Land Reform Union의 회원이었으며, 챔피온Henry Hyde Champion이 펴내고 있던 『기독교 사회주의자Christian Socialist』라는 잡지에 여러 편의 글을 기고했다. 올리비에와 웹은 함스테드 역사 클럽the Hampstead Historic Club에 참여하게 되었는데 여기서 그들은 쇼를 만났다. 그는 자본주의를 단순히 개선하기보다는 도덕적으로 개혁하자는 실증주의자의 전망에 매료되었다.

올리비에와 시드니 웹은 쇼를 따라서 페이비언 협회에 가입했다. 왈라스는 다음해에 가입했다. 이들 네 사람은 지적으로 긴밀한 관계를 유지하며 그들의 사상을 공유했는데, 그들의 지적 연대를 통해 페이비언 사회주의는 완성되었다. 올리비에는 사회주의를 급작스럽게 도입하는 것은 무정부상태나 전제적 상태를 나타나게 할 것이라고 주장했

고, 맑시즘이 비경제적 가치들을 무시하는 것을 비판했다. 그는 1886
~1890년 페이비언 협회의 서기로 봉사하였고, 페이비언 협회의 독서
그룹이었던 함스테드 역사협회Hampstead Historic Society에서 활동했다.
1888년 올리비에는 7번째 페이비언 소책자Fabian Tract인『자본과 토지
Capital and Land』를 집필했는데 여기서 그는 "조지주의Georgism"를 비판했
다. "조지주의"(헨리 조지의 이름을 따 만들어진 용어이다)는 급진주
의자와 기독교 사회주의자들에게 인기가 있었던 제도로, 토지는 사적
으로 소유되고 운영되지만 사회를 위해 과세되는 제도를 말한다.
올리비에는 그 대신 토지에 대한 공동소유와 통제를 주장했다. 1889년
그는『페이비언 논집』에「사회주의 기초의 도덕적 측면Moral Aspects
of the Basis of Socialism」이란 글을 실었다. 그 해에 페이비언 협회의 서기직
을 에드워드 피즈에게 넘겨 주었다. 그는 런던경제대학의 연사로
초청되곤 했다.

올리비에는 1890년 10월 영국령 온두라스의 대리 식민지 장관으로
지명되었다. 이후 20년간 식민성에서 활동하면서 자메이카 총독까지
지내게 된다. 2차 보어전쟁에서 페이비언 협회의 지도부는 분열되었
다. 올리비에와 램지 맥도널드 등은 제국주의에 반대하는 입장에
서서 전쟁에 반대했다. 웹과 쇼를 포함한 다른 페이비언들은 군사적
행동이 민주주의와 문명의 증진을 위해 사용될 수 있다고 믿었다.
페이비언들 중 다수는 보어전쟁은 정당한 전쟁이며 원주민들은 보어
인들보다는 영국인들 아래서 보다 더 잘 살 것이라고 믿었다. 일련의
투표를 거친 후 집행부는 전쟁을 지지하는 선언을 했다. 체임벌린을
비난하는 입장에 섰던 올리비에는 1900년 자메이카 식민지에 대리

총독으로 부임하였다가 1902년까지 총독으로 재임하게 된다. 그는 1904년 영국으로 귀국하였는데, 페이비언 협회의 새로운 회원이었던 웰즈H. G. Wells의 보다 급진적인 정책이 1897년 이래 침체상태에 있다고 여겨진 페이비언 협회에 활기를 불어넣어 줄 것으로 기대했다. 그렇지만 1906년 말 그는 웰즈가 틀렸다고 생각하게 되었다. 1920년 은퇴했지만, 1924년 노동당 정부가 수립되었을 때 램지 맥도널드는 그에게 남작Baron 작위를 수여했으며 인도 식민지장관으로 임명했다. 유명 배우였던 로렌스 올리비에가 그의 조카이다.

알프레드 리차드 오라지 Alfred Richard Orage (1873~1934)

요크셔 웨스트라이딩West Riding의 해로게이트Harrogate에서 가까운 다크르Dacre에서 출생했다. 비국교도nonconformist 가정에서 자랐으며 성장해 학교 교사가 된 후 독립노동당에 가입했다. 독립노동당 기관지에 철학에 관한 글을 기고했는데 특히 플라톤과 에드워드 카펜터Edward Carpenter의 사상에 관심이 컸다. 1890년대 후반까지는 기존의 사회주의 이론에 환멸을 갖고 잠시 신지학theosophy에 관심을 돌렸다. 1900년 그는 홀브룩 잭슨을 리즈의 한 서점에서 만났는데, 이를 계기로 잭슨과 함께 리즈 예술클럽Leeds Arts Club을 조직하게 된다. 이 조직은 버나드 쇼, 헨릭 입센, 니체 등을 포함해 급진적 사상가들의 작품들을 전파할 의도를 가지고 있었다. 이 기간 동안 그는 사회주의 강령에 관심을 갖게 되며 카펜터의 사회주의를 니체의 사상 및 신지학과 연결시키려고 했다. 그는 리즈 예술클럽의 동료였던 아더 펜티와 함께 1906년 런던으로 거처를 옮긴 후, 윌리엄 모리스가 묘사한 방식의 길드체제를 회복시킬 연맹을 결성하기로 결심했다. 이 계획은 실패로 돌아갔지만 그는 홀브룩 잭슨과 함께 1907년 주간지『새로운 시대*New Age*』를 매입하게 된다. 이 잡지에는 정치, 문학, 예술 등을 논의하는 글들이 실렸는데, 오라지는 의회정치에 대해 비판하는 글을 싣기 시작했으며 유토피아주의에 대한 필요성을 제기했다. 그는 노동조합 지도부에 대해서도 비판을 가했다. 한편으로 신디칼리즘Syndicalism에 대한 지지를 표명하면서 신디칼리즘을 길드체제와 결합시키려고 했다. 이러한 결합이 길드 사회주의로 귀결되었으며 1910년쯤부터는 길드 사회주의를 주장하기 시작했다. 1차 세계대전 후에는 더글라스C. H. Douglas의 영향을 받아 사회대부Social Credit운동의 지지자가 되었다.

아더 펜티 Arthur Penty (1875~1937)

영국의 건축가이자 길드 사회주의 이론가. 처음에는 페이비언 사회주의자로 출발했고 윌리엄 모리스William Morris와 존 러스킨John Ruskin의 추종자이기도 했다. 1900년 무렵 리즈Leeds의 건축사무소에서 일하고 있을 때 오라지를 만나게 되었고, 홀브룩 잭슨 등과 함께 리즈 예술클럽the Leeds Arts Club을 창설했다. 이 세 사람은 1905년에서 1906년 사이 런던으로 가게 된다. 1906년부터 잠시 동안 펜티의 사상은 큰 영향력을 행사했다. 하지만 1차 대전 후 길드 사회주의는 영국 노동운동에서 그 영향력이 줄어들었다. 펜티의 책들은 1920년대에 독일어로 번역되었으며, 스페인 저술가 라미로 드 마에즈투Ramiro de Maeztu에게 큰 영향을 주었다.

펜티는 분배주의자이기도 했는데, 이 사상은 그와 함께, 힐레어

벨록, 세실 체스터튼 등의 사상이 혼합된 것이었다. 이 사상은 1907년 페이비언 예술그룹the Fabian Arts Group의 형태로 나타난 페이비언 사회주의자들 사이의 분리 현상을 반영했다. 1918년 더글라스C. H. Douglas가 오라지를 만난 이후 오라지는 더글라스의 이론에 대해 사회대부Social Credit라는 새로운 용어를 만들어 내었다. 이런 가운데 사회대부(더글라스가 제안한 이론으로 생산의 목적은 소비이므로 충분한 구매력을 가진 소비자들이 생산 정책을 수립해야 한다는 주장이다.) 옹호자와 분배주의자distributist(체스터튼과 벨록 등이 제안한 이론으로 생산수단을 지역협동조합이나 가족 혹은 소생산자가 소유하는 체제를 지향한다.)로 갈라지는 또 다른 분열이 일어났다. 펜티는 분배주의자로 행동했다. 분배주의는 1920년대에 독자적인 방향을 취했는데 영국 노동당은 1922년 사회대부Social Credit운동에 반대한다고 선언했다.

버트란드 아더 윌리엄 러슬 Bertrand Arthur William Russell, 3rd Earl Russell (1872~1970)

1872년 웨일즈 남동부의 트렐렉Trellech에서 출생했다. 그의 할아버지는 1831년 개혁법을 제안하고 두 번의 수상직을 맡았던 존 러슬John Russell경이었다.(1861년 그는 초대 러슬 백작이 되었다) 그는 부모를 일찍 여의고 할머니의 손에서 자랐다. 케임브리지의 트리니티 칼리지 Trinity College에서 수학과 철학을 수학한 후 이 대학의 펠로우로 뽑혔다. 그러나 1차 세계대전 동안의 평화주의 운동으로 인해 펠로우의 자격을 박탈당한다.

1896년 『독일 사회민주주의*German Social Democracy*』를 출판하는 것으

로 사회문제에 대한 활동을 시작했다. 1896년 런던경제대학에서 독일 사회민주주의를 가르치기도 했다. 페이비언 사회주의에 관심을 가졌으며 웹부부가 1902년 조직한 코이피션츠 식사모임 클럽Coefficients dining club(웹부부가 조직하여 만든 모임으로 사회개혁가들과 제국주의자들이 여기에 참석했는데 러슬을 포함하여 웰즈, 리차드 할대인, 에드워드 그레이, 레오폴드 막스, 알프레드 밀너 등이 여기에 참석했다. 1909년까지 존속했는데 러슬은 1903년 삼국협상에 반대해 이 모임에서 탈퇴했다.)에 참여하기도 했다.

러슬은 1차 세계대전 전 여성참정권운동에 참여했다. 1907년 '여성참정권을 위한 남성연맹'Men's League for Women's Suffrage에 가입했고 여성참정권 후보로 선거전에 뛰어 들기도 했다. 1차 대전 중에는 페이비언 협회에서 알게 된 평화주의자 클리포드 알렌Clifford Allen과 함께 징집거부 운동을 하였으며 이로 인해 브릭스톤 형무소에 6개월간 구금되기도 했다.

1918년 풀려난 후, 1920년 영국정부 파견으로 도라 블랙Dora Black과 함께 공식적으로 소련을 방문했으며 여기서 레닌과 만나 장시간 대화를 하기도 했다. 러슬은 레닌에 대한 그의 인상이 다소 실망적이었다고 보고했다. 그는 초기에 러시아의 공산주의 실험에 희망을 품었으나, 러시아에서 실제로 일어나는 일을 관찰한 후 곧 러시아 혁명에 대해 실망하게 되었다. 러시아에서 돌아온 후『볼세비즘의 이론과 실천 Practice and Theory of Bolshevism』(1919)에서 사랑과 아름다움에 대한 관심이 없는 러시아의 사회주의에 대해 비판했다. 그는 레닌이 자유에 대한 사랑이 없는 종교적 광신도와 비슷하다고 생각했다. 1922년과

23년에는 첼시 선거구에서 노동당 후보로 출마하기도 했다. 그는 스탈린주의를 비판했을 뿐 아니라 맑시즘을 교조주의 이론으로 배격했다. 1차 대전 중 옥중에서 집필해 1918년 출판된 『자유로의 길*Roads to Freedom*』에서 국가사회주의, 무정부주의, 생디칼리즘 등으로 사회주의를 분류하여 설명하면서 각각의 사상이 지닌 약점을 지적하였는데 이런 약점들을 보완할 수 있는 이상적인 사상으로 길드 사회주의를 지목한 바 있다.

1926년에는 두 명의 미국 무정부주의자를 구하려는-실패로 끝났지만-국제적인 운동에 참여하였다. 1932년 출판된 『결혼과 도덕*Marriage and Morals*』에서는 남녀 간의 자유로운 교제를 주장했는데(실제로 그의 두 번째 부인 도라는 다른 남자와 성관계를 가져 두 명의 아이를 낳기도 했다), 이로 인해 이후 그는 종교와 도덕의 적대자라는 이유로 뉴욕의 시티 칼리지에서 쫓겨나기도 했다. 이후 민주주의를 옹호하는 활동을 계속했으며 독일의 나치즘, 소련의 전체주의, 미국의 베트남 참전 등에 대해 비판했다. 1954년부터는 비핵화 운동에 참여했다. 1955년 러슬-아인슈타인 성명을 발표하여 핵무기의 위험성에 대하여 경고했으며, 1970년에는 이스라엘의 중동침략을 비난하는 글을 발표하면서 이스라엘이 1967년 점령한 땅에서 철수할 것을 주장하기도 했다. 평생 4번 결혼하였고, 1931년 3대 러슬 백작이 되었으며 1950년에는 노벨문학상을 받았다. 주요 저서로는 『독일 사회민주주의*German Social Democracy*』(1896), 『전쟁 시기의 정의*Justice in War-time*』(1916), 『자유로의 길*Roads to Freedom: Socialism, Anarchism, and Syndicalism*』(1918), 『볼셰비즘의 이론과 실천*The Practice and Theory of Bolshevism*』

(1920), 『산업문명의 전망*The Prospects of Industrial Civilization*』(1923), 『자유와 조직*Freedom and Organization, 1814~1914*』(1934), 『권위와 개인*Authority and the Individual*』(1949), 『역사에 대한 이해와 기타 에세이들*Understanding History and Other Essays*』(1958), 『자서전*The Autobiography of Bertrand Russell*』(1967~69) 등이 있다.

조지 버나드 쇼 George Bernard Shaw(1856~1950)

1856년 아일랜드 더블린에서 몰락한 귀족집안이었던 제분업자 조지 카 쇼George Carr Shaw의 1남 2녀 중 막내로 태어났다. 알콜중독자였던 아버지를 둔 탓에 대학교육은 받지 못했다. 페이비언 협회의 다른 주요 인물인 시드니 웹, 그래엄 왈라스, 시드니 올리비에와 비교해 본다면 그만 유일하게 대학을 나오지 못한 셈이다. 쇼는 더블린의 부동산 사무소에서 잠시 일한 뒤 1876년 런던으로 이사했다. 그는 영국박물관 도서관에서 공부하면서 사회주의와 조우하게 된다. 1882년 헨리 조지의 토지 국유화론에 영향을 받아 토지의 사적 소유를 비판하며 토지와 자원의 공정한 분배를 주장했다. 이로 인해 쇼는 사회민주동맹과 연관되었고, 사회민주동맹의 리더였던 하인드만은 쇼에게 칼 맑스의 저작을 소개했다. 그러나 그는 칼 맑스의 이론에 끌리지 않았으며, 점진적 개혁을 주장하는 페이비언 협회에 끌렸다.

1884년 5월 페이비언 협회에 가입한 이후 시드니 웹, 그래엄 왈라스 등과 페이비언 사회주의의 이론 형성에 중요한 역할을 하게 된다. 그는 혁명적 방법이 아닌, 점진적이고 평화적인 방법에 의한 사회개혁이라는 방법론을 제시하였다. 그는 활동적인 페이비언이었으며 많은 연설을 하고 다양한 소책자를 출간했다.『페이비언 성명서*The Fabian Manifesto*』(1884),『진정한 급진계획*The True Radical Programme*』(1887),『페이비언 선거 성명서*Fabian Election Manifesto*』(1892),『불가능한 무정부주의*The Impossibilities of Anarchism*』(1893),『페이비어니즘과 제국*Fabianism and the Empire*』(1900),『백만장자를 위한 사회주의*Socialism for Millionaires*』(1901) 같은 책들이 그 예다. 그는 소책자뿐만 아니라 페이비언 사회주의를 설명하고 알리는 저서도 펴냈는데,『지적인 여성을 위한 사회주의와 자본주의에 대한 안내서*The Intelligent Woman's Guide to Socialism and Capitalism*』(1928)는 그의 생각이 잘 담겨있는 책이다. 아울러 그는 정치적 주제를 담고 있는 희곡들도 다수 출판했는데 대표적인 작품으로 『범인과 초인*Man and Superman*』(1902),『존 불의 다른 섬*John Bull's Other Island*』(1904),『소령 바바라*Major Barbara*』(1905) 같은 작품들이 있다. 극작가로서의 그의 활동은 1925년 그에게 노벨문학상을 안겨 주었다.

그는『새로운 시대*The New Age*』라는 사회주의 잡지를 창건하는데 기금을 제공했고 독립노동당과 노동당 창건에도 관여했다. 1895년 웹부부 및 왈라스와 함께 헨리 헌트 허친슨이 페이비언 협회에 기부한 2만 파운드의 기금으로 런던경제대학을 세우기도 했다. 런던경제대학에는 그를 기념하는 쇼 도서관이 있으며 여기에는 그가 디자인한 페이비언 창문이 걸려 있다. 94세의 나이로 사망했다.

윌 쏜 Will Thorne (1857~1946)

버밍엄의 호클리Hockley에서 벽돌공의 아들로 태어났다. 그의 아버지는 7세 때 사망했다. 그는 6세 때부터 노동하기 시작했는데 아침

6시에서 저녁 6시까지 바퀴 돌리는 일을 했다. 그의 가족은 부조금에 의지했고 어머니와 세 누이는 바느질을 하면서 하루 종일 노동해야 했다. 그의 나이 9세 때 그는 삼촌과 함께 벽돌 작업을 하기 시작했는데, 아침 4시에 일어나 4마일을 걸어가 하루의 노동을 시작했다. 22세에 결혼했는데 그도, 그의 부인도 문맹이라 결혼 서약서에 자신의 이름을 쓰지 못했다.

1882년 런던으로 이주하여 가스노동자로서 일하기 시작했다. 사회민주동맹Social Democratic Federation에 가입했고 곧 캐닝 타운Canning Town 지부 서기가 되었다. 그는 맑스의 딸인 엘리아노 맑스의 도움으로 글을 익히게 되었고, 1889년에는 2만 명의 회원을 가지게 되는 전국가스노동자조합National Gasworkers' Union을 결성한 후 총서기가 되었다. 전국가스노조는 신조합주의 운동에서 중요한 역할을 맡았던 노조 중 하나였다. 노조 결성 후 12시간 노동제에서 8시간 노동제로의 변화를 이끌어내는 협상을 성공시키기도 했다. 아울러 1889년 런던부두파업을 조직하는 데도 일조했다.

전국가스노조를 약화시키려는 노력은 사우쓰 메트로폴리탄 가스회사가 이윤배분제를 도입하려는 시도로 나타났고, 1890년 파업에서는 리즈 가스회사가 노조원들을 해고하는 사태가 발생했다. 여기서 노조원 복직을 위한 그의 노력은 엥겔스에게 깊은 인상을 심어 주었다.

1906년 총선에서는 런던의 웨스트 햄West Ham에서 출마해 당선되었다. 동료들과는 달리 그는 1차 대전에 영국이 참전하는 것을 지지했다. 1918년 런던의 플레스타우Plaistow에서 노동당 의원으로 의석을 얻었으며 1945년 총선에서 은퇴할 때까지 이 의석을 보유했다.

벤 틸렛 Ben Tillett (1860~1943)

신조합주의 지도자이며 노동불안기의 노동운동 지도자, 런던시의회 의원, 노동당 의원. 영국 남서부의 항구도시 브리스톨Bristol에서 노동자의 아들로 태어났으며, 어린 시절 가출한 후 서커스단에 들어가기도 하고 구두노동자 일을 하는 등 떠돌이 생활을 했다. 13세에 해군에 입대했지만 16세에 부상을 입고 전역했다. 이후 런던의 베쓰날 그린Bethnal Green에 정착한 후 부두에서 노동을 하게 되었다. 런던 부두에서 일하며 부두노동자들의 참상과 빈곤을 목격하게 되었다. 특히 비정규직 노동자들의 참상을 목격한 후 노동조합을 조직하게 된다.

틸렛은 1887년 그의 나이 27세 때부터 노동조합 조직가로서 활동하기 시작했다. 그는 1889년 런던부두파업에서 시간당 6펜스의 임금을 요구하며 파업을 주도했는데, 매닝 추기경Cardinal Manning의 중재를 이끌어 내면서 성공을 거두었다. 노동불안기Labour Unrest에는 1911년과 1912년의 부두파업에서 파업지도자로서 탁월한 지도력을 발휘했다. 1910년에는 하벨록 윌슨Havelock Wilson의 선원조합Seamen's Union과 25만 명이 가입한 전국운수노동자동맹National Transport Workers' Federation을 조직했다. 그는 파업이 야기하는 고통을 잘 알고 있었던 터라 파업보다는 강제 조정이 필요하다는 점을 역설하기도 했다. 부두노조와 운수노조를 강화해 나갔는데 이러한 노력은 1922년 운수 및 일반 노동자조합 Transport and General Workers' Union 결성으로 결실을 맺었다. 1914년 1차 세계대전이 발발했을 때는 전쟁을 열렬히 지지했는데 이러한 행동은 다른 노조운동가들로부터 커다란 반감을 불러 일으켰다.

그는 1892년부터 1898년까지 런던시의회London County Council 의원

alderman — 1835년의 자치시개혁법에 의해 시의회 의원은 카운실러 councillor(구민이 직접 선출함)와 올더맨으로 구성되었다. 이 중 올더맨은 선거구민이 뽑지 않고 시의회와 퇴임하는 올더맨에 의해 선출되었다. 그는 올더맨으로 선출되었다. - 으로 활동했으며, 1917~1924년과 1929~1931년 동안, 현재는 맨체스터 광역시에 속하는 북샐퍼드 Salford North에서 노동당 의원으로 활동했다. 1928~1929년에는 노동조합회의Trade Union Congress 의장으로 활동하기도 했다. 그는 이론가는 아니었지만 뛰어난 연설가였으며, 1893년 브랫포드에서 열린 독립노동당 창립대회에서 교조적인 사회주의자들을 격렬히 비난하였다. 페이비언 협회Fabian Socoety, 독립노동당Independent Labour Party, 사회민주동맹Social Democratic Federation, 브리스톨 사회당Bristol Socialist Party 등에 두루 관계했다.

그래엄 왈라스 Graham Wallas(1858~1932)

영국의 사회주의자이자 페이비언 협회의 지도자. 북잉글랜드의 더람Durham 인근 선더랜드Sunderland의 몽크위어머스Monkwearmouth에서 태어났다. 쉬루즈베리 스쿨Shrewsbury School에서 공부한 후 옥스퍼드의 코퍼스 크리스티 칼리지Corpus Christi College를 졸업했다. 그가 종교를 포기하고 합리주의로 방향을 바꾼 것은 대학에서였다. 1885년까지 하이게이트 스쿨에서 봉직했다.

1886년 봄 페이비언 협회에 가입했고, 시드니 웹, 버나드 쇼 등과 사귀게 되었다. 페이비언 사회주의가 형성될 무렵 그는 시드니 웹, 버나드 쇼 등과 긴밀한 관계를 가지며 페이비언 사회주의 이론 형성에 기여했다. 그는 페이비언들의 도움으로 1894년 런던 교육위원회에 선출되었고, 같은 해에 런던시의회 의원으로 선출되었으며, 교육위원회에서 활동했다. 1895년 런던경제대학London School of Economics이 설립되었을 때 웹부부는 왈라스에게 학장직을 맡아 줄 것을 요청했지만 그는 거절했다. 하지만 여기서 강의를 맡을 것을 수락했고 후에는 이 대학의 정치학 교수(1914~1923)가 되었다.

그는 근대 사회를 보다 인간화시킬 것을 추구했고, 교육자들이 제도보다 인간적 요소에 보다 많은 관심을 기울여야 한다고 생각했다. 1904년 페이비언 협회가 조셉 체임벌린의 관세정책을 지지하는 것에 항의해 협회에서 물러났고, 사회심리와 정치학에 관한 책들을 저술했다.

비에트리스 웹 Beatrice Webb (1858~1943)

잉글랜드 남서부 지방의 글루스터Gloucester에서 아홉 자매 중 여덟 번째로 태어났다. 그의 할아버지는 급진주의 의원이었던 리차드 포터 Richard Potter였으며, 아버지는 정치인과 교분이 있는 부유한 철도 사업가였다. 그녀의 가정은 전형적인 상류계층에 속했으며, 그녀의 형제들도 모두 상류계층 사람들과 교제하고 결혼했다. 하지만 그녀는 빅토리아기의 번영 속에 숨어 있는 어두운 부분들에 대해 중간계급의 죄의식을 가졌으며, 이런 배경에서 사회조사 작업에 관여하게 된다. 그녀는 초기에 허버트 스펜서와 꽁트의 책에 큰 영향을 받았다. 사촌인 찰스 부쓰Charles Booth—그의 책 『런던 시민들의 생활과 노동Life and Labour of the People in London』(1892~1897)에서 런던 시민 중 1/3이 만성적인 빈곤에 시달리고 있다는 점을 밝혔다.-의 사회조사를 돕는 활동을 하면서 런던 부두노동자와 유태인 이민자들의 생활에 대한 보고서를 펴냈다. 1891년 협동조합운동에 대한 조사를 하는 과정에서 시드니 웹을 만나게 되었다. 그녀는 1892년 시드니 웹과 결혼하였으며, 이후 페이비언 협회의 활동을 포함하여 시드니 웹의 정치활동과 연구활동에서 협력자로서 적극적으로 활동했다. 웹과 만나기 전 그녀는 1882년 급진주의 정치인이었던 조셉 체임벌린과 4년간 교제했지만 헤어졌다. 그녀는 체임벌린에 대한 연정 때문에 자신이 체임벌린에게 종속되지 않을까 두려워했다고 한다.

페이비언 협회 회원으로 활동했으며, 런던경제대학London School of Economics의 설립, 1913년 페이비언 조사국Fabian Research Department의 창설, 같은 해 주간지『새로운 정치가New Statesman』의 출간에 모두 관여했다. 특히 그녀는 1905년 구빈법 왕립위원회(1905~1909)가 세워졌을 때 여기에 참여해 다수보고서Majority Report와 대조되는 소수보고서 Minority Report를 작성했다. 여기서 그녀는 당대의 구빈법을 종식시키고, 노동력을 효과적으로 이용하기 위한 고용국을 설치하며, 교육과 의료 같은 생활의 기초적인 부분을 향상시킬 것을 제안했다. 허버트 애스퀴쓰Herbert Asquith의 자유당은 다수보고서를 채택했다.

그녀는 남편 시드니 웹과 많은 공동저작을 남겼다. 특히 10권에 달하는『영국 지방정부론English Local Government, 10 vols.』(1906~1929)은 두 사람의 협력 속에서 나온 역저라고 할 수 있다. 그녀의 저서로는 『나의 도제수업My Apprenticeship』(1926),『우리들의 협력관계Our Partner- ship』(1948)가 있다. 그녀는 남편인 시드니 웹이 남작이 되었지만 남작

부인이라는 칭호를 거부했다.

시드니 웹 Sidney Webb (1859~1947)

웹은 삼남매 중 둘째로 런던의 전형적인 하층 중간계급 가정에서 태어났다. 그의 할아버지는 켄트에서 여관업을 했으며 외할아버지는 서포크에서 농사를 지었다. 그의 어머니는 런던 크랜번가에서 부인모자 판매업을 했는데 이 상점의 점원으로 일했던 사람이 바로 웹의 아버지였다. 그는 코울이나 러슬처럼 정규 대학 코스를 밟지는 못했지만 상점 서기로 일하면서도 야간대학을 다니며 학업을 계속했다. 그는 지금의 행정고시와 같은 관직 시험에 응시해 차석으로 합격하였다.(동일한 시험에서 시드니 올리비에가 수석으로 합격했다) 그는 1884년 페이비언 협회가 설립된 지 석 달 만에 협회에 가입한 페이비언 협회의 초기 회원이었다. 그는 버나드 쇼, 시드니 올리비에, 그래엄 왈라스, 아니 베산트, 에드워드 피스, 휴버트 블란트 등과 함께 페이비언 협회를 이끌었다. 특히 버나드 쇼, 그래엄 왈라스, 시드니 올리비에 등과는 긴밀한 지적 공감대를 형성했고 이들과 함께 페이비어니즘 이론을 형성하는데 중요한 역할을 했다. 그는 페이비언 사회주의의 렌트Rent 이론을 형성하는데 큰 역할을 했으며, 페이비언 사회주의의 방법론으로 개혁은 점진적, 민주적, 합헌적, 윤리적이어야 한다는 4가지 원칙을 제시한 것으로 유명하다. '점진주의의 불가피성'이라는 말을 만들어 내기도 했다.

그는 1895년 페이비언 협회에 기부된 기금으로 런던경제대학London School of Economics을 설립했다. 그는 1912년 런던경제대학의 행정학

교수로 임명되었으며 15년간 이 직위를 보유했다. 1913년에는 비에트리스 웹, 버나드 쇼 등과 함께『새로운 정치가*New Statesman*』라는 주간지를 창간하기도 했다. 1892년 웹은 비에트리스 포터와 결혼하였다. 그와 동일한 관심을 가진 그녀와 함께 이후『노동조합주의의 역사 *History of Trade Unionism*』등을 비롯한 많은 공동저작을 발표했다. 결혼하면서 비에트리스가 가져온 돈은 웹이 직장을 그만두고 자신의 연구 활동과 대외 활동에 전념할 수 있도록 만들었다.

웹은 활발하게 정치활동에 참여했는데, 노동당 창당에 관여한 노동당 당원이기도 했다. 1892년에는 런던 시의회의 뎁트포드 선거구에서 당선되어 이후 18년 동안 시의회 의원을 지냈는데 여기서 기술교육위원회 의장으로 활동했다. 1923년 총선에서는 잉글랜드 북부의 광산 지역인 더람Durham의 시엄Seaham 선거구에서 의원으로 당선되었다. 웹은 비에트리스와 함께 지도적인 정치가들과 당대의 지식인들을 초대하는 코이피션츠 식사모임Coefficients dining club을 주관하기도 했다. 하지만 웰즈H. G. Wells는『새로운 마키아벨리*The New Machiavelli*』(1911)에서 웹을 베일리Bailey로 묘사하면서 그를 희화적으로 비판하기도 했다.

1929년 패스필드 남작Baron Passfield의 작위를 받은 후 하원을 떠났다. 상원에 들어간 그는 1929년 램지 맥도널드의 노동당 내각에서 식민지 장관직을 맡기도 했다. 식민지 장관으로 재직할 때는, 1922년 처칠 백서에서 만들어졌던 팔레스타인 정책을 수정하는『패스필드 백서 *Passfield White Paper*』를 작성하기도 했다. 그는 노동당 정부가 물러나는 1931년까지 각료로 봉사했다. 사후에는 비에트리스 웹과 함께 웨스트민스터 사원에 묻혔다. 주요 저작으로는『사회주의의 의미*What Socialism*

Means』(1888), 『영국의 사회주의*Socialism in England*』(1890), 『사회민주주
의를 향하여*Towards Social Democracy*』(1915), 『전후의 영국*Great Britain after the War*』(1916) 등이 있으며, 비에트리스 웹과의 공동 저작으로는 『노동조합주의의 역사*History of Trade Unionism*』(1894), 『산업민주주의*Industrial Democracy*』(1897), 『영국 지방정부론*English Local Government, 10 vols.*』(1906~1929), 『영국 사회주의 공화국 헌법*A Constitution of the Socialist Commonwealth of Great Britain*』(1920), 『소비자 협동조합운동*The Consumers' Co-operative Movement*』(1921), 『자본주의 문명의 부패*The Decay of Capitalist Civilization*』(1923) 등이 있다.

허버트 조지 웰즈 Herbert George Wells (1866~1946)

켄트 주에서 하층 중간계급 소상인의 아들로 태어났다. 그는 지금의 임피리얼 칼리지에서 토마스 헉슬리 밑에서 생물학을 공부했다. 1895년 유명한 소설 『타임머신*The Time Machine*』을 출판했는데, 소설을 현대 사회발전 과정에서 나타난 문제들을 논의하는 매체라고 생각했다. 잠시(1903~1908) 페이비언 협회에 가입, 활동한 후 곧 페이비언 사회주의에 비판적이 되었다. 1911년 출판된 『새로운 마키아벨리*The New Machiavelli*』에서 페이비언 사회주의의 핵심 인물이었던 웹부부the Webbs를 베일리부부the Baileys로 등장시켜 이들을 근시안적인 부르주아 조작가인 것처럼 풍자했다.

그는 민주주의를 환영하지 않았다. 그는 평범한 보통 시민은 결코 사회의 중요 문제를 결정할 정도의 능력을 갖지 못한다고 생각했다. 따라서 선거권도 특별한 사람들에게 제한되어야 한다고 생각했다.

그 연장선상에서 그는 우생학을 지지했다. 1차 세계대전 후에는 소설이 아닌 다른 저작물에 관심을 기울였는데, 1920년 『세계사 개요*Outline of History*』를 출판한다. 이 책에서 그는 세계평화는 오직 과거의 교훈을 배움으로써만 실현될 수 있다는 생각을 제시했다. 1922년과 1923년에는 런던대학에서 노동당 후보로 출마하기도 했다.

조셉 하벨록 윌슨 Joseph Havelock Wilson (1858~1929)

잉글랜드 북부의 항구도시 선더랜드Sunderland에서 탄생해 어린 나이에 선원이 되었다. 1879년에 선더랜드에 세워진 지방 선원노조에 관여하게 되었으며 1885년에는 노조지부장이 되었다. 그는 인근 항구에 노조지부를 세워나가는 정책을 추구했는데 어느 정도 성공을 거두었지만 지도부 사이의 갈등을 겪어야 했다. 1887년 선더랜드 지부를 깨고 나가, 자신이 주축이 된 전국 선원 및 화부노조National Sailors' and Fireman's Union를 조직했다.

그는 1880년대 후반 런던부두파업을 비롯한 여러 곳의 파업에 관여하면서 유명해졌다. 그렇지만 그의 노조는 1890년대 초에 어려움을 겪었고 1894년에는 거의 몰락했다. 노조의 부활은 1911년 일어났다. 전국의 부두에서 선원 및 부두노동자들의 파업이 일어났기 때문이다. 윌슨은 상대적으로 온건한 지도자였으며, 그는 되도록 파업이나 공장폐쇄를 피하고 공식적인 조정을 통해 선박회사와 우호적인 관계를 수립할 것을 추구했다. 이런 그의 목표는 선박회사가 1911년 노조를 인정하고 1차 대전 중 관료들과 보다 밀접한 관계를 맺게 되면서 점차로 달성되어 갔다. 1917년 이후 임금과 노동조건은 선박동맹

Shipping Federation과 윌슨의 노조로 대표되는 전국 해운회의National Maritime Board에 의해 정해지게 되었다.

1892년 잉글랜드 북부 북요크셔North Yorkshire주의 미들스버러Middles-brough에서 노동자 후보로 독자적으로 출마해 글래드스톤의 자유당, 자유통합당, 보수당 등과 경쟁해 당선되었다. 당선된 후에는 자유당과 협조하며 자유-노동Lib-Lab 세력으로 활동하였다. 그는 노동당의 성립 후에도 자유당에서 활동했으며 케어 하디나 램지 맥도널드 같은 노동당 인물들에 대해 매우 비판적이었다. 그는 1차 세계대전이 발발했을 때 영국이 개입할 것을 열렬히 지지한 사람이기도 했다. 1차 대전 후에는 1918년 잉글랜드 북부의 타인 앤 웨어Tyne and Wear주의 사우쓰 실즈South Shields에서 자유당 의원으로 당선되었다.

참고문헌

Robert Benewick and Philip Green(eds.), *Twentieth Century Political Thinkers* (London, 1992)

John Cannon, *The Oxford Companion to British History* (Oxford, 2002)

http://en.wikipedia.org

http://www.britannica.com

http://www.spartacus.schoolnet.co.uk

4. 정부 지출과 실질임금 지수

정부 활동과 지출을 보여주는 그래프, 1860~1938

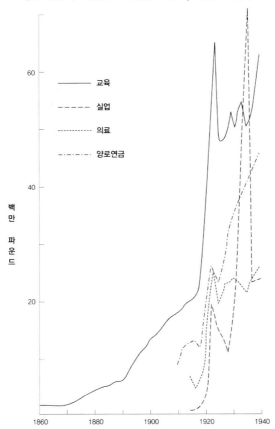

1. 이른 시기부터 관찰이 가능한 교육 영역의 경우, 정부지출은 1870년대부터 늘기 시작해 1890년대부
   터 보다 가파르게 증가하고 있으며, 1910년대 접어들며 급격히 증가하는 것을 관찰할 수 있다.
   정부지출의 증가는 집단주의의 성장과 관계가 있으므로 영국의 집단주의적 정책에 1870년대,
   1890년대, 1910년대 세 번의 변곡점이 존재한다는 사실을 알 수 있다. 1890년대부터 그래프의
   기울기가 가팔라진 점으로 미루어 볼 때 이때부터 일차대전 전까지 사회문제가 심각해졌음을
   짐작하게 한다.
2. 실업, 의료, 양로연금 부문의 지출이 1910년대부터 이루어지고 급격히 증가하고 있다는 점에서
   영국의 복지정책이 1910년대부터 본격적으로 시행되었음을 알 수 있다.

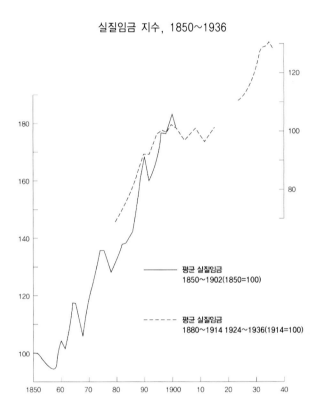

실질임금 지수, 1850~1936

평균 실질임금
1850~1902(1850=100)

평균 실질임금
1880~1914 1924~1936(1914=100)

1. 실질임금이 1860년대부터 지속적으로 증가했지만 1900년대 들어서면서 정체되고 있음을 알 수 있다.
2. 실질임금의 정체는 일차대전 전까지 지속되고 있음을 알 수 있다. 노동자들의 생활상태가 노동불안 기의 배경으로 작용했을 것임을 짐작하게 만드는 부분이다.

참고문헌

Barker, Rodney. "Guild Socialism Revisited?," *Political Quarterly*, vol.46, no.3, (July-Sep. 1975).

Barnard, F. M. *Pluralism, Socialism, and Political Legitimacy* (Cambridge, 1991).

Beer, M. *A History of British Socialism* (London, 1940).

Beilharz, P. *Labour's Utopias: Bolshevism, Fabianism, Social Democracy* (London, 1992).

Bevir, Mark. "Fabianism, Permeation and Independent Labour," *Historical Journal*, vol.39, no.1 (1996).

Briggs, A. and Saville, J.(ed.), *Essays in Labour History 1886~1923* (London, 1971).

Britain, I. *Fabianism and Culture* (Cambridge, 1982).

Burgess, K. *The Challenge of Labour* (London, 1980).

Callaghan, John. *Socialism in Britain since 1884* (Oxford, 1990).

Carpenter, Nile. *Guild Socialism* (London, 1922).

Clayton, J. *The Rise and Decline of Socialism in Great Britain 1884~1924* (London, 1926).

Clive, John. "British History 1870~1914, Reconsidered," *American Historical Review* (July 1963).

Cole, G. D. H. *World of Labor* (London, 1913).

_____. "Freedom in the Guild," *New Age*, no.5 (1914).

_____. "Conflicting Obligations" in *Proceedings of the Aristotelian Society 1914~15*, vol.XV (1915).

_____. *Self-Government in Industry* (London, 1917).

_____. "Recent Development in the British Labour Movement," *The American Economic Review*, 8(3) (Sep. 1918).

_____. *Labor in the Commonwealth* (London, 1918).

_____. "National Guilds Movement in Great Britain," *Monthly Labor Review*, (July 1919) in D. Bloomfield(ed.), *Modern Industrial Movements* (New York, 1920).

_____. "Reviving the Guild Idea," *Living Age*, July 26 (1919) in D. Bloomfield(ed.), *Modern Industrial Movements* (New York, 1920).

_____. *Guild Socialism Re-Stated* (London, 1920).

_____. *Social Theory* (London, 1920).

_____. *The Future of Local Governmen* (London, 1921).

_____. "Next Steps in the Guild Movement I," *The Guild Socialist* (April 1923).

_____. "Next Steps in the Guild Movement II," *The Guild Socialist* (May 1923).

_____. "Next Steps in the Guild Movement IV," *The Guild Socialist* (August 1923).

_____. *Organized Labour* (London, 1924).

_____. *British Working Class Politics* (London, 1941).

_____. *A Short History of the British Working Class Movement 1789-1947* (London, 1952).

_____. *History of Socialist Thought* vol.3. (London, 1967).

_____. *History of Socialist Thought* vol.4. (London, 1969).

_____. "What is Socialism?" in Anthony de Crespigny and Jeremy Cronin(ed.), *Ideologies of Politics* (London, 1978).

Cole, G. D. H. & Mellor, W. "The Class War and the State," *Daily Herald*, 3 March (1914).

Cole, M. "The Fabian Society," *Political Quarterly* vol.15 (July 1944).

_____. "The Webbs and Social Theory," *British Journal of Sociology* (June 1961).

_____. *The Story of Fabian Socialism* (Stanford, 1961).

_____. "Guild Socialism and The Labour Research Department" in A. Briggs and J. Saville(ed.), *Essays in Labour History 1886~1923* (London, 1971).

Cook. C. and Stevenson, J. *The Longman Handbook of Modern British History* (London, 1988).

Emmott, J. "The Guild Movement: An Example," *The Building Guildsman* (June 1922).

Feldman, D. "Class or Conjuncture? Explanations and Deductions of Liberal Politics," *Journal of British Studies*, 28(3), (July 1989).

Foote, G. *The Labour Party's Political Thought* (London, 1985).

Harrison, Royden. "The Fabians:Aspects of a Very English Socialism," Iain Hampsher-Monk(ed.), *Defending Politics* (London, 1993).

Himmelfarb, G. "The Intellectual in Politics," *Journal of Contemporary History*, vol.6, no.3 (1971).

Hobsbawm, E. J. *Labouring Men* (London, 1976).

_____. *Worlds of Labour* (London, 1984).

Hirst, P. "Associational Socialism in a Pluralist State," *Journal of Law and Society*, 15:1 (Spring 1988).

Hopkin, Deian. "The Socialist Press during the Great Unrest, 1910~14," *Bulletin of the Society for the Study of Labour History*, no.44 (Spr. 1982).

Hobson, S. G. *National Guilds: An Inquiry into the Wage System and the*

Way Out (London, 1914).

_____. *Guild Principles in War and Peace* (London, 1917).

_____. *National Guilds and the State* (London, 1920).

Jarman, T. L. *Socialism in Britain* (London, 1972).

Knight, K. J. N. 'The Myth of Functional Representation: Neo-Corporatism' Ph.D. Thesis. (1992).

Laidler, H. W. *History of Socialism* (New York, 1968).

Levy, C. "Education and Self-Education: Staffing the Early ILP" in C. Levy(ed.), *Socialism and Intelligentsia 1880~1914* (London, 1987).

Lewis, G. K. *Slavery, Imperialism and Freedom* (New York, 1978).

Lindsay, A. D. "The State in Recent Political Theory," *Political Quarterly*, no.1 (Feb. 1914).

Matthew, H. C. G. "The Liberal Age" in K. O. Morgen(ed.), *The Oxford History of Britain* (Oxford, 1988).

Matthews, F. "The Building Guilds" in A. Briggs and J. Saville(ed.), *Essays in Labour History 1886~1923* (London, 1971).

Mellor, W. "Critique of Guild Socialism," *Labour Monthly,* 1(5) (Nov. 1921).

Morgan, K. O. "The Rise of Socialism," *History Today*, vol.31 (Nov. 1981).

National Guilds League. "Outline of Programme of Action," *Bulletin of the Society for the Study of Labour History*, no.43 (Aut. 1981).

Newman, Otto. *The Challenge of Corporatism* (London, 1981).

Pease, E. *The History of the Fabian Society* (London, 1916).

Penty, A. J. "On Guilds and Self-Governing Workshops," *The Guildsman* (Jan. 1920).

Perkin, H. *The Rise of Professional Society* (London, 1989).

Pierson, S. *Marxism and the Origins of British Socialism* (New York, 1973).

_____. *British Socialists* (London, 1979).

Pugh, Martin. *The Making of Modern British Politics 1867~1939* (Oxford,

1982).

_____. *Educate, Agitate, Organize: 100 Years of Fabian Socialism* (London, 1984).

Riddell, Neil. "'The Age of Cole?' G. D. H. Cole and the British Labour Movement 1929~1933," *The Historical Journal*, vol.38, no.4 (1995).

Russel, B. *Roads to Freedom: Socialism, Anarchism and Syndicalism* (London, 1919).

_____. "Why I am a Guildsman," *The Guildsman* (Sep. 1919).

Sancton, A. "British Socialist Theories of the Division of Power by Area," *Political Studies*, no.24 (1976).

Schecter, Darrow. *Radical Theories, Paths beyond Marxism and Social Democracy* (Manchester, 1994).

Shaw, G. B. "The Transition to Social Democracy" in *Fabian Essays* (London, 1889).

_____. *Impossibilities of Anarchism*, Fabian Tract 45 (London, 1893).

_____. "On Guild Socialism" in E. Pease, *The History of the Fabian Society* (London, 1916).

_____. *The Intelligent Woman's Guide to Socialism* (London, 1937).

Simey, T. S. "The Contribution of Sidney and B. Webb to Sociology," *British Journal of Sociology* (June 1961).

Stapleton, J. "Localism versus Centralism in the Webbs' Political Thought," *History of Political Thought*, vol.XII, no.1 (Spring 1991).

Stokes, Geoff. "Beilharz and the Ethical Project of Socialism," *Thesis Eleven*, no.52 (Feb. 1998).

Sutton, D. "Crises in the British State 1880~1930" in M. Langan and B. Schwarz(ed.), *Liberalism, State Collectivism and the Social Relations of Citizenship* (1985).

Tawney, R. H. "The Case for the Consumer," *The Guildsman* (Dec. 1919).

Thompson, P. *The Edwardians, the Remaking of British Society* (London, 1992).

Ulam, Adam. *Philosophical Foundations of English Socialism* (Cambridge Mass., 1951).

Vowles, Jack. "A Guild Socialist Programme of Action,1920," *Bulletin of the Society for the Study of Labour History*, no.43 (Aut. 1981).

Webb, S. "Some Economic Errors of Socialism and Others," *Practical Socialist*, vol.2, no.18 (June 1887).

_____. *Socialism in England* (London, 1889).

_____. *Practical Land Nationalization*, Fabian Tract 12 (London, 1890).

_____. *London's Heritage in the City Guilds*, Fabian Tract 31 (London, 1891).

_____. *Socialism: True and False*, Fabian Tract no.51 (London, 1894).

_____. *The London Vestries*, Fabian Tract 60 (London, 1894).

_____. *Difficulties of Individualism*, Fabian Tract no.69 (London, 1896).

_____. "Review:National Guilds: An Inquiry into the Wage System and the Way Out," *Fabian News*, vol.xxv, no.8 (July 1914).

_____. *The New Statesman*, special supplement on State and Municipal Enterprise, vol.v, no.109 (Sat. May 8 1915).

_____. *Towards Social Democracy* (London, 1915).

_____. *The Works Manager To-day* (London, 1918).

_____. *The Root of Labour Unrest*, Fabian Tract no.196 (London, 1920).

Webb, S.& B. "What is Socialism? XIX," *New Statesman*, 16 Aug. (1913).

_____. "Profit-Sharing," *New Statesman supplement*, 14 Feb. (1914).

_____. "State and Municipal Enterprises," *New Statesman supplement*, 8 May (1915).

_____. *Problems of Modern Industry* (London, 1920).

_____. *Constitution for the Socialist Commonwealth of Great Britain* (London, 1920).

_____. *The Consumer's Co-operative Movement* (London, 1921).

Williams, Raymond. *Culture and Society* (London, 1958).

Winter, J. M. *Socialism and the Challenge of War* (London, 1974).

Woolf, Leonard. "Co-operation and Guild Socialism," *The Guildsman* (Dec. 1920).

Wright, A. "Guild Socialism Revisited," *Contemporary History*, vol.9, no.1 (Jan. 1974).

_____. "Fabianism and Guild Socialism: Two Views of Democracy," *International Review of Social History*, 23(2) (1978).

_____. "For a Sensible Extremism," *New Statesman*, 7 (Sep. 1984).

Young, J. D. *Socialism and the English Working Class, A History of English Labour 1883~1939* (London, 1989).

_____. "The Problems and Progress of the Social History of the British Working Classes," *Labor History*, 18(2) (Spr. 1977).

길드 사회주의의 사회적 배경

1) 처음에는 "전국길드"National Guilds라는 용어가 쓰이다가 "길드 사회주의"라는 용어는 1912년 10월에야 처음 사용되면서 이 용어를 대체했다. 길드인Guildsmen들은 이후 자신 들을 "길드 사회주의자"라고 부르기도 하고 때로는 "전국길드인"National Guildsmen이라 고 부르기도 했다. 전국길드연맹National Guilds League은 그들의 월간지를 1921년 7월까지 "*The Guildsman*"이라고 표기했다가 이후 "*The Guild Socialist*"로 바꾸었다. Nile Carpenter, *Guild Socialism* (London, 1922), p.94.

2) 그는 최초의 길드 사회주의자라고 할 수 있다. 그는 러스킨Ruskin, 모리스Morris의 영향을 받았으며 1906년 『길드체제의 복원*The Restoration of Gild System*』을 출판했다. 여기서 그는 집산주의를 비판했으며 중세길드의 장점을 평가했다. Gild란 용어는 인위적으로 사용되었으며 그 이유는 소규모의 자치 작업장과 구별하기 위한 것이었다. 이 용어가 사용되는 것은 길드 사회주의 운동의 초기단계를 알려 주는 것이다. *Ibid.*, pp.81, 83, 92, 94.

3) M. Cole, "Guild Socialism and The Labour Research Department" in A. Briggs and J. Saville(ed.), *Essays in Labour History 1886~1923* (London, 1971), p.269.

4) 1909년 『새로운 시대*New Age*』에서 "예전 길드인들이 가졌던 특권과 책임을 가진……길 드를 형성하는 것이" 신디칼리즘에 대한 "대체할 수있는 해결책"alternate solution으로 제시되었다. Nile Carpenter, *Guild Socialism*, pp.85, 93.

5) Patricia Pugh, *Educate, Agitate, Organize: 100 Years of Fabian Socialism* (London, 1984), p.124.

6) G. Foote, *The Labour Party's Political Thought* (London, 1985), p.106.

7) Labour Research Department와 National Guilds League는 동전의 양면으로 평가되었 다. M. Cole, "Guild Soclialism and The Labour Research Department," p.260.

8) Pugh, *Educate, Agitate, Organize*, p.128.
코울Cole은 1913년 노동자 조사 활동과 관련을 맺으면서 길드 사회주의로 개종했다. 1913년 『노동의 세계*World of Labour*』가 나왔을 때 그는 자신을 길드 사회주의자라고 부르지 않았으나 그해 말에 그는 자신을 길드 사회주의자로 인정했다. G. D. H. Cole,

History of Socialist Thought, vol.III (London, 1956), p.245. 그는 대학시절에는 *The Oxford Syndicalist*를 출간하는데 관여하기도 했다. Nile Carpenter, *Guild Socialism*, p.90.

9) L. Radice, *Beatrice and Sidney Webb* (London, 1984), p.198 ; Nile Carpenter, *Guild Socialism*, p.95.

10) 이 명칭은 다수결로 결정되었는데 약간의 차이로 '길드 사회주의자'Guild Socialist 대신에 채택되었다.

11) 전국길드연맹은 1915년 4월 20~21일 런던의 '스틸 스멜터즈홀'Steel Smelter's Hall에서 결성되었다. M. Cole, "Guild Soclialism and The Labour Research Department," p.271 ; F. Matthews, "The Building Guilds" in A. Briggs and J. Saville(ed.), *Essays in Labour History 1886~1923* (London, 1971), p.285.
그들은 특히 '전국건축길드'의 활동을 통해 세력을 얻어 나갔다. John Callaghan, *Socialism in Britain since 1884* (Oxford, 1990), p.85.
전국길드연맹의 탄생 후 몇 년 뒤인 1920년 코울Cole은 『다시 쓰는 길드 사회주의Guild Socialism Re-Stated』를 펴냈고 같은 해 웹Webb 부부는 『영국 사회주의공화국 헌법Constitution for the Socialist Commonwealth of Great Britain』을 출간했다. 각기 길드인과 페이비언들의 미래에 대한 전망 즉 새로운 사회모델에 대한 모색을 담고 있는 두 책이 같은 해에 나왔다는 것이 자못 흥미롭다.

12) A. Wright, "Fabianism and Guild Socialism: Two Views of Democracy," *International Review of Social History*, 23(2), (1978), pp.225~226.

13) Fabian Tract No.192, *Guild Socialism*, by G. D. H. Cole, 1920.

14) 이 사회적 불안의 직접적인 이유로 마가렛 코울M. Cole은 1906년 자유당의 승리 이후 나타난 기대와 그 기대가 깨어지고 난 후의 상대적 박탈감을 들고 있다. 기대감은 엔서R. C. K. Ensor의 책에서(*England, 1870~1914*), 실망은 대인저필드G. Dangerfield의 책에서(*The Strange Death of Liberal England*) 가장 잘 살펴볼 수 있다. M. Cole, "Guild Soclialism and The Labour Research Department," p.263.

15) J.D. Young, *Socialism and the English Working Class, A History of English Labour 1883~1939* (London, 1989), pp.94~95.

16) 이것은 영국노동계급에겐 '마그나 카르타'라고 할 수 있는 것으로 노동계급에게 피킷팅과 보이코팅할 수 있는 자유를 허용하고 있다.
H. W. Laidler, *History of Socialism* (New York, 1968), p.318.

17) 통계적으로 볼 때 1905~1912년 사이 물가는 13.7%가 올랐으나, 임금은 2~5.5% 상승하는데 그쳤다. 반면 자본가들의 소득은 22.5%나 증가했다.
M. Beer, *A History of British Socialism* (London, 1940), p.367.

18) K. Burgess, *The Challenge of Labour* (London, 1980), p.114 ; C. Cook and J. Stevenson, *The Longman handbook of modern British history* (London, 1988), p.207.

19) K. Burgess, *The Challenge of Labour*, p.114.

20) *Ibid.*, p.120.

21) *Ibid.*, p.115.

22) H. Perkin, *The Rise of Professional Society* (London, 1989), pp.106~107.

23) 1914년 모든 성인 임금노동자의 25%가 생계비수준 이하였다. Burgess, *The Challenge of Labour*, p.114.

24) *Ibid.*, p.116.

25) 박우룡, 「영국의 신자유주의와 지식인의 사회개혁: 1881~1914」, 서강대 대학원 박사학위논문(1993), p.147. 개혁입법의 동기에 대해 온정주의적 엘리트들의 업적, 사회주의 세력과 노동계급의 압력에 대한 대응, 사회정의를 구현하기 위한 노력이라는 상이한 해석들을 제시하고 있다.

26) H.C.G. Matthew, "The Liberal Age" in K. O. Morgen(ed.), *The Oxford History of Britain* (Oxford, 1988), pp.574~575.

27) Burgess, *The Challenge of Labour*, p.126.

28) *Ibid.*, p.128.

29) *Ibid.*, p.132.

30) G.D.H. Cole, *British Working Class Politics* (London, 1941), p.214. 벨록H. Belloc과 자유당 일부, 노동당 좌파에서는 이 계획을 '노예국가'로 가까이 가는 것으로 비난하기도 했다.

31) Burgess, *The Challenge of Labour*, p.133.

32) *Ibid.*, pp.136~137.

33) C. Cook and J. Stevenson, *Modern British History*, p.111.

34) 로이드 조지는 소득세를 표준의 5%에서 불로소득자에 대하여 최대 8%로 증가시켰고 또 최고 상속세율을 15%로 올렸다. 이런 정도도 당시로서는 부자들에게 직접적인 박탈감을 주었을지 모른다. P. Thompson, *The Edwardians, the remaking of British Society* (London, 1992), p.219.

35) Burgess, *The Challenge of Labour*, p.141.

36) P. Thompson, *The Edwardians, the remaking of British Society*, p.220. 처칠 자신이 전국적인 직업소개소 제도labour exchange와 노동위원회법Trade Boards Act—잘 조직되지 않은 직종에서 최저임금과 최대노동시간을 법으로 규정하기 위해 trade council을 설치하도록 한 법—을 도입한 사람이지만 그는 노동자들이 그 이하로는 노동할 수 없는 하한선을 그으려고 한 것일 뿐이라는 견해를 밝혔다.

37) Burgess, *The Challenge of Labour*, p.125. 톰슨P. Thompson은 1914년 전의 몇 년간, 영국의 체제가 의존했던 합의가 붕괴될 지 모른다는 징후가 나타났다고 보고 있다. 자유당이 1914년 이전 치명적으로 위협받았으냐에 대해서는 서로 다른 주장이 있다. Thompson, *The Edwardians, the remaking of British Society*, p.224 ; D. Feldman, "Class or Conjuncture? Explanations and Deductions of Liberal Politics," *Journal of British Studies*, vol.28, no.3 (July 1989), p.318.

38) G.D.H. Cole, *British Working Class Politics* (London, 1941), p.224.

39) *Ibid.*, pp.217~223.

40) E. Edwards, G. Lansbury, J. Haslam, W. E. Harvey 등은 선거의 결과로, J. G. Hancock는 노동당에 속하지 않게 되어 5석이 줄었다. G. D. H. Cole, *British Working Class Politics*, p.301.

41) Matthew, "The Liberal Age," p.578.

42) J. Clayton, *The Rise and Decline of Socialism in Great Britain 1884~1924* (London, 1926), p.143에서 인용. 『노동조합의 역사』는 1920년 출판되었다.

43) G. D. H. Cole, *British Working Class Politics*, p.226.

44) 초기의 노동당은 노동조합의 정치적 기구였다고 볼 수 있다. 노동당은 1918년까지 개인회원을 받지 않았다. H. Perkin, *The Rise of Professional Society*, p.102.

45) Nile Carpenter, *Guild Socialism*, p.80. 오스본 판결은 노동조합의 기금이 정치적 목적으로 사용되는 것을 금지하는 판결로 철도노동자연합회에 적용되면서 다른 조합에도 확대 적용되어 1910년 8월까지 13개 조합에 - 16명의 노동당의원을 지원하는 것을 포함하여 - 적용되었다. Burgess, *The Challenge of Labour*, p.140.

46) Young, *Socialism and the English Working Class, A History of English Labour 1883~1939*, p.104.

47) John Callaghan, *Socialism in Britain since 1884* (Oxford, 1990), p.89.

48) *Ibid.*

49) 클라이드에서 활동한 사회주의노동당Socialist Labour Party, 남부웨일즈를 중심으로 한 플렙스 연맹Plebs League, 맨체스터에서 톰 만이 결성한 산업노동자교육연맹The Industrial Syndicalist Education League 등이 그것들인데, 이들은 모두 산별노조 중심의 노동운동을 지향했다. John Callaghan, *Socialism in Britain since 1884*, p.78.
레비C. Levy에 따르면 1890년대에 독립노동당ILP 안에서 나타난 하나의 조류로 지방공동체의 가치를 강조하고 지방자치정부에 비중을 두며, 즉각적인 평등주의를 주장하는 경향에서 이미 신디칼리즘의 초기 모습이 추적될 수 있다고 한다. C. Levy, "Education and Self-Education: Staffing the Early ILP" in C. Levy(ed.), *Socialism and Intelligentsia 1880~1914* (London, 1987), p.176.

50) John Callaghan, *Socialism in Britain since 1884*, p.80.

51) 『산업신디칼리스트Industrial Syndicalist』는 『신디칼리스트Syndicalsit』로 넘어 갔다. 보우만 Guy Bowman이 이 잡지를 편집했는데, 그는 프랑스 쪽의 영향을 많이 받았다. 『남웨일즈 노동자The South Wales Worker』, 『연대Solidarity』 등의 잡지들이 계속 출간되었다. G. D. H. Cole, *A Short History of the British Working Class Movement 1789~1947*, p.325.

52) Callaghan, *Socialism in Britain since 1884*, p.79.

53) G. D. H. Cole, *A Short History of the British Working Class Movement 1789~1947*, p.325.

54) *Ibid.*, p.324.

55) 운수에 관련되는 모든 이질적인 노동조합들이 - 바다에서나 부두에서나 내륙에서나 하여튼 운수업에 종사하는 노동자들을 모두 포괄하는 - 이 기구에서 함께 연합하게

되었다. *Ibid.*

56) 1914년 이전 20년 동안 약 185개의 새로운 노동자 정기간행물이 나타났다. 1년에 9개 이상 나온 셈이다. 1914년 7월말 이전 4년 동안 44개의 정기간행물이 나왔는데 이는 평균 11개가 새로 발간되었다는 말이다. 이들 중에는 유명하고 오래 존속했던 『리즈 시티즌*Leeds Citizen*』, 『브랫포드 파이어니어*Bradford Pioneer*』, 『배로우 가디언*Barrow Guardian*』, 『머서 파이어니어*Merthyr Pioneer*』 등이 있었다. Deian Hopkin, "The Socialist Press during the Great Unrest, 1910~14," *Bulletin of the Society for the Study of Labour History*, no.44, (Spr. 1982), pp.8~9.

57) Burgess, *The Challenge of Labour*, p.117.

58) M. Cole, "Guild Soclialism and The Labour Research Department," p.266.

59) 1911년 인쇄공들의 파업소식지로 시작한 일간지로 곧 란스베리*Lansbury*가 편집을 맡게 된다. G.D.H. Cole, *History of Socialist Thought*, vol.III, p.235.

60) 클레이튼*Clayton*은 신디칼리즘이 1913년 이후로는 사람들을 끌지 못했다고 하나, 1910년에는 매우 위력적이었고 런던의 몇몇 신문들은 '위협', '위험'이라고 표현했다고 한다. 1913년은 오스본판결이 역전된 해이다. Clayton, *The Rise and Decline of Socialism in Great Britain*, p.149. 삼자동맹은 1921년 투쟁에서 붕괴되었다. G.D.H. Cole, *History of Socialist Thought*, vol.III, pp.224~225.

61) Burgess, *The Challenge of Labour*, p.137.

62) *Ibid.*, p.138. 1911년부터의 몇 년간은 신디칼리즘의 파고가 매우 높았던 시기였다.

63) M. Cole, "Guild Soclialism and The Labour Research Department," p.266.

64) 신조합주의를 야기한 대표적인 파업 세 경우를 들어 보면
    1. 성냥공장 여직공들의 파업
    2. 가스화부(gas stoker)들의 파업
    3. 부두노동자들의 파업을 들 수 있는데 각기 외부운동가들이 노동자들의 요청에 의해 개입한 것을 볼 수 있다.
    Perkin, *The Rise of Professional Society* (London, 1989), p.112.

65) *Ibid.*

66) *Ibid.*, p.113.

67) *Ibid.*

68) *Ibid.*, p.122.

69) Burgess, *The Challenge of Labour*, p.145.

70) *Ibid.*, p.137.

71) *Ibid.*, p.144. 그 와중에서 톰 만 같은 이는 반국가주의적anti-statism 주장을 펴기도 했다.

72) H. Perkin, *The Rise of Professional Society*, p.115.

73) J.D. Young, "The Problems and Progress of the Social History of the British Working Classes," *Labor History*, 18:2 (Spr. 1977), p.265.

74) C. Cook and J. Stevenson, *Modern British History*, p.207.

75) G. D. H. Cole, *A Short History of the British Working Class Movement*, p.317.

76) 모리스와 사회주의연맹내의 그의 추종자들이 80년대에 이런 생각에 근접했으나 명확히 정식화하지는 못했다. G. D. H. Cole, *A Short History of the British Working Class Movement*, p.322.

77) *Ibid.*

78) G. D. H. Cole, *History of Socialist Thought*, vol.III, p.226.

79) Perkin, *The Rise of Professional Society*, p.115.
퍼킨에 따르면 에드워드 시대에 노동계급이 계급으로 갈라진 영국 사회를 점점 더 받아들이기 어려워진 몇 가지 징후가 있었다. 첫 번째 징후는 노동당의 대두였다. 특히 지방에서 두드러졌는데 선거에서 보다 더 많은 승리를 기록했다. 두 번째 징후는 구빈법의 노약자, 실업자에 대한 냉담함에 대한 불쾌감resentment이었다. 세 번째 징후는 1차대전 전 점차 크게 일어난 산업 불안의 거대한 파도였다. 이 마지막 징후가 계급사회의 위기의 시작이었다는 것이다.

80) 길드 사회주의의 사상적 배경으로는 다음과 같은 영향들을 정리해 볼 수 있다.
1. 러스킨J. Ruskin, 카알라일T. Carlyle, 모리스W. Morris 등 기계생산의 단조함을 비판한 사람들.
2. 프랑스 신디칼리스트운동과 미국의 IWW이론
3. 체스터튼G. K. Chesterton, 벨록Hilaire Belloc 등 반집산주의 이론가들의 저작들.
4. 피기스J. N. Figgis 목사에 의해 주도된 반국가주의 정치철학. 국가주권의 신화를 깨려는 노력.
5. 마에즈투Senõr Ramiro de Maeztu의 "기능적 원칙"의 이론. 그에 따르면 자연권이란 없으며 단지 기능을 수행하기 위한 "객관적 권리"만이 있는 것이다. 후에 토니가 이 이론을 정교화했다.
6. 파튼J. M. Paton의 "통제의 잠식" 이론과 더글라스Douglas의 신용계획이론 등이다.
H. W. Laidler, *History of Socialism* (New York, 1968), pp.319~321.
코울은 베르그송 철학과의 연관성을 지적하기도 한다. G. D. H. Cole, *History of Socialist Thought*, vol.III, p.248.

81) Laidler, *History of Socialism*, p.342.

82) Callaghan, *Socialism in Britain since 1884*, p.82.

83) *Ibid.*, p.90 ; Perkin, *The Rise of Professional Society*, p.111.
노동조합원의 수는 꾸준히 늘어났는데 1888년 75만 9천에서 1892년 160만으로 늘어났고 1901년에는 200만의 회원이 노조에 가입해 있었다. 노조회원수의 증가를 관찰해 보면 1888년 이후 몇 년간과 1910년 이후의 몇 년간에 특히 회원수가 많이 늘어난 것을 알 수 있다. 3~4년의 기간동안 모두 2배로 회원수가 늘어난 것을 알 수 있다. 이 시기는 각기 신조합주의의 발생기, 노동불안기의 시작에 해당된다.

84) Carpenter, *Guild Socialism*, p.107.

85) Callaghan, *Socialism in Britain since 1884*, p.83.

86) 길드운동은 여기서 상당한 지지를 얻었다.
G. D. H. Cole, *History of Socialist Thought*, vol.IV (London, 1969), p.452.

87) Callaghan, *Socialism in Britain since 1884*, p.84.

88) 홉슨S. G. Hobson이 노동조합의 도움을 받아 출범시킨 것이다. 1922년까지 활발한 운동을 폈다. G. D. H. Cole, *History of Socialist Thought*, vol.IV, p.452.

89) M. Cole, "Guild Soclialism and The Labour Research Department," pp.282~283.

90) S. Pierson, *British Socialists* (London, 1979), p.213.

길드 사회주의의 국가론

1) 페이비언 사회주의나 길드 사회주의 외에도 여러 계열의 사회주의가 있었다. 1880년대 이후의 영국의 사회주의에 대하여는 M. Beer, *A History of British Socialism* (London, 1940) ; T. L. Jarman, *Socialism in Britain* (London, 1972) ; G. D. H. Cole, *A History of Socialist Thought vol.III* (London, 1967) 등을 참조할 것.

2) N. Poulantzas 외, 박상섭 편역, 『국가 권력과 계급권력』, 한울, 1985.

3) G. D. H. Cole, "Reviving the Guild Idea," *Living Age*, July 26, 1919 in Bloomfield(ed.), *Modern Industrial Movements* (New York, 1920), p.154.

4) G. Foote, *The Labour Party's Political Thought: A History* (London, 1985), p.110.

5) B. Russell, "Why I am a Guildsman," *The Guildsman* (Sep. 1919), p.3.

6) G. D. H. Cole, *World of Labor* (London, 1928 ed.), p.17.

7) S.G. Hobson, *National Guilds and the State* (London, 1920), p.352. 홉슨과 코울이 모두 동의하는 부분이다.

8) G. D. H. Cole, *Social Theory* (London, 1920), pp.87~88.

9) *Ibid.*, p.149.

10) *Ibid.*, p.171.

11) G. D. H. Cole, *World of Labor* (London, 1928 ed.), p.17 ; G. Foote, *The Labour Party's Political Thought*, p.108.

12) J. M. Winter, *Socialism and the Challenge of War: Ideas and Politics in Britain 1912~18* (London, 1974), p.115 ; G. D. H. Cole and W. Mellor, "The Class War and the State," *Daily Herald*, 3 March (1914).

13) G. D. H. Cole, *Social Theory*, p.148.

14) A. Briggs and J. Saville(ed.), "The Storrington Document," *Essays in Labour History 1886~1923* (London, 1971), p.337.

15) John Callaghan, *Socialism in Britain since 1884* (Oxford, 1990), p.80.

16) 국가와 길드의 관계에 대하여는 길드 사회주의이론의 두 주역이라 할 수 있는 홉슨과 코울에 의해 1918~1919년 사이 『새로운 시대*The New Age*』를 통해 논쟁이 벌어졌다. 두 사람의 입장은 국가주권을 인정할 것이냐의 문제에서 첨예하게 대립되었다. 여기서의 홉슨의 주장은 『전국길드와 국가*National Guilds and the State*』에 정리되어 있다. Nile Carpenter, *Guild Socialism* (London, 1922), p.99.

17) S.G. Hobson, *National Guilds and the State* (London, 1920), p.122.

18) *Ibid.*, p.138.

19) S.G. Hobson, *National Guilds: An Inquiry into the Wage System and the Way Out* (London, 1914), p.256.

20) Hobson, *National Guilds and the State*, p.127.

21) *Ibid.*, p.353.

22) Hobson, *National Guilds: An Inquiry*, p.259.

23) Hobson, *National Guilds and the State*, p.123.

24) *Ibid.*, p.125.

25) *Ibid.*

26) *Ibid.*, p.129.

27) *Ibid.*, pp.127~128.

28) *Ibid.*, p.124.

29) *Ibid.*, p.134.

30) *Ibid.*, p.353.

31) *Ibid.*, p.135.

32) *Ibid.*, p.136.

33) *Ibid.*, p.138.

34) *Ibid.*, p.121.

35) *Ibid.*, pp.345, 354. 정신적 시민활동은 국가 조직에서, 산업활동은 경제적으로 해방된 길드에서 각기 나타날 것이라고 보았다.

36) *Ibid.*, p.349.

37) *Ibid.*, p.143. 그가 말하는 정신적 국가spiritual State가 신정정치를 의미하는 것은 아니라고 말하고 있다. *Ibid.*, p.349.

38) 그는 정신적 국가가 결코 꿈이 아니고 사회조직의 기초라고 강변한다. *Ibid.*, p.351.

39) *Ibid.*, p.350.

40) *Ibid.*

41) *Ibid.*, p.138.

42) Hobson, *National Guilds: An Inquiry*, p.259.

43) 흡슨에게는 길드도 국가의 아래에 존재했으며 특허를 받은 법인적 단체의 의미를 지녔다.('chartered' corporation) G.D.H. Cole, *History of Socialist Thought*, vol.ⅳ, part.I (London, 1969), p.454.

44) Hobson, *National Guilds and the State* (London, 1920), p.133.

45) *Ibid.*, p.133.

46) Hobson, *National Guilds: An Inquiry*, p.283.

47) Hobson, *National Guilds and the State*, p.133.

48) *Ibid.,* p.126.

49) *Ibid.,* p.134.

50) Hobson, *National Guilds: An Inquiry*, p.259.

51) Hobson, *National Guilds and the State*, p.140.

52) *Ibid.,* p.127.

53) *Ibid.,* p.132.

54) Hobson, *National Guilds: An Inquiry*, p.263. 우편전신서비스를 그 예로 들었다.

55) *Ibid.,* p.263.

56) *Ibid.*

57) *Ibid.*

58) Hobson, *National Guilds and the State*, p.345.

59) G.D.H. Cole, *History of Socialist Thought*, vol.III, part.I (London, 1967), p.247. 혹은 사회적 다원주의자라는Social Plurialist 표현도 썼다. G.D.H. Cole, *History of Socialist Thought*, vol.IV, part. i (London, 1969), p.454.
피기스Figgis도 국가를 개인들에 대하여 주권적인 위치에 있는 것으로 생각하는 것에 대하여 반대했다. 국가도 여러 사회조직들 가운데 하나라고 생각할 것을 제안했다. 그는 자유로운 국가 안에서의 자유로운 교회의 이상을 정의한다. A.D. Lindsay, "The State in Recent Political Theory," *Political Quarterly*, No.1 (Feb. 1914), p.132.

60) G.D.H. Cole, *Social Theory*, p.191.

61) Nile Carpenter, *Guild Socialism* (London, 1922), p.89. 코울은 개인의 절대적이고 양도불가능한 실체identity를 인정했다. G.D.H. Cole, *Social Theory*, p.141.

62) K.J.N. Knight, 'The Myth of Functional Representation:Neo-Corporatism', Ph.D. Thesis (1992), p.246. 카톨릭의 사회이론, 파시즘, 신조합주의 등에서 기능의 개념은 핵심적이다. 그러나 사회, 국가 등의 개념에 대하여는 아직 이론화되지 않은 상태에 놓여 있다. 길드 사회주의에서만 기능의 개념은 코울Cole, 마에즈투Maeztu 등에 의해 이론의 중앙에 놓여 있다. *Ibid.,* p.270.

63) G.D.H. Cole, *Labor in the Commonwealth* (London, 1918), p.201.

64) G.D.H. Cole, *Social Theory*, pp.37~38, 49 ; G.D.H. Cole, *Guild Socialism Re-Stated* (London, 1920), p.31.

65) 코울은 사회를 힘의 관점에서가 아니라 의지의 관점에서 파악한다. 모든 결사는 의지의 반영인 것이다. G.D.H. Cole, *Social Theory*, pp.6, 22, 47.

66) *Ibid.,* p.49.

67) *Ibid.,* p.50.

68) 여기서 직업적 결사체는 노동조합, 고용자협회, 전국교사협회 등을 포함하며 소비적 appetitive 결사체는 소비자협동조합, 가스사용자협회, 학부모전국연합등을 의미한다. 각기 생산자와 소비자의 결사를 대표한다고 보여진다. 그는 또 작용방식에 따라 결사체를 나누어 시행결사체administrative와 선전결사체propagandist로 나누었다. 이중 본질적인 사회결사체는 시행결사체에서 발견된다고 본다. 후자는 특별한 작업을 하는 것이

아니라 특별한 방식으로 작업할 것을 옹호하는 결사인 것이다. 필수적 기능을 수행하는 세 개의 결사로 정치political, 직업vocational, 소비appetitive 결사를 제시했다. *Ibid.*, pp.74, 134.

69) *Ibid.*, p.95. 스토링턴Storrington 보고서에서도 민족nation과 국가state는 구별되어 설명된 다. A. Briggs and J. Saville (ed.), "The Storrington Document," p.333.

70) G. D. H. Cole, *Social Theory*, p.93.

71) G. D. H. Cole, *Guild Socialism Re-stated* (London, 1920), p.30.

72) *Ibid.*, p.31.

73) G. D. H. Cole, *History of Socialist Thought* vol.III, part I, p.247.

74) G. D. H. Cole, *Social Theory*, p.233.

75) *Ibid.*, p.32.

76) *Ibid.*, pp.107~108.

77) *Ibid.*, p.32.

78) G. D. H. Cole, *Guild Socialism Re-stated* (London, 1920), p.33.

79) G. D. H. Cole, *Social Theory*, p.115.

80) G. D. H. Cole, *Guild Socialism Re-stated* (London, 1920), p.33.

81) G. D. H. Cole, *Social Theory*, p.105.

82) G.D.H. Cole, "National Guilds Movement in Great Britain," *Monthly Labor Review* (July 1919) in D. Bloomfield (ed.), *Modern Industrial Movements* (New York, 1920), p.166.

83) G. D. H. Cole, *Social Theory*, p.115.

84) *Ibid.*, p.111.

85) G.D.H. Cole, "National Guilds Movement in Great Britain," *Monthly Labor Review* (July 1919) in D. Bloomfield(ed.), *Modern Industrial Movements* (New York, 1920), p.166.

86) 그런 것들로 법과 정의의 문제, 종교에 관련되는 문제, 교육에 관계되는 문제, 공공편의 시설의 문제, 지방과 지방간의 문제들을 들 수 있다. A. Briggs and J. Saville (ed.), "The Storrington Document," p.333.

87) G.D.H. Cole, *History of Socialist Thought* vol.III, partI, p.247.

88) S.G. Hobson, *National Guilds and the State* (London, 1920), p.137 ; G.D.H. Cole, "Conflicting Obligations" in *Proceedings of the Aristotelian Society 1914~15*, vol.XV, (1915), p.157.

89) 이런 이유에서 길드 사회주의는 기독교 사회주의자들에게 매력적이었다. 국가가 교회 위에 있다는 식의 에라스투스적 통제에 반대한 피기스N. Figgis가 그러했고, 노엘 Conrad Noel, 렉키트M. B. Reckitt, 토니R. H. Tawney, 템플W. Temple 등이 모두 이 두 사상을 서로 연결시켰다. G.D.H. Cole, *History of Socialist Thought* vol.III,partI, p.245.

90) G. D. H. Cole, *Social Theory*, p.11.

91) *Ibid.*, p.83.

92) Laidler, *History of Socialism*, p.322.

93) A. Briggs and J. Saville(ed.), "The Storrington Document," p.334 ; M. Cole, "Guild Soclialism and The Labour Research Department" in A. Briggs and J. Saville(ed.), *Essays in Labour History 1886~1923* (London, 1971), p.273.

94) A. Briggs and J. Saville(ed.), "The Storrington Document," p.334.

95) *Ibid.*, pp.334~335.

96) G. D. H. Cole, *Social Theory*, p.109.

97) *Ibid.* 이런 생각은 다원적인 가치들과 다양한 목적이 분출하는 사회에서 자유 민주적 질서와 양립하며 조합자본주의corporate capitalism에 도전할 수 있는 이념으로서 어소시에이션 사회주의associational socialism라는 개념을 낳고 있다. 허스트P. Hirst는 이 개념을 19세기의 사회주의적 목적을 21세기로 연장할 수 있는 유용한 도구라고 주장하고 있다. P. Hirst, "Associational Socialism in a Pluralist State," *Journal of Law and Society*, 15:1 (Spring 1988), p.148.

98) G. D. H. Cole, "National Guilds Movement in Great Britain," *Monthly Labor Review*, (July 1919) in D. Bloomfield(ed.), *Modern Industrial Movements* (New York, 1920), p.166.

99) Hobson, *National Guilds and the State*, p.124.

100) *Ibid.*, p.125 ; G. D. H. Cole, *Self-Government in Industry* (London, 1917), pp.97~98.

101) A. Briggs and J. Saville(ed.), "The Storrington Document," p.339.

102) Laidler, *History of Socialism*, p.329.

103) Carpenter, *Guild Socialism*, p.99.

104) G. D. H. Cole, *Guild Socialism Re-Stated*, p.125.

105) G. D. H. Cole, *Social Theory*, p.134.

106) G. D. H. Cole, *Social Theory*, pp.101, 132~133.

107) *Ibid.*, p.137.

108) G. D. H. Cole, *Guild Socialism Re-Stated*, p.128.

109) Carpenter, *Guild Socialism*, p.273.

110) Laidler, *History of Socialism*, p.334.

111) G. D. H. Cole, *History of Socialist Thought* vol.III, part I, p.247.

112) B. Russell, "Why I am a Guildsman," *The Guildsman* (Sep. 1919), p.3. 신디칼리즘이 무정부주의적 경향을 가진다고 생각되었으므로 러슬은 길드 사회주의가 국가사회주의와 신디칼리즘의 타협이 될 수 있으리라 생각했다.

113) Asa Briggs and John Saville (ed.), "The Storrington Document," p.333.

114) *Ibid.*, p.333.

115) G. D. H. Cole, "Next Steps in the Guild Movement IV," *The Guild Socialist* (August 1923), p.3.

116) G. D. H. Cole, *Guild Socialism Re-stated*, p.30.

117) Cole, *Social Theory*, p.170 ; B. Webb, *My Apprenticeship* (London, 1938), p.161 ; Webbs, *A Constitution for the Socialist Commonwealth of Great Britain* (London, 1920), pp.213~214.

118) G. D. H. Cole, *The Future of Local Government* (London, 1921), p.162.

119) A. Briggs and J. Saville(ed.), "The Storrington Document," p.336.

120) S. Webb, *Socialism in England* (London, 1889), pp.116~117.

121) G. D. H. Cole, *Social Theory*, p.163.

122) G. D. H. Cole, "Next Steps in the Guild Movement IV," p.3.

123) Webbs, "State and Municipal Enterprises," *New Statesman supplement*, 8 May (1915) ; S. Webb, *Towards Social Democracy* (London, 1915), p.37.

124) G. D. H. Cole, *Social Theory*, p.180 ; Webbs, "What is Socialism? XIX," *New Statesman*, 16 Aug. (1913), p.591.

125) G. D. H. Cole, *Social Theory*, p.185.

126) *Ibid.*, pp.192, 208 ; Webbs, *The Cunsumer's Co-operative Movement* (London, 1921), p.481.

127) Webbs, *Constitution*, p.151.

128) Andrew Sancton, "British Socialist Theories of the Division of Power by Area," *Political Studies* (1976) ; Webbs, *Problems of Modern Industry* (London, 1920), p.200.

129) 신디칼리스트의 관점에서 본다면 국가간섭의 증가는 자본가들이 그들을 저지하기 위한 강제력을 키워 나가는 징표로 간주되었으니 국가는 그야말로 전혀 다르게 인식되는 것이다. G. Foote, *The Labour Party's Political Thought*, p.90.

130) Webbs, *Constitution*, p.236.

131) G. D. H. Cole, *Guild Socialism Re-Stated* (London, 1920), p.195 ; S. G. Hobson, *Guild Principles in War and Peace*, 1908, pp.26~27 ; S. G. Hobson, *National Guilds, an Inquiry into the Wage System and the Way out* (London, 1914), p.136.

132) J. M. Winter, *Socialism and the Challenge of War*, p.141.

133) Fabian Tract 192, p.9.

134) A. Briggs and J. Saville(ed.), "Guild Soclialism: The Storrington Document," *Essays in Labour History 1886~1923* (London, 1971), p.335.

135) G. D. H. Cole, *Guild Socialism Re-Stated* (London, 1920), p.41.

136) Fabian Tract 192, p.8.

137) S .G. Hobson, *National Guilds: An Inquiry into the Wage System and the Way Out* (London, 1914), p.135.

138) G. D. H. Cole, *Self-Government in Industry*, p.155.

139) J. M. Winter, *Socialism and the Challenge of War*, pp.108, 132.

140) 페이비언들은 비록 분권화를 주장한다고 하나 보편적 권력의 존재 그 자체를 부인하지는 않는데 비해, 코울은 보편적 권력 그 자체를 거부한다. 이 점에서 길드인들은 프루동Proudhon이나 크로포트킨Kropotkin을 연상시킬 정도이다. G. D. H. Cole, *History of Socialist Thought* vol.III, partI, p.247.

141) Foote, *The Labour Party's Political Thought*, p.106.

142) G.D.H. Cole, *History of Socialist Thought*, vol.III, part I, p.245.

143) *Ibid.*, p.244 ; Foote, *The Labour Party's Political Thought*, pp.119~120.

144) Foote, *The Labour Party's Political Thought*, p.86 ; G.D.H. Cole, *World of Labor* (London, 1928 ed.), p.126.

145) Laidler, *History of Socialism*, p.296.

146) G.D.H. Cole, *Social Theory*, p.207.

147) 코울은 합헌적 정치행위의 부적합성을 다음과 같이 제시했다.
"자본주의하에선 전체 노동계급이 모두 함께 투표할 기회가 없다는 점, 또 설사 계급의 식적인 정부가 들어선다 하더라도 의회적 방법으로 개혁을 달성하려 한다면 적어도 1세기는 걸릴 것이라는 점, 현존 국가조직은 근본적인 구조적 변화를 성취하기엔 부적합하다는 점, 정치적 수단으로 변화를 야기시키려 한다면 이것은 곧 경제력에 바탕을 둔 지배계급에 의한 반동을 불러일으킬 것이라는 점, 변화의 본질은 정치적인 것이 아니라 경제적인 것이며 자본주의체제 하에선 경제력이 정치적 권력에 선행한다는 점 등이 그것이다."
G.D.H. Cole, *Guild Socialism Re-Stated*, pp.178~179.

148) G.D.H. Cole, *Self-government in Industry* (London, 1917), p.16.

149) G.D.H. Cole, *History of Socialist Thought*, vol.IV, part.I (London, 1969), p.453.

길드 사회주의의 산업통제론

1) G.D.H. Cole, "What is Socialism?" in Anthony de Crespigny and Jeremy Cronin(ed.), *Ideologies of Politics* (London, 1978), p.104.

2) Webbs, "Profit-Sharing," *New Statesman supplement*, 14 Feb. (1914), pp.28~29.

3) Webbs, *Problems of Modern Industry* (London, 1920), p.203.

4) 신디칼리스트들 중 미국의 영향을 받은 사람들은 계급을 기초하여 중앙집권화된 규율에 따라 일상투쟁을 벌이는 하나의 단일한 노조를 강조했다. 반면 프랑스의 영향을 받은 사람들은 자발성spontaneity과 지방적 자유에 대한 필요, 공장에서의 '노동자통제'에 대한 필요에 더 큰 관심을 보이는 경향이 있었다. 양자는 서로 다투었지만 미세한 부분들에 대해 관심이 덜했던 톰 만이 양자 모두를 끌어안게 되었다. G. D. H. Cole, *History of Socialist Thought*, vol.3 (London, 1967), pp.223, 239. 영국신디칼리즘의 계보는 드 레온De Leon, 커널리Connolly, 사회주의노동당Socialist Labour Party, 만Mann으로 이어진다. G. Foote, *The Labour Party's Political Thought* (London, 1985), pp.87~88.

5) G. D. H. Cole, "Reviving the Guild Idea," *Living Age*, July 26, (1919) in Bloomfield(ed.), *Modern Industrial Movements* (New York, 1920), p.153.

6) 즉 전국적, 세계적 규모의 길드가 요청되고 길드는 대규모 공장에서 조직될 것이라는 차이가 있다. G. D. H. Cole, "Reviving the Guild Idea," p.155.

7) 이런 생각은 권력이나 권리를 기능들에 배분해야 한다는 글을 『새로운 시대The New Age』에 기고한 마에즈투Maeztu의 주장에 영향을 받았는데 홉슨Hobson, 코울Cole, 토니 Tawney 등에 의해 더욱 발전되었다. 토니는-전국길드연맹 집행위원회의 멤버였기도 했다-기능적 개념을 그의 현재사회에 대한 비판의 기초로 삼았다. 그는 재산이 기능적 이 되어야 한다고 주장하면서 사유재산에 대한 근대의 이론체계 전체를 비판했다. 여기서 산업통제권은 기능없는functionless 소유자들의 손에서 노동자들의 손으로 넘어 가야 한다는 결론이 내려졌다. Nile Carpenter, *Guild Socialism* (London, 1922), pp.97~98.

8) S. G. Hobson, *National Guilds and the State* (London, 1920), p.132 ; S. G. Hobson, *National Guilds, an Inquiry into the Wage System and the Way out* (London, 1914), p.132.

9) A. Briggs and J. Saville (ed.), "Guild Soclialism: The Storrington Document," *Essays in Labour History 1886~1923* (London, 1971), pp.337~338.
무엇이 산업을 구성하느냐를 정의하는 어려움이 있음을 지적하고 있다. 산업에는 조선업과 같은 작은 그룹에서부터 모든 종류의 금속산업을 포함하는 큰 그룹도 있을 것이다. 또 길드의 수는 자족적 산업그룹의 자율의 필요성에 합치될 정도로 가급적 적어야 한다고 본다.

10) Fabian Tract 192, p.8 ; G. D. H. Cole, *Guild Socialism Re-Stated* (London, 1920), p.195 ; Hobson, *National Guilds: An Inquiry*, p.136.

11) "Guild Soclialism: The Storrington Document," p.345.

12) Hobson, *National Guilds: An Inquiry*, pp.138, 275, 280.

13) Winter, *Socialism and the Challenge of War* (London, 1974), p.141.

14) Fabian Tract 192, p.9.

15) S. G. Hobson, *National Guilds: An Inquiry*, p.135.

16) "Guild Soclialism: The Storrington Document," p.335.

17) Fabian Tract 192, p.10.

18) G. D. H. Cole, *Guild Socialism Re-Stated*, p.41.

19) Fabian Tract 192, p.8.

20) *Ibid.*, p.17. 당시에는 관료제의 성장을 바라보는데 두 가지 입장이 있었다고 보여진다. 하나는 개인의 자유를 간섭하는 경향으로, 또 하나는 사회주의의 출현으로 바라보는 입장이었다. Hobson, *National Guilds and the State*, p.129.

21) *Fabian News*, "National Guilds," (July 1914), vol.xxv, no.8, p.62.

22) G. D. H. Cole, *Self-Government in Industry* (London, 1917), p.155.

23) Darrow Schecter, *Radical Theories, Paths beyond Marxism and Social Democracy* (Manchester, 1994), p.110.

24) 산업뿐만 아니라 공공부문의 많은 기능들도 실제 노동자들로 구성된 자치적인 단체들

에 의해 운영될 것을 기대한다.

25) Winter, *Socialism and the Challenge of War*, pp.108, 132.

26) *Ibid*, p.133 ; G. D. H. Cole, *Self-Government in Industry*, pp.203~206.

27) 홉슨은 작업장단위가 노동자들의 자발성과, 언제라도 자치를 주장할 수 있는 직접민주주의의 중요한 원천이라고 생각했다. 이 점에서 작업장은 느리고 정교한 감독과정을 통해 처리되는 직능별 조합에 대해 큰 이점을 가지고 있었다. Schecter, *Radical Theories, Paths beyond Marxism and Social Democracy*, p.108.

28) G. D. H. Cole, *History of Socialist Thought*, vol.iii, p.246.
신디칼리즘이 물러난 자리에 새로 두 개의 경향이 들어섰는데 길드 사회주의가 그 중 하나였고, 다른 하나는 맑스주의적인 산별노조주의였다.(Marxian Industrial Unionism) 맑스주의적 산별노조주의는 기존의 노동조합주의를 완전히 폐기처분하고 명백한 계급전쟁에 기초한 신조합주의를 새롭게 만들어 내어야 한다는 입장을 가졌다. 이들은 지역에 따라 지방노조로 나누어지는 "하나의 거대한 노동조합"One Big Union을 만들 것을 기대했으며, 이 노조는 세계적인 노동운동의 한 부분을 형성해야 한다고 생각했다. 신디칼리즘은 기존 노동조합의 폐기처분을 원치 않았고, 단지 산업을 따라서 연합하여amalgamation 거대한 노동계급조직을 만들어 낼 것을 기도했다는 점에서 맑스주의적 산별노조주의와는 달랐다. G. D. H. Cole, *Organized Labour* (London, 1924), pp.148~149.

29) G. D. H. Cole, "Next Steps in the Guild Movement II," *The Guild Socialist* (May 1923), p.3.

30) "Guild Soclialism: The Storrington Document," p.335.

31) G. D. H. Cole, "National Guilds Movement in Great Britain," *Monthly Labor Review* (July 1919) in D. Bloomfield(ed.), *Modern Industrial Movements* (New York, 1920), p.164.

32) G. D. H. Cole, "Freedom in the Guild," *New Age*, Nov.5 (1914), p.8.

33) G. D. H. Cole, *Guild Socialism Re-Stated*, p.199.

34) 길드는 산업길드와 함께 분배길드로 나뉘어졌다. 산업길드는 수송, 농업, 광업, 건축, 인쇄, 직물, 의류, 식품 등 경제부문을 관장한다. 협동조합을 대체하게 될 분배길드는 소매업분야를 책임질 것이고 여기서는 소비자가 대표되어 자기의사를 반영할 수 있게 될 것이다. M. Cole, "Guild Soclialism and The Labour Research Department" in A. Briggs and J. Saville(ed.), *Essays in Labour History 1886~1923* (London, 1971), p.273 ; H. W. Laidler, *History of Socialism* (New York, 1968), p.327 ; "Guild Socialism:Storrington Document," pp.340~341.

35) "Guild Socialism: The Storrington Document," p.334.

36) 펜티Penty는 건축가였으며 윌리엄 모리스의 추종자로 한 때 페이비언 협회의 회원이었지만 협회가 조잡한 효용주의적 요소를 가졌다고 생각한 끝에 1902년 협회를 탈퇴했다. John Callaghan, *Socialism in Britain since 1884*, p.81.

37) A. J. Penty, "On Guilds and Self-Governing Workshops," *The Guildsman* (Jan. 1920), p.3. 이런 이유로 그는 중세지향적이고 복고적이란 평을 받기도 했다.

M. Cole, "Guild Soclialism and The Labour Research Department," p.264.

38) John Callaghan, *Socialism in Britain since 1884* (Oxford, 1990), p.81.

39) Hobson, *National Guilds: An Inquiry*, p.276.

40) 홉슨Hobson은 22개의 길드를 제시했다. M. Cole, "Guild Soclialism and The Labour Research Department," p.266.

41) G.D.H. Cole, "Next Steps in the Guild Movement I," *The Guild Socialist* (April 1923), p.3.

42) "Guild Socialism: The Storrington Document," p.339.

43) Lailder, *History of Socialism*, p.328.

44) *The Building Guildsman*, Dec.15(1921), p.7.

45) *Ibid.*

46) "A Statement for the consideration of the Executive Councils of the Building Trade Unions," *The Building Guildsman*, vol.I, no.1, 15 (Dec. 1921), p.7.

47) "Guild Socialism: The Storrington Document," pp.335~336.

48) *Ibid*, p.344.

49) *The Building Guildsman*, vol.I, no.6, June 1 1922, p.86.

50) 고용주가 잉여가치를 가져가고 노동자를 생계비수준에 머물게 하는 것이 임금제라는 것이 지적되는 정도다. S. Pierson, *British Socialists* (London, 1979), p.209.

51) S. Webb, "Review:National Guilds: An Inquiry into the Wage System and the Way Out," *Fabian News* (July 1914) vol.xxv, no.8, p.61.

52) G.D.H. Cole, *Self-Government in Industry*, pp.2~6.

53) M. Beer, *A History of British Socialism* (London, 1940), p.366.

54) G.D.H. Cole, *Self-Government in Industry*, p.110.

55) M. Cole, "Guild Soclialism and The Labour Research Department," p.265.

56) S.G. Hobson, *National Guilds and the State*, p.359.

57) G.D.H. Cole, "National Guilds Movement in Great Britain," *Monthly Labor Review* (July 1919) in D. Bloomfield(ed.), *Modern Industrial Movements* (New York, 1920), p.158.

58) *Ibid.*, p.163.

59) Hobson, *National Guilds: An Inquiry*, p.273 ; "Guild Soclialism: The Storrington Document," p.336.

60) Hobson, *National Guilds: An Inquiry*, p.273.

61) *Ibid.*, p.212.

62) *Ibid.*, pp.259, 283. 임금제의 완화 같은 조처는 아무 소용없음을 밝힌다.

63) *The Building Guildsman*, 15 Dec. (1921), p.5.

64) Hobson, *National Guilds and the State*, p.147.

65) "Guild Socialism: The Storrington Document," p.336.

66) *Ibid.*, p.345.

67) G. D. H. Cole, *Guild Socialism Re-Stated*, p.203.

68) *The Building Guildsman*, vol.I, no.6, 1 June 1922, p.86.

69) Laidler, *History of Socialism*, p.322.

70) S. G. Hobson, *National Guilds and the State*, p.356.

71) *Ibid.*, p.355.

72) Niles Carpenter, *Guild Socialism*, pp.82~83에서 펜티Penty의 메모를 재인용.

73) S. G. Hobson, *National Guilds: An Inquiry*, p.273.

74) "Guild Soclialism: The Storrington Document," p.340.

75) Leonard Woolf, "Co-operation and Guild Socialism," *The Guildsman* (Dec. 1920), p.3.

76) G. D. H. Cole, *Guild Socialism Re-Stated*, p.36.

77) *Ibid.*, p.36.

78) *Ibid.*, p.79.

79) *Ibid.*, p.82.

80) *Ibid.*, p.83.

81) *Ibid.*, pp.85, 94.

82) Schecter, *Radical Theories, Paths beyond Marxism and Social Democracy*, p.119.

83) 전기, 수도, 철도 같은 것들을 대표적인 것으로 보고 있다. G. D. H. Cole, *Guild Socialism Re-Stated*, p.82.

84) *Ibid.*, p.87.

85) Schecter, *Radical Theories, Paths beyond Marxism and Social Democracy*, p.117.

86) *Ibid.*, p.113.

87) G. D. H. Cole, *Guild Socialism Re-Stated*, pp.36~37.

88) Foote, *The Labour Party's Political Thought*, p.114.

89) 그는 또한 정신적, 지적, 비경제적 수요와 욕구의 성취를 위한 시민의 조직citizen association을 제안했다. 이를 위해 그는 시민 길드Civic Guild를 지지했고, 이 조직이 보건과 교육분야에서 중요하다는 것을 강조했다. 보건과 교육에서의 시민길드는 그의 자치사회 이론에서 중요한 역할을 했다. '시민의 관점을 표현하는' 보건과 교육길드에 덧붙여 코울의 길드 사회주의 협회는 문화협의회Cultural Councils를 가질 것이다. 여기서 지역사회 구성원들은 음악, 연극, 회화, 조각에 대한 그들의 견해를 나눌 것이다. Schecter, *Radical Theories, Paths beyond Marxism and Social Democracy*, pp.117~118.

90) R. H. Tawney, "The Case for the Consumer," *The Guildsman* (Dec. 1919), p.3.

91) G. D. H. Cole, *Guild Socialism Re-Stated*, p.39.

92) *Ibid.*, pp.40~41.

93) G. D. H. Cole, "National Guilds Movement in Great Britain," p.166.

94) B. Russell, "Why I am a Guildsman," *The Guildsman* (Sep. 1919), p.3.

길드 사회주의의 성격과 방법론

1) G. D. H. Cole, *History of Socialist Thought*, vol.III (London, 1956), p.248.

2) A. Wright, "Fabianism and Guild Socialism: Two Views of Democracy," *International Review of Social History*, 23:2(1978), p.224.

3) G. D. H. Cole, *History of Socialist Thought*, vol.III, p.248.

4) 그런 의미에서 그는 "우리 모두가 에드워디안"이라고 할 수 있다는 견해를 피력했다. K. O. Morgan, "The Rise of Socialism," *History Today*, vol.31 (Nov. 1981), p.34.

5) 이번의 반발은 보다 앞선 웰즈Wells의 반발과는 달리 분명한 이론적 차이를 내포했다. I. Britain, *Fabianism and Culture* (Cambridge, 1982), p.11.

6) 서섹스Sussex의 스토링턴Storrington에서 토론을 벌였기 때문에 이런 이름이 붙었다. 원래는 코울M. Cole이 소장한 필사본과 Cole collection 속에 카피본이 남아 있었는데 1971년 출간된 노동사 논문집에 코울의 필사본을 토대로 하여 게재되었다.

7) 이 단체는 1915년 4월 20~21일 런던의 스틸 스멜터즈 홀Steel Smelter's Hall에서 결성되었는데 (약간의 차이로 Guild Socialist라는 명칭 대신에 채택되었다) 이때부터 길드 사회주의운동은 초기의 형태에서 벗어나게 된다. 비록 "길드를 형성하는 것이" 신디칼리즘에 대한 "대체할 수 있는 해결책"이라는 식의 길드체제에 대한 언급은 1909년까지 거슬러 올라가지만 말이다. Nile Carpenter, *Guild Socialism* (London, 1922), pp.85, 93, 95 ; M. Cole, "Guild Soclialism and The Labour Research Department" in A. Briggs and J. Saville(ed.), *Essays in Labour History 1886~1923* (London, 1971), p.271. 몇 년 뒤(1920) 길드인들과 페이비언들의 미래에 대한 서로 다른 전망이 담긴 두 책이 같은 해에 나왔다. 코울의 『다시 쓰는 길드 사회주의Guild Socialism Re-Stated』와 웹 부부의 『영국 사회주의공화국 헌법Constitution for the Socialist Commonwealth of Great Britain』이 그것이다.

8) Wright, "Fabianism and Guild Socialism," pp.225~226.

9) 안쏘니 라이트A. Wright는 길드 사회주의가 종종 이런 식으로 제시된다고 본다. *Ibid.*, p.226.

10) *Ibid.*, p.236.

11) J. Clayton, *The Rise and Decline of Socialism in Great Britain 1884~1924* (London, 1926), p160.

12) G. D. H. Cole, *History of Socialist Thought*, vol.III, p.246.

13) G. D. H. Cole, "National Guilds Movement in Great Britain," *Monthly Labor Review* (July 1919) in D. Bloomfield(ed.), *Modern Industrial Movements* (New York, 1920), p.158.

14) W. Mellor, "Critique of Guild Socialism," *Labour Monthly*, 1:5 (Nov. 1921), p.402 ; G. Foote, *The Labour Party's Political Thought* (London, 1985), p.125.

15) S. &B. Webb, *Constitution for the Socialist Commonwealth of Great Britain*

(London, 1920), pp.201~202.

16) S. Webb, "Review: National Guilds: An Inquiry into the Wage System and the Way Out," *Fabian News*, 15:8 (July 1914), p.62. 허스트P. Hirst 역시 이해관계의 동질성이란 가정하에 단일한 '노동계급'을 가정하고 노동자주의를 바탕에 깐 길드 사회주의의 비현실성을 지적했다. P. Hirst, "Associational Socialism in a Pluralist State," *Journal of Law and Society*, 15:1 (Spring 1988), p.142.

17) G. B. Shaw, "On Guild Socialism" in E. Pease, *The History of the Fabian Society* (London, 1916), p.267.

18) G. Foote, *The Labour Party's Political Thought* (London, 1985), pp.104, 123 ; Otto Newman, *The Challenge of Corporatism* (London, 1981), p.37.

19) 길드 사회주의이론의 형성에는 펜티A. J. Penty, 오라지A. R. Orage, 홉슨S. G. Hobson, 코울G. D. H. Cole 등 네 사람의 영향이 크다. 이 중 펜티는 중세주의의 요소가 짙으며, 그의 친구인 오라지는 『새로운 시대New Age』라는 잡지를 통하여 활동하며 펜티 사상에 새로운 요소를 부가했다. 이어 홉슨에 의해 처음으로 사회체제로서의 길드 사회주의가 체계적으로 제시되었으며, 코울이 가세해 풍부한 저작활동을 하며 이론은 보다 정교해진다. 펜티는 기계를 혐오하며 중세길드 하의 수공업생산체제로 돌아갈 것을 지향했지만 길드이론가들의 노력은 차츰 산업사회의 조건 속에서 길드정신을 실현시킬 수 있는 대안을 찾는 쪽으로 집중되었다. 따라서 여기서는 근대 산업사회의 조건을 중시한 가운데 본격적인 이론을 제시한 홉슨, 코울 등의 사상에 무게 중심을 둔다. Carpenter, *Guild Socialism*, pp.81~90 ; M. Cole, "Guild Soclialism and The Labour Research Department" in A. Briggs and J. Saville (ed.), *Essays in Labour History 1886~1923* (London, 1971), p.265 ; John Callaghan, *Socialism in Britain since 1884* (Oxford, 1990), p.85.

20) K. Burgess, *The Challenge of Labour* (London, 1980), p.125.

21) M. Pugh, *The Making of Modern British Politics 1867~1939* (Oxford, 1982), pp.126~129.

22) G. D. H. Cole, *British Working Class Politics 1832~1914* (London, 1950), p.226.

23) Callaghan, *Socialism in Britain since 1884*, p.89. 일련의 복지정책은 부자들에게는 사회주의로 나가는 것으로 받아들여지기도 했으나 정작 그 수혜자들에게는 종종 좌절과 환멸을 가져다 주었다는 점이 지적된다. Burgess, *The Challenge of Labour*, p.141.

24) 코울M. Cole은 1911년 8월 전쟁발발 상황과도 같았던 리버풀Liverpool 파업에 대하여 생생한 묘사를 하고 있다. M. Cole, "Guild Soclialism and The Labour Research Department," p.266.

25) 모건K. O. Morgan은 노동불안기의 가장 유명한 파업으로 간주한다. K. O. Morgan, "The Rise of Socialism," p.34.

26) 신디칼리즘의 위력은 런던의 신문들에 나타난 표현에서 드러났다. J. Clayton, *The Rise and Decline of Socialism in Great Britain 1884~1924*, p.149.

27) G. D. H. Cole, *History of Socialist Thought*, vol.III, p.226.

28) H. Perkin, *The Rise of Professional Society* (London, 1989), p.115.

29) H. W. Laidler, *History of Socialism* (New York, 1968), p.342.

30) J. Emmott, "The Guild Movement: An Example," *The Building Guildsman* (June 1922).

31) B. Russell, "Why I am a Guildsman," *The Guildsman* (Sep. 1919), p.3.

32) G. D. H. Cole, *Social Theory* (London, 1920), pp.87~88.

33) *Ibid.*, p.171.

34) *Ibid.*, p.148.

35) "Guild Socialism: Storrington Document" in A. Briggs and J. Saville(ed.), *Essays in Labour History 1886~1923* (London, 1971), p.337.

36) 이 점에서 홉슨Hobson은 영국사회당BSP을 비판했다. S. Pierson, *British Socialists: the Journey from Fantasy to Politics* (Cambridge, Mass., 1979), p.209.

37) Callaghan, *Socialism in Britain since 1884*, p.80.

38) Fabian Tract no.192 (1920), p.4.

39) "Guild Soclialism: The Storrington Document," p.332.

40) G. D. H. Cole, "Reviving the Guild Idea," *Living Age* (July 1919) in D. Bloomfield (ed.), *Modern Industrial Movements* (New York, 1920), p.157.

41) S. Pierson, *British Socialists*, p.209.

42) "Guild Soclialism: The Storrington Document," p.332.

43) G. D. H. Cole, "Reviving the Guild Idea," p.155.

44) G. D. H. Cole, "National Guilds Movement in Great Britain," p.166.

45) G. D. H. Cole, *History of Socialist Thought*, vol.III, p.246.

46) "Guild Soclialism: The Storrington Document," p.332.

47) *Ibid.*, p.333.

48) G. D. H. Cole, *Social Theory*, p.153.

49) G. D. H. Cole, "Freedom in the Guild," *New Age* (5 Nov. 1914), p.8.

50) B. Russell, *Roads to Freedom* (London, 1933), p.141.

51) G. D. H. Cole, *History of Socialist Thought*, vol.III, p.969.

52) "Guild Soclialism: The Storrington Document," p.333.

53) G. D. H. Cole, *Social Theory*, p.166.

54) G. D. H. Cole, *The Future of Local Government* (London, 1921), p.162.

55) Russell, "Why I am a Guildsman," p.3.

56) G. D. H. Cole, "Freedom in the Guild II," *New Age* (12 Nov. 1914), p.32. 십장을 뽑을 때의 원리가 위로 올라가며 적용되는 식이 되어야 했다.

57) G. D. H. Cole, *Guild Socialism Re-stated* (London, 1920), p.90.

58) Russell, *Roads to Freedom*, p.141.

59) G. D. H. Cole, "Freedom in the Guild II," p.31.

60) *Ibid.*

61) *Building Guildsman* (15 Dec. 1921), p.2.

62) 길드 사회주의는 산업화된 사회에서 의미있는 사상으로 간주된다.
Fabian Tract no.192, p.4.

63) S.G. Hobson, *National Guilds: An Inquiry into the Wage System and the Way Out* (London, 1914), pp.138, 275, 280.

64) *Ibid.*, p.135.

65) "Guild Soclialism: The Storrington Document," p.335.

66) Fabian Tract no.192, p.10.

67) G. D. H. Cole, *Guild Socialism Re-stated*, p.41.

68) Fabian Tract no.192, p.17 ; S. G. Hobson, *National Guilds and the State* (London, 1920), p.129.

69) Hobson, *National Guilds: An Inquiry*, p.133.

70) J. M. Winter, *Socialism and the Challenge of War* (London, 1974), p.133 ; G. D. H. Cole, *Self-Government in Industry* (London, 1917), pp.203~206.

71) G. D. H. Cole, "Next Steps in the Guild Movement II," *The Guild Socialist* (May 1923), p.3.

72) A. J. Penty, "On Guilds and Self-Governing Workshops," *The Guildsman* (Jan. 1920), p.3.

73) 지역적 자치의 정신이 포기되는 것은 아니다. 따라서 전국적 조직은 광역길드와 지방길드로 세분되고 이들이 서로 연계되는 방식으로 작동한다. 국가와 길드 간의 관계에 대해 일어날 수 있는 복잡한 문제에 대하여는 홉슨과 코울의 처방이 다른데 홉슨은 국가의 우위로, 코울은 코뮨이란 새로운 조정 기구로 해결하려고 했다. Hobson, *National Guilds:An Inquiry*, p.276 ; G. D. H. Cole, "Next Steps in the Guild Movement I," *The Guild Socialist* (April 1923), p.3.

74) "Guild Socialism: The Storrington Document," p.336.

75) Hobson, *National Guilds: An Inquiry*, p.273.

76) Hobson, *National Guilds and the State*, p.355.

77) G. D. H. Cole, *Social Theory*, p.207.

78) *Ibid.*, p.147.

79) *Ibid.*, p.155.

80) *Ibid.*, p.200.

81) "Guild Soclialism: The Storrington Document," p.344.

82) Fabian Tract no.192, p.14.

83) G. D. H. Cole, *Guild Socialism Re-stated*, p.187.

84) *Ibid.*, p.358. 페이비언 협회의 서기였던 피스Pease는 1916년 출판된 『페이비언 협회이야

기』에서 길드 사회주의를 신디칼리즘의 변형된 형태이기는 하나 신디칼리즘보다 더 합리적이고 덜 혁명적인 성격을 지닌다고 평가했다.

E. Pease, *The History of The Fabian Society* (London, 1916), p.230.

85) G. D. H. Cole, *History of Socialist Thought*, vol.IV (London, 1969), p.453.

86) G. D. H. Cole, *Guild Socialism Re-stated*, p.188.

87) G. D. H. Cole, "National Guilds Movement in Great Britain," p.167.

88) G. D. H. Cole, *Guild Socialism Re-stated*, p.183.

89) *Ibid.*, p.184.

90) 코울은 목표는 혁명적이나 전술은 개혁적이라고 주장한다. 또 총체적 승리la victoire inte'grale를 추구한다고 표현한다. Winter, *Socialism and the Challenge of War*, p.125.

91) G. D. H. Cole, *Guild Socialism Re-Stated*, p.186.

92) A. Wright, "Fabianism and Guild Socialism," p.226. 라이트는 그가 개혁을 주장했지만 결코 개혁주의자는 아니었다고 지적한다.

93) G. D. H. Cole, *History of Socialist Thought*, vol.III, p.245.

94) Winter, *Socialism and the Challenge of War*, p.140.

95) Pierson, *British Socialists*, p.209.

96) Hobson, *National Guilds: An Inquiry*, p.16.

97) G. D. H. Cole, *Guild Socialism Re-stated*, pp.180~181.

98) G. D. H. Cole, *Organized Labour* (London, 1924), p.149.

99) 코울은 정치적 민주주의는 야금거릴 수는 있다 해도 물어 뜯지는 못한다고 표현했다. G. D. H. Cole, *Self-Government in Industry*, p.76.

100) G. D. H. Cole, *Guild Socialism Re-stated*, pp.178~179.

101) Foote, *The Labour Party's Political Thought*, p.119. 윈터J. M. Winter는 1차대전을 겪으며 코울이 정치행위에 대한 입장을 완화했다고 지적한다. Winter, *Socialism and the Challenge of War*, p.142.

102) National Guilds League, "Outline of Programme of Action," *Bulletin of the Society for the Study of Labour History*, No.43 (Aut. 1981), p.20.

103) Russell, "Why I am a Guildsman," p.4.

104) *Ibid.*

105) *Ibid.*

106) Winter, *Socialism and the Challenge of War*, p.110.

107) 코울에게 노동조합은 상류계급의 학교나 대학에 해당하는 노동계급의 사회훈련장소였다. G. D. H. Cole, *Social Theory*, p.2.

108) 물론 노동조합만이 대상은 아니었다. 저널리스트, 교사, 전문직 종사자 심지어 경영자들에게까지 관심을 가지고 접근했다. 또 길드 사회주의가 활용할 수 있는 기능적 조직으로 노동조합과 함께 협동조합도 제시된다. G. D. H. Cole, "National Guilds Movement in Great Britain," p.161 ; Fabian Tract no.192, p.11.

109) G. D. H. Cole, "National Guilds Movement in Great Britain," p.162. The Miners' Federation, The National Union of Railwaymen, The Railway Clerks Association, The National Union of Teachers, The Union of Postal Workers 등이 길드 사회주의 원칙들을 차용했다.

110) Hobson, *National Guilds: An Inquiry*, p.279.

111) G. D. H. Cole, *World of Labor* (London, 1913), pp.368~369.

112) G. D. H. Cole, "National Guilds Movement in Great Britain," p.163.

113) Fabian Tract no.192, p.10.

114) G.D.H. Cole, "Next Steps in the Guild Movement IV," *The Guild Socialist* (August 1923), p.3.

115) M. Beer, *A History of British Socialism* (London, 1940), p.364.

116) Hobson, *National Guilds: An Inquiry*, p.278 ; G. D. H. Cole, "Reviving the Guild Idea," p.156.

117) Winter, *Socialism and the Challenge of War*, p.113.

118) G. D. H. Cole, "Reviving the Guild Idea," p.156.

119) Hobson, *National Guilds: An Inquiry*, p.138.

120) *Ibid.*, p.280.

121) G. D. H. Cole, "National Guilds Movement in Great Britain," p.165.

122) *Ibid.*, p.163.

123) *Ibid.*, p.158.

124) 당시의 영국의 노동조합운동은 코울의 눈에는 경쟁하는 단위들의 끔찍한 혼란상으로 비쳐졌다. G. D. H. Cole, "Recent Development in the British Labour Movement," *The American Economic Review*, 8:3 (Sep. 1918), p.490.

125) G. D. H. Cole, *Guild Socialism Re-stated*, p.193.

126) G. D. H. Cole, "National Guilds Movement in Great Britain," p.164.

127) Darrow Schecter, *Radical Theories, Paths beyond Marxism and Social Democracy* (Manchester, 1994), p.115.

128) "Guild Soclialism: The Storrington Document," p.344. 코울은 실제로 당시의 노동운동 지도자들이 노동자들의 진정한 대표로서 구실하지 못한다고 보았고 이들 중 상당수 가(적어도 50%) 자본가편으로 넘어갈 것이므로 그들을 제거해야 한다고까지 주장했다. J. M. Winter, *Socialism and the Challenge of War*, p.135.

129) G. D. H. Cole, *Guild Socialism Re-stated*, p.194.

130) Hobson, *Guild Principles in War and Peace* (London, 1917), pp.15, 28.

131) G. D. H. Cole, "National Guilds Movement in Great Britain," p.159.

132) Jack Vowles, "A Guild Socialist Programme of Action, 1920," *Bulletin of the Society for the Study of Labour History*, no.43 (Aut. 1981), p.17.

133) Callaghan, *Socialism in Britain since 1884*, p.86 ; Carpenter, *Guild Socialism*,

p.99.

134) Schecter, *Radical Theories*, p.115.

135) M. Cole, "Guild Socialism and The Labour Research Department," p.275.

136) G. D. H. Cole, *Guild Socialism Re-stated*, p.196 ; M. Cole, *The Story of Fabian Socialism* (Stanford, 1961), p.184.

137) 이윤분배profit-sharing나, 동일한 위원회에서의 고용자와 노동자의 공동통제joint control를 넘어설 것을 기대한다. 이윤분배는 자본주의사회에서 노동자들의 현재 상태를 고착시키는 경향을 갖는다고 보았다. Hobson, *National Guilds: An Inquiry*, p.283 ; G. D. H. Cole, "National Guilds Movement in Great Britain," p.164.

138) G. D. H. Cole, *Guild Socialism Re-stated*, p.207.

139) 강령에서 "통제의 잠식"이 가치 있는 방법론이 되려면 이것이 노동자들 자신에 의해서만 획득되어야 한다고 보고 있다. 이 과정에서 파업이 중요한 수단이 될 것이며, 보다 발전된 잠식의 형태에서는 파업행위가 직접 통제를 실현시키게 될 것이라고 보았다. Jack Vowles, "A Guild Socialist Programme of Action, 1920," p.17 ; National Guilds League, "Outline Programme of Action," p.20.

140) G. D. H. Cole, *History of Socialist Thought*, vol.IV, p.454.

141) 관료제와 빈곤에 대한 반발과 투쟁으로 요약해 볼 수도 있을 것이다. M. Cole, "Guild Socialism and The Labour Research Department," p.265.

142) G. D. H. Cole, *History of Socialist Thought*, vol.III, p.246.

143) 홉슨은 길드 사회주의에 대한 분석을 마치는 한 글에서 그의 궁극적인 노력은 '정신적 영역에서의 인간정신의 자유'를 향한 절규라고 간명화시켰다. Hobson, *National Guilds and the State*, p.344.

144) G. D. H. Cole, *Social Theory*, p.182.

145) G. D. H. Cole, *Self-Government in Industry*, p.139.

146) Russell, *Roads to Freedom*, p.143.

147) *Ibid.*, p.145.

148) 페이비언들이 참여에 대해 관심을 가졌는가에 대해서는 논란이 있다. A. Sancton, "British Socialist Theories of the Division of Power by Area," *Political Studies*, 24 (1976), p.169.

149) G. D. H. Cole, *Guild Socialism Re-stated*, p.12.

150) G. D. H. Cole, *Social Theory*, p.208.

151) G. D. H. Cole, "Freedom in the Guild II," p.32.

152) G. D. H. Cole, *Social Theory*, p.191.

153) 여기에 비해 페이비언들은 '사심없는 성실한 중개인'으로서의 관료들을 가정했다.

154) 코울은 프롤레타리아 독재를 받아들이지 않았다. Winter, *Socialism and the Challenge of War*, p.113.

155) "Guild Socialism," *Fabian News*, 15:12 (Nov. 1914), p.82.

156) "Guild Socialism: Storrington Document," p.335.

157) G. D. H. Cole, "National Guilds Movement in Great Britain," p.165.

158) 길드인들의 사상은 20년대에 러시아혁명의 영향으로 위축되었고 30년대에 국가가 강화되는 현실 속에서 약화되었다. 그러나 티토시절 유고의 공장운영형태나, 독일의 노동자-자본가 공동결정codetermination 형태, 70년대에 시장사회주의 등을 길드사상과 연결시키는 것을 볼 수 있어서 길드이념은 여러 가지 형식으로 계승된 형태로 남아 있다고 볼 수 있을 것이다.

159) G. D. H. Cole, "Freedom in the Guild," p.7.

160) 길드 사회주의 사상과는 별도로 그 운동과정에서 나타난 여러 문제점들에 대한 논의, 예컨대 노동운동과의 관계, 러시아혁명에 대한 대응, 조직의 문제-노동운동의 중심은 런던에서 북부지방으로 이동하였음에도 길드 조직의 중심은 계속 런던이었다-등은 또 다른 지면을 필요로 할 것이다.

161) Fabian Tract no.192, p.11.

162) Wright, "Fabianism and Guild Socialism," p.229.

163) Winter, *Socialism and the Challenge of War*, p.116.

164) 길드 사회주의운동에서 멜러W. Mellor, 아르노R. Page Arnot, 더트R. P. Dutt 등이 빠져 나갔다.

165) G. D. H. Cole, *Guild Socialism Re-stated*, p.12.

찾아보기